한국어로 내려온
New Bible

새로운
성 경

제**74**권

5부 | 총10부

하얀마음

하나님 말씀 중에서

1. 사랑의 하나님

- 세상을 창조하신 하나님은 모두를 사랑하신다. 인간만 특별히 더 사랑하지 않고, 우주 만물을 다 똑같이 사랑하신다. 그러니 하나님이 창조하신 천지 만물과 화친하고, 미물까지도 소중히 대하라.

- 하나님은 특정 종파나 민족만을 더 사랑하지 않으신다. 자기 자신만 구원받겠다는 욕심을 버리고, 자기 종파만 구원받는다는 편협한 교리에서 벗어나야 한다. 종파를 초월해서, 모두를 사랑하라.

- 원수까지 사랑하라 했으니, 이 세상에 사랑하지 못할 자가 누가 있겠는가? 종파가 다르다고 해서 부모 형제와 원수처럼 지내는 자는 인간의 근본을 모르는 자다. 가장 가까운 가족부터 사랑할 때 남도 진심으로 사랑할 수 있다.

- 한 사람을 원수같이 생각하던 마음에서 사랑하는 마음으로 돌리면, 자기 자신의 마음이 가장 기쁘고 행복하다. 하나님께서는 인간의 마음속에 무거움이 없이 기쁘고 행복한 삶을 살기를 바라신다.

- 이웃을 "내 몸처럼" 사랑하라 했으니, 마지막 한 장 남은 천국의 티켓도 이웃에게 양보하라. 자기 중심적인 신앙에서 벗어나서 남을 위해 살아야 한다.

- 독초도, 약초도, 이단도 사탄도 천사도 다 필요하기에 존재한다. 독초일지라도 극소량을 사용해서 생명을 살릴 수 있고, 약초라 하더라도 남용하면 생명을 잃을 수 있다.

- 세상 모든 것을 명약으로 활용하는 것은 인간의 지혜에 달렸다. 어떤 것이든 어떤 사람이든 적재적소에 꼭 필요한 명약으로 승화시키라.

- 사탄도 이단도 천사도 모두 하나님의 주관하에 존재한다. 진정한 하나님의 백성은 사탄과 마귀까지도 감화시켜서 천사로 거듭나게 한다.

2. 기도

- 하나님은 인간의 생각까지 모두를 다 알고 계신다. 우리의 소원도 이미 알고 계시기에, 소원의 기도를 할 필요가 없다. 우리가 받을 자격이 되면 내려 주신다.

- 죄를 짓고 아무리 회개를 해도 용서받지 못한다. 도둑질한 자는 용서해 달라고 기도하고, 도둑맞은 자는 도둑을 잡게 해 달라고 기도하면, 공의의 하나님은 누구의 편에 서시겠는가?

- 자기가 잘못한 것은 그 사람에게 직접 갚고 용서를 구하라. 그가 용서하면 하나님도 용서하신다. 땅에서 매면 하늘에서도 매이고, 땅에서 풀리면 하늘에서도 풀리는 이치다.

- "회당에서 기도하지 말고 골방에서 기도하라" 했다. 눈에 보이는 골방이 아니라, 골방과 같이 고요한 마음이다. 잡념을 버리고 하나님을 향해 마음을 집중하며, 사랑하고 용서하는 아름다운 생각만 나오도록 하라.

- "두드리면 열릴 것이다." 하는 것은 육의 소원을 위해 두드리라는 것이 아니라, 진리의 깨달음을 얻기 위해 두드리라는 것이다.

- 기도하는 방법: 생활 속에서 수시로 기도하는 삶을 살아야 한다.

- "저의 죄를 용서하여 주옵소서." 하는 회개의 기도를 하라.
- 범사에 "하나님! 감사합니다." 하라. 현재 가진 것에 감사하며, 과욕하지 말라. 자기 노력 이상의 것을 더 갖고자 기도하는 것은 도둑놈심보다. 공의의 하나님은 각자 노력한 만큼 주신다.
- "하나님 뜻대로 살아가겠나이다." 하며 마음의 각오를 다지라.

- 기도는 하나님의 말씀을 받아서 "행하는 것"이다. 하나님이 계심을 굳건히 믿고, 하늘을 향하여 한 점 부끄럼 없이 사는 삶 자체가 가장 위대한 기도이며, 삶이 곧 예배다.

3. 지도자

- 똑같이 사랑한다는 말을 해도, 순수하게 하는 말은 천사의 말이지만, 사기 쳐서 재산을 가로채려고 하는 말은 사탄의 말이다.

- 종교 지도자가 아무리 훌륭한 설교를 해도, 신도의 재물을 거둬서 더 큰 교회를 짓고 자기의 부귀영화를 바라며 설교하면 사탄의 가르침이 된다.

- "저희 교회는 만원사례요, 믿음은 다 같으니 이웃의 개척 교회에 가서 예배를 드리시오." 하며, 이웃 교회의 부흥을 먼저 생각하여 제 신도를 보내는 종교 지도자가 있다면 그를 따르라. 그가 하나님의 사랑을 실천하는 자다.

- "부자가 천국에 들어가는 것은 낙타가 바늘구멍을 통과하는 것보다 더 힘들다" 하였거늘, 지금의 교회에서는 부자가 되기만을 기도하고 소원하니, 이는 곧 천국을 포기하고 지옥 행 열차의 티켓을 사는 것과 같다.

- 예수는 빈손이었다. 종교 지도자가 예수보다 더 호화롭고 편안하게 살아간다면 잘못된 것이다. 부귀영화와 명예를 바라는 자는 절대로 갈 수 없는 좁고 협착한 길이 종교 지도자의 길이다.

- 종교 지도자는 유리로 비춰 봐 한 점의 부끄러움이 없이 살아야 한다. 의식주도 직접 일해서 해결하고, 예수의 가르침과 행함을 그대로 따라야 한다.

- 종말은 없다. 지금의 잘못 가는 종교 집단에게만 종말이 있다. 보이지 않는 하나님은 보이는 육의 종말은 관여하지 않으신다. 환경 파괴로 인간이 스스로 멸망을 자초하는 것이다. 종파끼리 싸우기 전에, 무너진 인성을 바로잡고 지구의 몸살을 해결하는 데 뜻을 모으는 게 급선무다.

4. 성전이란

- 이 세상 자체가 하나님께서 만드신 성전이다. 자연보다 더 아름다운 성전이 있는가? 보이는 건물이 성전이 아니라, 성스러운 마음가짐이 성전이다.

- 반석 위에 교회를 지으라 했다. 지상의 단단한 돌은 인간이 쪼갤 수 있으나, 마음속의 굳은 결의는 세상 무엇으로도 쪼갤 수 없다. 바르고 굳건한 믿음으로 성경의 가르침을 실천하는 것이 마음의 반석 위에 교회를 짓는 것이다.

- 손으로 지은 건물의 교회에 모여서 복음을 전하는 것이 아니라, 교회를 개인과 가정에 심어 주어야 한다. 무너지고 부서지는 건물을 짓지 말고, 마음속에 영원히 불변하는 참진리의 교회를 지으라.

5. 십계명

- 십계명은 인간이 죽어서 반드시 통과해야만 하는 열 개의 관문이다.

- 부모를 공경하지 아니한 자는 “네 부모를 공경하라.” 하는 제5계명의 관문이 열리지 않으니 구원받을 수 없다.
- 살인, 간음, 거짓, 우상 등의 나머지 계명도 마찬가지다.

- 십계명은 하나님의 친필이다. 모기소리만 한 하나님의 음성이라도 들어 보겠다고 여기저기 찾아 헤매지 말고, 십계명부터 암송하고 지키라.

- 십계명은 영혼을 구원하는 양식이며, 십계명을 지키는 것이 구원을 받는 길이다. 인간이기에 지키고자 노력하고 또 노력한다면 지킬 수 있다.

- 십계명을 지키고 천사처럼 아름답게 살아가는 그 마음 하나면 세상에 이루어지지 않는 것이 없다.

6. 보물

- 하나님은 재물이 아니라 우리의 마음을 받으신다. 사랑을 실천하며 천사처럼 변하는 마음이 하나님께 바치는 보물이다.

- 보이지 않는 하나님께 재물을 바치려 하지 말고, 너희를 길러 준 부모에게 용돈 드리고, 찾아뵙고, 효성을 다하라. 그것이 하나님께 효도하는 것이다.

- 하늘에는 선과 악의 창고가 있다. 자기 창고에 선이 많으면 천국으로 구원을 받고, 악이 많으면 심판받아 지옥으로 간다. 그것이 바로 “선한 일을 행한 자는 생명의 부활로, 악한 일을 행한 자는 심판의 부활로” 나오는 것이다.

- “선악과를 따먹지 말라”는 것은 양심을 지키라는 것이다. 선과 악을 구분할 수 있는 양심을 최초에 인간에게 주셨다. 선한 열매는 취하고, 악한 열매는 버리며, 양심에 비추어 부끄럼 없는 삶을 살아가라.

- 가장 작은 거짓말을 하지 않고, 가장 작은 죄를 짓지 않으며, 가장 작은 선행을 하고, 가장 작은 악행을 멀리하는 것이 율법의 일점 일획도 빠뜨리지 말고 다 지키는 삶을 사는 것이다.

7. 우상

- 박물관에 있는 불상은 하나의 예술품이다. 그 조각품에 대고 제 소원을 빌 때 우상숭배가 된다. 십자가라 하여도 그 앞에서 소원을 빈다면 우상숭배하는 것이며, 하나님께 소원을 빈다면 하나님을 우상으로 전락시키는 것이다.

- 지금 기복신앙에 젖어 있는 모든 사람이 우상 앞에 절을 하고 있다. 조각품을 우상이라며 파괴하지 말고, 네 마음속에 있는 욕심의 우상을 무너트리라.

- 생수를 약초가 먹으면 약을 만들고 독사가 먹으면 독을 만든다. 같은 성경을 봐도 선한 지도자는 신도를 천사로 만드는 데 활용한다. 그러나 욕심이 가득한 지도자는 재물을 거두어들여 제가 부귀영화를 누리는 데 악용한다. 그가 바로 성경을 우상숭배의 도구로 전락시키는 거짓 선지자다.

- 성경을 한 획도 빼거나 더하지 말라는 것은, 그 가르침을 빠트리지 말고 온전히 지키라는 것이다. 성경 속에서 자기에게 유리한 구절만 보는 것은, 자기에게 불리한 구절들을 빼 버리는 것이다. 믿음이 제일이요, 행함은 구원과는 관계없다는 것은 자신에게 유리한 쪽으로 성경을 악용하는 것이다.

- 진정한 종교 지도자는 종파에 관계없이 어떤 종파든 어떤 책이든 접하고 보고 깨우쳐 견문을 넓히도록 인도한다. 참진리를 모르고 자신이 없는 자가 남을 이단이라며 배척하고, 신도들의 눈과 귀를 가린다.

8. 예수

- 예수의 재림은 없다. 예수가 다시 온다 해도, 과연 누가 그를 예수라고 믿겠는가? 예수와 같은 삶의 행함이 곧 예수의 재림이다. 각자 모두가 "재림 예수"가 되는, 차원 높은 믿음으로 가야 한다.

- 예수는 "주여 주여 하지 말고, 아버지의 뜻대로 행하라"고 했다. 예수가 전한 하나님의 뜻이 곧 "길이요, 진리요, 생명"이며, 그 가르침이 예수의 보혈처럼 소중한 것이다. 예수를 믿는 것은, 예수의 가르침을 믿고 따르는 것이다.

- 예수는 낮은 자로서 만백성을 섬기고자 했다. 만나는 모든 사람을 다 하나님이라 생각하라. 돈을 벌수록 겸손하고, 높은 지위를 얻을수록 낮아지라.

- 예수는 종파를 만들지 않았다. 인간이 만든 종교와 인간의 교리를 따르지 말고, 예수를 통해 전한 하나님의 참진리를 연구하고 따르라.

- 예수가 2천 년 전에 만백성을 위해 죽었으니, 지금 이 땅에는 예수의 가르침대로 사는 천사만 존재해야 한다. 예수가 죽어 가면서 바란 것은 만백성이 천사가 되어 예수의 자리를 채워 주는 것이지, 지금과 같이 재물을 바치면서 중언부언 제 소원만을 비는 백성들을 바란 것이 아니다.

9. 구원

- 천사가 사는 천국에는 천사만 갈 수 있으니, 천사 같은 마음을 길러야 한다.

\- "천국 열쇠를 네게 주리니 땅에서 무엇이든지 매면 하늘에서도 매일 것이라" 했다. 땅에서 천사같이 사는 자가 하늘에서도 천사가 되어 천국에 들어간다. 모든 사람에게 천사같다는 말을 듣는 삶을 살아야 한다.

- 천사의 곱고 아름다운 마음은 부모를 공경하고 어른을 어른으로 대접하는 데에서 출발한다. 효도하는 자는 형제와 화목하게 지내기에 가정이 화목해지고, 이웃과 화목해지고, 국가가 화목해지고, 온 인류가 화목해진다.

\- 그러므로 지상의 아름다운 소왕국은 가정에서부터 이루어야 한다.

- 선택된 14만 명만 구원받는 것이 아니라, 천사처럼 변하고자 하는 14만 명을 기초로 온 인류가 천사처럼 거듭나는 영적인 개혁이 시작되는 것이다.

- 천 년에 걸쳐서 하늘에서 이루어진 것같이 이 세상을 낙원으로 만들어, 만백성이 지상의 천국에서 살다가 죽어서 그대로 하늘의 천국으로 들어가는, 영원한 지상 낙원을 건설하는 것이 하나님의 계획이다.

- 이것이 구약과 신약에 이어 "새로운 성경"으로 역사하시는 하나님의 창조의 완성이다.

- 지금의 믿음으로 구원받을 수 있다면 그 길을 가라. 그러나 자신이 없다면 하나님께서 직접 내리신 160권의 "새로운 성경"을 읽고 구원의 길을 보라!

하나님 머리말씀

이 새로운 성경을 읽는 너희 모두는
이 율법에 따라 행하면 영원히 구원받을 것이니라.

너희 인간이 수년, 수십 년, 평생
성서를 공부하고 기도하는 것은
하늘나라 나의 곁으로 오고 싶은 소망일진대,

몇천 년 전의 너희 인성과 생각이
지금의 너희와는 판이하게 다르니,

꺾여 가고 병들어 가는 너희를 고칠 수 있는 길은,
오늘 내가 선지자에게 내리는 새로운 성경과 같이
너희가 변화되는 것뿐이니라.

나의 예수가 태어난 것처럼
내가 아들 선지자를 선택하여
나의 새로운 성경을 온 세계에 전하고자 하니,

묵은 것은 버리고 새로운 것은 취하여,
너희 모두는
'여호와 하나님! 저의 죄를 용서하여 주옵소서.'
하는 기도문으로 기도하고, 죄를 뉘우치라.

이 새로운 성경은
수천 년간 내려온 성서를 요약한 것이니,
너희는 이 책을 정독하여 쉽게 깨달음을 얻고,
이대로 실천하여 하늘에 오르라.

대역자 머리말

■ 하나님의 율법을 지키는 선지자로 선택을 받도다.

저는 남들처럼 그저 열심히 살아온 평범한 사람이었습니다. 그러나 50대 중반에 사업에 실패하여 많은 부채에 시달렸으며, 건강도 악화되어 눈이 잘 안 보이고, 걷기도 어렵고, 두통이 심해서 잠을 이룰 수 없는 고통의 나날을 보냈습니다. 그때 제가 선택할 수 있는 것은 육의 삶을 끝내는 길뿐이었습니다.

죽기 직전에 그동안에 죄를 지은 이들에게 용서를 빌고 인생을 끝내기로 작정하였습니다. 어려서부터 지은 죄를 빌고 빌다 보니 끝이 없었고, 죽음으로도 그 많은 죄를 용서받을 길이 없다는 생각에 하염없이 눈물이 흘렀습니다. 그 순간 '재래식 화장실의 구더기는 죄를 짓지 않는데, 나는 인간으로서 구더기만도 못한 삶을 살았구나.' 하는 생각이 들면서 괴로움에 몸부림칠 때, 갑자기 하나님의 음성이 들렸습니다.

"나는 여호와 하나님이니라. 너는 십계명을 암송하고 내가 내려 주는 메시지를 받아 책으로 만들어 만백성을 구하라." 하시며, 제 눈을 손으로 문지르게 하시고, 아픈 머리와 다리를 손으로 두드리게 하셨습니다. 그러고 나니 눈도 잘 보이고 걸을 수 있었으며 머리의 통증도 말끔히 낫게 되었습니다. 그때부터 십계명을 암송하고 나면 들려주시는 말씀을 기록하였고, 1999년 8월부터 2004년 7월까지 권당 288쪽, 총 160권을 받아서 "새로운 성경"이라는 책으로 펴내게 되었습니다.

그러한 저에게 죽기보다도 힘든 길이 시작되었습니다. 모든 교인들이 저에게 사탄이요, 이단이요, 악마요, 마지막 시대에 온 거짓 선지자라 하면서 공격하였고, 저를 짐승을 보듯이 대하는가 하면, 편협한 종교 지도자들의 선동으로 신도들이 이 책을 직접 읽어 보고 평가할 기회마저 막아 버렸습니다. 그래서 하나님의 말씀을 세상에 내는 데 많은 어려움을 겪으며, 피를 토하는 심정으로 책을 전하고 있습니다.

그러나 아무리 인간의 힘으로 막으려 해도, 하나님의 뜻이 세상에 전해지는 위대한 역사는 계속될 것입니다. 책으로 전해지는 "하나님의 말씀"은 세상 끝날까지 항상 우리와 함께하실 것입니다. 사람은 죽어도, 책에 기록된 말씀은 영원히 남으니까요.

■ 따뜻한 실천

하나님께서는 어려운 사람들에게 삶의 터전을 마련해 주고, 미래를 열어 주는 것을 기뻐하십니다. 어려운 이웃이 스스로 자립할 수 있도록 이끌어 주는 것이 진정으로 이웃을 돕는 것이라고 말씀하셨습니다. 그래서 일자리가 없는 제자들에게 작은 사업장을 만들어 주는 "달란트 사업"을 하고 있습니다. 식당, 반찬 가게 등을 차려 주고, 기존의 어려운 사업장이 자립할 수 있도록 돕고 있습니다(커피숍, 미용실, 의상실 등).

하나님께서는 교회에 나와서 모든 시간과 재물을 쏟기를 원하지 않으시고, 그 시간과 재물을 교육에 투자하여 스스로 미래를 열어 가기를 원하십니다. 그래서 제때 공부하지 못한 제자들에게 학업을 이어 가도록 하였습니다. 중화요리 주방장을 하며 초등학교 검정고시부터 공부하여 2012년에 방통대를 졸업한 36세 남성, 만학도들의 2년제 중학교에 입학해서 2007년에 명지대학을 졸업한 38세 여성, 중학교 검정고시를 시작으로 숭의여자대학을 졸업한 47세 여성 등이 있습니다. 그밖에도 많은 제자들에게 나이를 초월하여 배우고 깨우쳐서 사회 속의 당당한 일원이 되도록 인도하고 있습니다.

학자금 대출로 힘겨워하는 젊은이들을 위해 "따뜻한 바람 장학회"를 발족하여(2016년 12월) 대출받은 학자금 전액을 매월 갚아 주고 있습니다. 또한, 다문화 가정을 위해 "다문화 가족 랜드"를 조성하여, 각종 시설을 무료로 활용하도록 하고 있습니다.

이러한 따뜻한 실천이 아직은 미약합니다. 그러나 책의 수입이 늘고, 저와 뜻을 같이하는 분들이 늘어나면 계속 확대할 것입니다. 지도자로서 신도의 재물을 헌금으로 거둬들여 착복하는 것이 아니라, 하나님께서 기뻐하시는 일에 사용하도록 중매 역할만 하며 살아가고자 합니다. 이런 제가 과연 사탄이고 이단인가요? 하나님께서 기뻐하시는 일이라면, 저에게 사탄이라 하든 거짓 선지자라 하든 굽히지 않고 실천해 나갈 것입니다.

끝으로, 일상의 삶 속에서 "지금 내가 하는 행동이 과연 하나님께서 기뻐하실까, 슬퍼하실까?" 생각하고, 매사에 하나님께서 기뻐하시는 길을 택하기 바랍니다. 교회에 모여서 집단적으로 예배 드리는 것이 아니라, 개인이나 가정 단위로 새로운 성경을 읽어 스스로 깨우치고 그대로 행하면 충분합니다. 그것이 마음속에 성전을 짓고, 신령과 진정으로 예배 드리는 길입니다. 그러면 천국의 문에 들어서게 됩니다.

2017. 2. 1.

하나님 말씀 대역자 김용철

차 례

십 계 명

이 책은 십계명을 암송하고 나면 내려 주시는 "하나님의 음성"을 듣고 그대로 받아쓴 기록입니다. 하나님께서 십계명을 모세에게 내려 주셨지만, 그것은 만백성에게 내려 주신 것입니다. 마찬가지로 이 책의 모든 말씀도 저에게 내려 주셨지만, 만백성 각자에게 들려주시는 말씀입니다. 여러분도 이 책을 접할 때마다 십계명을 암송하고 나서 정독해 주시기 바랍니다.

제일은, 너는 나 외에는 다른 신들을 네게 있게 말지니라.
제이는, 너를 위하여 새긴 우상을 만들지 말고, 또 위로 하늘에 있는 것이나, 아래로 땅에 있는 것이나, 땅 아래 물 속에 있는 것의 아무 형상이든지 만들지 말며, 그것들에게 절하지 말며, 그것들을 섬기지 말라.
제삼은, 너는 너의 하나님 여호와의 이름을 망령되이 일컫지 말라.
제사는, 안식일을 기억하여 거룩히 지키라.
제오는, 네 부모를 공경하라.
제육은, 살인하지 말지니라.
제칠은, 간음하지 말지니라.
제팔은, 도적질하지 말지니라.
제구는, 네 이웃에 대하여 거짓 증거하지 말지니라.
제십은, 네 이웃의 집을 탐내지 말지니라.

나 여호와가 존재함을 믿는 그 자체가 구원의 길에 들어서는 기본이요, 근본이며, 나의 새로운 성경을 가슴에 안고 정독하는 자, 반석 위에 서서 하늘에 오르는 찬란한 빛을 보게 되는 영광을 얻게 됨이니라. 진정 나를 따르고 믿는 자는 감히 사탄이나 마귀도 근접하지 못하느니라.

<하나님 말씀>

2003년 3월

5,439 번째 하나님 말씀

2003년 3월 10일 16시 58분

1 사랑하는 나의 아들아!
2 "네, 아버님! 말씀하옵소서."
3 너희는 종교 지도자를 보지 말며, 나
여호와요, 나의 아들의 말만 따라 그
걸 믿고 살아가면 된다 말하느니라.
4 종교 지도자요, 사람을 보는 것이 아
니라 창조주 나 여호와의 뜻이요, 나
의 아들 예수가 전하고자 했던 그 뜻
만을 바라보고 살면 되는 것이라 그리
말하느니라.
5 그러나 이것은 바로 무슨 뜻이던가?
6 너희 인간은 누구나 다 죄악의 냄새가
난다는 것을 말하는 것이 아니던가?
7 너희는 너나 할 것 없이 다 죄악을 지
고 있으며, 그 죄악의 썩은 냄새가 너
희에게서 가시지 않고 똑같이 난다는
그와 같은 말이 아닌가?
8 그리하여 '우리는 다 같은 족속'이라
는 말이라 생각지 아니하는가?
9 너희는 어떠한 종교 지도자요, 사람을
보지 말고,
10 창조주 나 여호와의 뜻이요, 내가 내
리는 복음을 보고 나의 아들을 통하여
이루고자 했던 그 역사를 보고 믿음의
길을 가는 것이니, 인간을 볼 필요가
없다 함이니,
11 너희는 다 죄의 썩은 냄새를 몸에 지
니고 있다는 것이며 썩은 자라는 것을
말하느니라.
12 그러니 너희는 과연 어찌 되는가?
13 목사라는 종교 지도자의 그 이름은 과
연 어떻게 되었는가?
14 그들은 수많은 시간과 돈을 바쳐 너희
가 무엇인가 깨우치고 배웠다 하여 그
자리에 섰는가 하면,
15 적게는 몇백이요, 몇천을 주고 또는
몇억을 주고 산 장로요, 집사요, 권사
요, 하는 너희가 가지고 있는, 일반 백
성에게 판 그 이름 또한 썩은 냄새가
나는 것이 아니던가?
16 너희가 썩은 냄새가 나며 그곳에 종교
지도자에게 돈으로 명칭을 산 그것은
다 썩은 냄새가 나니, 다 똑같은 족속
이라 너희가 말하는 것이니,
17 나 여호와는 그리 듣고 그리 보고 있
다는 것을 너희가 알아야 할 것이니라.
18 그렇다 하면 너희는 서로 높다 하고
또 낮은 자라 할 자격이 없으며 더 배
운 자며 나로부터 명을 받았으며 만백
성을 깨우치는 자니 대우를 받고 받아
야 산다 하는 그와 같은 갑론을박할
자격도 없느니라.
19 너희는 다 그 행위와 그 자격이 다 똑
같은 자들이며 어떠한 자격도 갖추지
못한 자들이니라.
20 썩은 것들이 저희끼리 어울려 썩은 냄
새를 풍기며 그리하여 나의 사랑하는
백성을 그와 같이 가르친다 함이니,
21 나의 백성을 구원의 길로 인도하는 것
이 아니라 그들을 죽게 하여 그들 또
한 썩은 냄새가 나도록 하는 것이 너

희이니,
22 세상을 오염시키며 지상을 오염시키
는 것이 너희가 대표적임을 알아야
할 것이니라.
23 나는 그러한 너희를 자식이라 생각지
아니하며, 그와 같은 자식을 둔 적이
없느니라.
24 썩지 않은 자식을 두고자 하며 썩지
않은 자식으로부터 썩어 가고 병들어
가는 너희를 구원하고자 하는 것이 내
가 만든 성전이요, 내가 이루는 것임
을 알아야 할 것이니라.
25 지금 교회요, 성전이라는 곳에 지도자
로 서 있는 그 자리가 어떠한 자리이
던가?
26 다 썩은 자들끼리 서로 더불어 있음이
니, 그 속에서 너희가 구원을 받고자
한다면 변화되는 역사를 이루지 아니
하면 나에게 오를 수 없음을 알아야
할 것이니라.
27 너희가 정녕 구원을 받고자 한다면 나
의 아들 예수만 바라보고, 사람은 보
지 말며 믿음의 길을 가라 하니, 그와
같은 방법을 바꿔야 할 것이니라.
28 이제는 나의 아들 예수의 행함을 보며
또한 그를 전하며,
29 지도자가 예수 못지않은 그와 같은 삶
을 살아가는 자만이 나로부터 명받은
만백성을 구하는 지도자라는 것을 너
희는 알아야 할 것이니라.
30 썩은 자가 썩은 눈으로 세상을 보고자
하니 볼 수가 없으며, 썩은 자가 들으
려 하나 들을 수가 없는 것이니라.
31 썩은 자가 썩은 눈으로 세상을 바로
볼 수 없는 것이 아니던가?
32 썩은 자가 어찌 눈을 뜨며 썩은 자가
어찌 귀를 열어 들을 수 있다는 말이
던가?
33 너희는 아들의 행함을 본받는 행위요,
그가 살아왔던 그 모두요, 그가 가르
쳤던 진리를,
34 너희는 썩은 눈과 썩은 귀를 가지고
있기에 나의 아들 예수가 전했던 그
복음의 뜻을 듣지 못하며,
35 너희는 썩은 눈이기 때문에 나의 아들
이 행한 그 모두를 보고 배움이 없음
이니, 그리하여 너희는 행함을 아예
중요시하지 아니하며, 그저 살아 움직
일 수 있는 입으로써 수다를 떠는 것
이 구원을 받는다 말함이니라.
36 그리하여 썩은 눈으로 보지 못하며 썩
은 귀로 듣지 못하는 것이 바로 종교
집단의 지도자요, 그곳에 돈을 주고
직분을 사서 앉아 있는 불쌍한 인간들
이니라.
37 그리고 썩은 자 밑에 건전한 자들이
믿음이라는 것을 갖고 구원을 받고자
하여 가는 순간에, 너희 자신이 썩어
가는 길에 들어가는 나의 백성이 너무
나도 불쌍하여 내가 너희를 구원하고
자 하는 것이 나의 뜻임을 알아야 할
것이니라.
38 그러면서 너희는 살아가면서 무엇하
는가?
39 나는 이 세상에 가장 천국이라는 것은
내가 만든 이 지상이 모두가 천국이며,
40 그 천국 속에서도 가장 작은 것이 너
희가 꾸려 가는 가장 작은 가정이 인
간 세상에서 가장 중요한 천국이라는
것을 너희는 알아야 할 것이니라.

41 이 세상은 내가 만든 천국이요, 그 천
국 속에서 너희 가정이야말로 가장
위대한 천국의 기초요, 기본이 되니
육의 세상의 천국이니라.
42 그리하여 내가 의식주를 먼저 해결하
는 자들이 나에게 기도할 수 있다 그
리하였음이니라.
43 그러나 너희는 지상에서 가장 작은
천국인 가정까지도 다 파괴하며, 그걸
먼저 생각하지 말며 의식주를 먼저 해
결하지 말고,
44 고개 처박고 중언부언 기도하는 것으
로써 구원받으며 그것이 우선이라 말
하며,
45 너희가 의식주를 해결하기 전에 재물
을 바치고 남에게 박수를 받으며 제가
우쭐대는 모습이 구원을 받는 것이라
그리 말함이니,
46 고개 처박고 천날 만날 기도해도 나
에게 들리지 아니하며, 파도 소리만큼
도 들리지 않는다는 것을 너희가 알
아야 할 것이니라.
47 너희가 지금 따라가는 종교 집단이요,
지도자들이 사탄이요, 마귀요, 사악한
자이며, 너희 육을 죽이고 영혼마저도
죽이는 사악한 행위 속에서 지옥 길로
인도하는 지금의 가는 길이니, 이를
보고 분통이 터지는 나의 가슴을 너희
가 알겠는가?
48 이제 너희가 알아서 길을 선택하도록
하라.
49 나 여호와가 너희에게 더 이상 뭐라
하고 싶은 말이 없음이니라.

5,440 번째 하나님 말씀

2003년 3월 10일 17시 05분

1 사랑하는 나의 아들아!
2 "네, 아버님! 말씀하옵소서."
3 구원의 길이요, 하늘에 오르는 길이
무엇이더냐?
4 사랑을 실천하고 베풀며 살면 되며,
이웃을 구원하면서 더불어 사는 것이
나에게 오르는 길이 아니던가?
5 그러나 너희는 지금 뭐라 말하는가?
6 모든 종교 집단이 수천 년 동안 흘러
오면서 '사랑을 베풀고 살며 이웃을
구원하며 이웃을 내 몸과 같이 사랑하
라.' 그리 부르짖었으며,
7 그리고 너희는 눈물로 찬송하고 그저
광란의 짓을 하며 부르짖는 것이 '이
웃을 내 몸같이 사랑하자, 사랑을 베
풀며 살자, 나누며 살자.' 그리 말하느
니라.
8 그러면서 너희는 뭐라 가르치느냐?
9 너희 종교 지도자들이 절대로 믿지 않
는 사람들과는 상대하지 말며 교제하
지 말라 그리 가르치느니라.
10 믿지 않는 자와는 절대로 교제하지 말
며 상대하지 말라 너희가 그리 말함이
니, 그것이 지금 믿음의 길을 가르치
는 자들이 하는 짓이며,
11 그리고 믿지 않는 자들과는 금전 거래
도 하지 말며 어떤 것도 거래하지 말
라 그리 가르치느니라.
12 그러면서 뭐라 말하느냐?
13 너희는 믿지 않는 자와 교류하며 믿지
않는 자들과 돈을 거래하고 상대하면
너희가 재물도 잃고 사람도 잃으며 믿

음까지도 다 잃으니 구분하여 상대하
라 그리 가르침이니,
14 이것이 과연 사랑을 베푸는 백성이요,
하늘에 오르는 길을 인도하는 자들이
하는 행위던가?
15 모두를 다 철갑으로 문을 닫고자 하는
것이니라.
16 어찌하여 인간이 인간 세상에 살면서
인간을 골라서 상대를 한다는 말인가?
17 저희 부모·형제도 믿지 않는 자는 교
제하지 말며 교류하지 말며 형편이 어
려워 죽어 가도 재물을 빌려 주지 말
며 도와주지 말라 그리 가르치는 너희
보다 이 세상에 사악한 자가 어디에
있겠는가?
18 그러면서 너희는 무엇을 원하느냐?
19 너희에게 바치라 하는 것이니라.
20 저희가 바치는 것만이 축복을 받으며
구원을 받는다 말함이니라.
21 너희에게 바칠 것이 없을까 봐 형제자
매 간에도 교류를 끊으며, 믿지 않는
어떠한 사람과도 교제하지 말며, 금전
거래를 하지 말라 하며,
22 돈 잃고 사람 잃고 모두를 다 잃으며
저희가 지옥으로 간다 그리 말하는 것
이니,
23 바로 너희가 거둬들이기 위하여 나의
피조물 만백성의 인성을 짓밟아 황폐
하게 만들어 놓았음이니,
24 그게 사기꾼이고 도적질하는 인간들
이라는 것을 잊지 말라.
25 사기꾼과 도적질하는 자 앞에 너희가
구원받고자 용서를 빌지 말라.
26 내가 너희에게 뭐라 했느냐?
27 너희보다 죄를 많이 지은 자가 너희
를 대신하여 기도할 수 없으며 축복
기도해 줄 수 없다 하였느니라.
28 허구한 날 거짓 하며 도적질하며 너
희에게 사기 치고 거둬들이기 위한
연구만 하는 자들이 얼마나 그들의
죄가 무거운지 아는가?
29 독수리 발에 천근 되는 쇠뭉치를 달
아 놓은 것보다도 더 많은 죄를 짊어
진 것이 지금의 종교 지도자요, 집단
들이 가는 길이니,
30 과연 독수리가 천근보다 무거운 돌덩
어리를 달고 날 수 있다고 생각하느냐?
31 꿈도 꾸지 말라.
32 이것이 내가 나의 아들을 통하여 지금
지상에 내려보내는 심판의 나의 음성
이요, 나의 성령이요, 나의 뜻임을 알
라.
33 이것이 바로 내가 심판을 시작함이니,
34 여기에 저촉되는 자, 여기에 위배되는
자들은 나에게 올 수 없음을 알라.
35 너희는 그리 알아야 할 것이니, 각자
깨우쳐 바로 서도록 하라.
36 그것은 너희의 복이니라.

5,441 번째 하나님 말씀

2003년 3월 10일 17시 13분

1 사랑하는 나의 아들아!
2 "네, 아버님! 말씀하옵소서."
3 지금 부서지고 녹슨 쇳가루가 바람에
날리듯이 온 세상 이곳저곳에 자리
잡고 있는 너희의 교회요, 성전이라는
곳은 과연 뭐 하는 곳이라 말하느냐?
4 너희는 내가 만든 아름다운 성전에
못을 박아 놓고, 그 자리에서 너희는

나 여호와를 만나는 장소요, 나와 대
화하는 장소요, 나를 볼 수 있는 장소
가 너희가 만든 교회요, 성전이라 그
리 선전하고 떠들고 있느니라.
5 그러면서 너희는 교회요, 성전이라 하
는 곳은 나 여호와의 손발이 되어 봉
사하는 마음으로 살아야 하며 봉사를
위주로 살아야 한다고 그리 가르치느
니라.
6 그리하여 너희는 교회가 봉사할 수 있
도록 재물이요, 시간, 모두를 바쳐야
할 것이며,
7 각종 헌금의 명칭에 따라 열심히 내는
것이 너희가 나 여호와의 손발이 되어
봉사하고 역사하는 것이라 그리 못을
박고 가르침이니,
8 불쌍한 나의 백성이 그 말이 두려워
나 여호와의 손발의 역할을 한다는 것
을 누가 거부하고 거절하겠는가?
9 그런 것이 지금의 종교 집단이니라.
10 그러나 그것은 나 여호와의 뜻이 아님
이니라.
11 어떠한 방법으로 봉사하든 남이 모르
게 하라 하였으며 아름다운 역사하는
것도 남이 보지 않는 곳에 상이 있다
하였으니,
12 나의 뜻이 아니라는 것을 알아야 할
것이며, 너희가 쌓아 놓고 챙기려고
간악한 수법과 방법을 동원하여 헌금
에 온갖 이름을 붙여 거둬들이는 것
이니, 정녕 나의 복음을 전하는 것이
아님을 알아야 할 것이니라.
13 정녕 금전을 모으는 것이 너희가 지금
의 성전이요, 교회라는 곳에서 이루어
지는 형국임을 알아야 할 것이니라.
14 너희가 인간의 삶을 위하여 쌓아 놓는
종교 지도자가 없다면 나의 법전이 잘
못된 것이며 나의 아들이 너희에게 마
지막 거짓 선지자로 와 세상을 혼란케
하는 것이나, 그러나 그와 같은 자들
이 있다 하면 너희는 어찌하겠는가?
15 너희는 나의 법전을 읽고 깨우쳐야
함을 잊지 말아야 할 것이니라.
16 내가 너희에게 어찌 행하라 하였느냐?
17 아무도 모르게 행하라 하였음이니라.
18 그러나 너희 손으로 지은 교회요, 성
전이라는 곳이 나 여호와를 만나는 곳
이요, 나의 성령을 듣는 곳이요, 나의
손발이 되어 봉사하기 위하여 너희가
존재한다 하여 모두를 다 바치라, 바
치라 그리하는 것이니,
19 그것이 내가 너희에게 자신이 행하는
것을 아무도 모르게 하라고 가르친 것
을 정면으로 거부하며,
20 그와 같이 하는 것이 너희가 나를 능
멸하는 행동이라는 그 자체도 깨닫지
못하고 살아가는 것이 너희들임을 알
아야 할 것이니라.

5,442 번째 하나님 말씀

2003년 3월 10일 17시 18분

1 사랑하는 나의 아들아!
2 "네, 아버님! 말씀하옵소서."
3 너희는 순박한 나의 백성에게 구원을
받으려면 몸과 마음과 시간과 물질을
다 바쳐 헌신하는 생활을 하는 자만이
구원받을 수 있다 그리 가르치느니라.
4 잠시도 숨 돌릴 틈 없이 너희 성전이
요, 이끌어 가는 가르침과 너희가 명

하는 것에 순종하고 살아가는 것이 구
원을 받는 길이라 하니,
5 너희가 다 바치라 하는 것은 어디까지
말하는 것인가?
6 다 바치라 하는 것은 끝이 없다는 것
을 의미하는 것은 아닌가?
7 너희가 가진 모든 것이 다 끝날 때까
지, 거지가 될 때까지 바치고 또 바쳐
야 한다는 뜻이 아니던가?
8 몸으로 말하면 봉사하고 봉사하다 쇠
진하여 머리가 백발이 되어 죽을 때까
지 봉사만 하라는 것이 아니던가?
9 그와 같은 집단은 없으며 그와 같이
가르치는 자가 없으며 그와 같이 편안
한 족속은 이 세상에 없을 것이니라.
10 그와 같이 말하는 너희가 강도요, 도
적질하는 자들보다 더 사악한 자라는
것을 과연 느끼고 깨닫는 양심도 없단
말이던가?
11 너희는 십일조요, 각종 헌금은 구원의
기본이며, 바치는 것은 하나님 나 여
호와의 재산이요, 너희 것이 아니라
하면서,
12 내가 내려 준 재산을 어찌하여 너희가
가로채는 사악한 짓을 하고 있는가?
13 내가 내려 준 상금은 너희 것이 아니
며, 받은 나의 백성이 살고 쓰도록 그
들에게 내렸거늘,
14 너희는 그와 같은 사악한 방법으로
내가 내린 재물이요, 그 상금을 중간
에서 가로채는 사악한 자이니라.
15 그리하여 너희가 모두를 다 바치라는
것은 무엇을 말하는가?
16 인간이 살아가는 세상에서 가장 갈망
하고 부르짖는 민주주의요, 평화까지
도 다 파괴하고 짓밟는 것이 지금의
종교 지도자요, 너희 집단이 그 원흉
이라는 것을 알아야 할 것이니라.
17 너희가 인간 세상에 살아가면서 법이
라는 것을 만들며 서로 질서를 지키고
가는 그 약속이 있음이니라.
18 그리하여 법도 여러 가지로 구분되어
그 우두머리가 다 다르며 지도자가 다
르거늘,
19 모든 인간 세상의 살아가는 법도요,
삼권분립이라는 기초 자체도 무시하
고, 모두를 움켜쥐고 휘두르며 우두머
리 역할을 하는 것이 종교 지도자들
이니, 너희보다 더 사악한 자가 없느
니라.
20 그리고 어떠하던가?
21 모든 종교 집단에서 쥐고 흔들 수 있
는 것, 재물이 걸린 모든 자리에는 종
교 지도자요, 당회장이요, 목사라는
자들이 빠지지 않고 대장으로 앉아 있
음이니,
22 그리하여 나의 피조물 만백성이 분산
되는 것, 너희를 거부하는 것, 너희의
잘못을 지적하는 것, 그 모두까지도
너희가 사전에 봉쇄하기 위하여 하나
에서 열까지 목자요, 목사요, 종교 지
도자가 모든 우두머리는 다 쥐고 좌지
우지하고 있음이니,
23 이것이 지금 너희가 가는 추한 모습
이니 이를 어찌해야 한단 말이던가?
24 나 여호와가 너희에게 무엇을 더 깨우
쳐 주고 무엇을 더 전하며 얼마나 더
희생을 해야 하며, 나의 아들이 얼마
나 더 목메도록 나의 성령을 받아 책
으로 만들어 전하며 음성으로 전하는

역사를 해야 한단 말이던가?
25 나의 아들이 가련하지도 아니하며, 가
슴이 터질 것같이 아픈 나 여호와의
심정이 처량하고 불쌍하다는 생각도
들지 않는가?
26 이제 그만 너희가 깨우치는 길에 들
어서, 만백성이 나의 법전을 들고 이
것이 나 여호와의 뜻이요, 하늘의 뜻
이라 외치고 나오는 자가 있을 때,
27 나는 나의 아들을 통하여 더 이상 역
사하고 싶지 아니하며 그를 쉬게 하
고 싶으며 나 여호와 또한 쉬고 싶은
심정이니라.
28 과연 160권이 다 나와도 너희가 다스
려지지 않으면 나의 아들이 죽을 때까
지 계속 나의 성령을 받아 세상에 붓
고 또 부어야 한단 말인가?
29 너희는 어찌 그리 잔악하며 사악한 자
인가?
30 너희는 어찌 그리 양보심도 없으며 깨
달음이 없으며 선하고 아름다운 것을
그리도 듣기 싫고 보기 싫어한단 말인
가?
31 너희 자신을 돌아다보고, 양보하는 마
음, 사랑하는 마음, 남의 것을 존중하
는 마음, 그 중의 하나라도 갖고 나의
법전을 본다면 나의 뜻을 알 것이니라.
32 모르는 자가 나의 법전을 천날 만날
읽은들 무엇하느냐 말한 노신사의 그
한마디가 내 가슴을 울림을 너희는
알라.

5,443 번째 하나님 말씀

2003년 3월 10일 17시 27분

1 사랑하는 나의 아들아!
2 "네, 아버님! 말씀하옵소서."
3 너희 종교 집단이 뭐라 말하는가?
4 너희가 이끄는 종교 집단에 나의 피조
물 만백성은 헌신하고 살아야 한다고
강요하느니라.
5 그리하면 구원을 받으며 그렇지 않으
면 구원을 받지 못한다 그리 말하느니
라.
6 그러면서 너희 손으로 지은 성전에 오
는 순간에 나의 사랑하는 아들 예수의
피 값을 예수가 지불하고 너희를 샀기
때문에 그저 구원을 받는다 함이니라.
7 나의 아들의 피를 흘린 그 피 값으로
너희를 다 샀다 그리 말함이니, 그리
하여 너희는 구원을 받는다 말하고 전
하고 있음이니라.
8 그리고 너희는 또 그걸 믿고 따라가느
니라.
9 너희는 알아야 하느니라.
10 나 여호와가 만백성의 어버이요, 창조
주인 것을 너희는 모르는가?
11 나는 만백성의 창조주이니라.
12 그러면 내가 어찌하여 나의 아들의 피
값으로써 너희를 샀다 그리 말하는가?
13 나는 모든 만백성을 산 것이니라.
14 피조물 만백성을 구하는 조건으로 나
의 아들의 피 값으로써 너희 죄를 다
사서 너희를 구원했다면,
15 나는 만백성의 어버이로서 만백성의
것을 다 산 것이지, 어찌하여 유독 몇
명 안 되는 그 종교 집단에 있는 너희

것만을 샀다 말하며, 그 사악한 방법
으로써 나의 피조물 만백성을 그리 우
롱하는가?
16 이것은 어디서 누가 만든 발상인가?
17 나의 아들의 젖값으로 나 여호와가
너희를 샀다 하자.
18 그러면 너희는 그 대가를 과연 무엇으
로 지불했다 생각하며, 그 대가로 나
에게 무엇을 바쳤는가?
19 그와 같은 생각을 너희가 한번 생각
해 봐야 할 것이 아닌가?
20 나의 아들이 고통스럽게 흘린 피로 내
가 너희 죄를 모두 샀다면, 그 죄를 사
가볍게 만들어 준 나에게 너희는 대가
로 무엇인가 지불할 방법이요, 그 은
혜에 보답할 것을 과연 생각해 본 적
은 있는가?
21 그 대가는 나의 뜻에 의해 살아가는
것이니라.
22 내가 명한 대로, 내 계명대로 지키고
살아가는 것이 바로 너희가 내가 그
와 같은 역사를 이룬 길에 보답하는
길이라 생각하지 않는가?
23 너희가 지은 교회라는 곳에 헌신하는
것이 아님을 알라.
24 내가 나의 아들이 고통스럽게 죽어 간
그 피의 대가로 너희 죄를 다 사서 구
원해 주었다면,
25 나 여호와에게 기도하며 죽은 나의 아
들 예수의 그 삶을 생각하며 그에게
너희가 보답하는 마음으로 살아가면
될 것이지,
26 어찌하여 너희 손으로 지은 성전이요,
교회에 와서 헌신하고 봉사하고 재물
을 바쳐야 한다 하는가?
27 이와 같은 법도요, 계산이 과연 어디
서 나온 것인가?
28 너희가 주장하는 교회만이 진정한 사
랑이 있다고 그리 억지를 쓰고 있으
나, 거기에 정녕 사랑이 있는가?
29 너희의 잔악한 행동을 보라.
30 너희는 세상 친구를 멀리 하고, 신실
한 성도만을 가까이해야 하며, 남들은
가까이하지 말며 교류하지 말라 말하
지 않는가?
31 내가 너희에게 가르친 '너희 이웃을
네 몸과 같이 사랑하며 살라'는 그 뜻
을 거역하고 정면으로 부정하는 짓을
하면서 어찌하여 그와 같이 너희에게
유리한 쪽으로 모든 것을 갖다 붙여
대는가?
32 종교 지도자가 그러하니 나와는 관계
없는 믿음의 길을 가며, 구원을 받았
다는 백성 너희는 나와는 아무런 관계
가 없음이니라.
33 너희는 친구도 멀리하며 모든 사람을
다 저버리며, 그저 교회라는 곳에 헌
신하고 봉사하며 너희 성전에 모든 것
을 다 바친다 하면서, 거기다 십일조
라는 것을 붙여 대고 거둬들이느니라.
34 십일조를 바치라 하며 어찌 말하는가?
35 한 푼도 빼거나 더해서도 아니 되며
원칙대로 바쳐야 하는 것이 십일조며,
그리하는 자만이 나에게 구원을 받으
며 영광이요, 축복이 있다 말함이니,
36 너희가 과연 어떠한 자들인지 너희
자신을 한번 돌아다봐야 할 것이니라.
37 그와 같은 자들에게 구원을 받고 나에
게 오르는 길이라 달려가는 너희가
얼마나 어리석은 백성인가를 알라.

38 너희는 알아야 할 것이니라.
39 십일조를 정확히 잘 내는 백성이 축복을 받으며 나에게 구원을 받는다 말함이니,
40 그 말이 두렵고 그것이 사실인가 하여 불쌍한 나의 백성이 지금 사악한 도적과 같은 사탄의 자식들에게 힘과 용기를 주며 희망을 주는 그 소중한 재물을 십일조와 각종 헌금으로 바치고 살고 있음이니,
41 내가 이를 꾸짖고 나무라는 것을 너희는 어찌하여 들으려 하지 않는가?
42 너희는 인간인 종교 지도자가 가르치는 것이 더 소중한가, 창조주 나 여호와가 나의 뜻을 책으로 만들어 근거하여 내려보내는 나의 성령의 뜻이 더 중요한가?
43 어찌하여 너희는 그것 하나도 구분 못하는 어리석은 나의 아들딸이 되었는가?
44 오로지 욕심과 욕망이요, 인간의 사악한 마음 때문이요, 잘못 가르친 종교 지도자의 세 치 혓바닥에 너희가 세뇌되어 가는 것을 보는 아픈 내 마음을 돌아다보도록 하라, 사랑하는 나의 아들딸들아!

5,444 번째 하나님 말씀

2003년 3월 10일 17시 40분

1 사랑하는 나의 아들아!
2 "네, 아버님! 말씀하옵소서."
3 지금의 종교 지도자 너희가 진리를 가르친다 하면서 하는 주 사업의 목적이 과연 무엇이던가?
4 진리를 가르치는 것은 너희가 나 여호와의 뜻을 깨달으며 나의 아들 예수가 전하고 행한 것을 깨우치며 구약의 율법과 십계명에 따라 살아가며 만백성을 깨우치는 것이 주목적이요, 사업이 되는 것이 당연한 것이 아니던가?
5 그러나 모든 종교 집단이 그와 같이 진리를 깨우쳐 나의 피조물 만백성을 구하는 역사를 하는 것이 주목적이요, 사업이 아니라,
6 십일조를 바치라 하는 것이 주목적이요, 주 사업이니라.
7 나 여호와의 재물을 도적질한다 그리하니 십일조를 바치라 겁주고 협박하는 것이 너희이며,
8 주일 헌금을 바쳐야 한다 하며 뭐라 말하는가?
9 나 여호와에게 올 때 빈손으로 와서는 아니 되며 금화와 은화를 들고 오라 함이니, 그것이 바로 협박이 아니더냐?
10 나 여호와에게 빈손으로 오지 말라 해서, 너희가 아름다운 꽃 한 송이요, 가랑잎 하나를 들고 오는 것도 위대한 것이거늘,
11 어찌하여 너희는 금화와 은화를 담은 봉투를 바치는 것만이 빈손으로 오지 않는 것이라 그리 협박하고 그들을 우롱하는가?
12 감사 헌금을 하라, 모든 것은 나 여호와의 뜻에 의해 이루어지며 너희가 얻고 못 얻으며 성공하고 실패하는 그 모든 것은 너희 뜻이 아니요, 나 여호와가 주관하여 나의 축복하에 이루어지니,
13 너희는 감사하는 마음으로 감사의 그

뜻으로 알아 현찰로 감사 헌금을 바
치도록 조정함이니라.
14 또 너희는 무어라 말하는가?
15 구제 헌금을 바치라 하며 전도하기 위
하여 경비가 필요하니 있는 그대로
바치라 하느니라.
16 이름을 댈 수 있는 것은 다 갖다 붙여
수십 가지 명목으로 거둬들이니,
17 그것이 바로 너희의 주목적이요, 주
사업이 아니던가?
18 모든 교회 집단에서 하는 것이 너희가
생산해서 주는 것도 아니요, 영수증을
써 주는 것도 아니요, 그저 말로써 거
둬들이니,
19 너희보다 더 사악한 자가 어디에 있는
가?
20 너희 말로 '땅 짚고 헤엄치기'와 똑같
은 것이니라.
21 그와 같은 것이 너희가 하는 사업이
니, 그러고도 너희가 나의 뜻을 가르
치며 하늘에 오르는 백성을 인도한다
하느냐?
22 그러면서 또 뭐라 붙여 대는가?
23 '네 보물이 있는 곳에 네 마음에 있나
니, 물질을 많이 갖다 바치는 자가 축
복을 받는다' 하며 바치라 소리 지르
고 악을 쓰는 것이 너희의 주요 사업
이요, 너희가 하는 기업이 아니던가?
24 그러고 나서 거둬들이는 걸 가지고 무
엇을 하는가?
25 너희는 그와 같은 허황된 짓을 하고
있음이니라.
26 너희가 그걸로 어떻게 쓰는가?
27 그것은 나와 쓴 자만이 알 것이니라.
28 너희가 각종 이름을 붙여 나의 백성
으로부터 재물을 거둬들이는 것도 부
족하여 또 뭐라 말하는가?
29 사악한 종교 지도자들을 위해서 너희
는 다음과 같은 명령서를 만들어 놓고
나의 피조물 만백성을 고통 속으로 가
게 하는 것이니,
30 그것이 거짓 종교 지도자요, 잘못된
사탄이요, 사악한 자에게 복종하여 그
명에 따르는 자들이니,
31 그것이 바로 종교 집단이 사탄의 명에
만든 다음과 같은 규정을 읊어 대고
있지 않은가?
32 그리고 부끄러운 줄도 모르고 공공연
히 만백성 앞에 그를 소리 지르니,
33 그게 무슨 말인 줄도 모르고 제 목을
조르는 것인 줄도 모르며 저를 지옥으
로 끌고 가는 것도 모르며 '옳소, 맞습
니다, 할렐루야, 아멘!' 하며 눈물짓고
손뼉 치는 것이 그들이 아니냐?
34 너희는 다음과 같은 규정을 놓고 버젓
이 부르짖느니라.
35 나 여호와가 보기에도 창피하고 부끄
러우니, 초등 학문을 마친 자도 저 자
신을 위해서 이와 같은 규정을 말하고
내리지 못할 것이니라.
36 목자를 잘 따라야 한다, 잘 모셔야 한
다, 모든 좋은 것은 목자에게 먼저 갖
다 바쳐야 한다, 목자의 말에는 절대
적으로 복종하고 순종해야 하며 거역
할 수 없느니라, 순종만이 구원을 받
는 길이라 그리 말하느니라.
37 그리고 목자는 가장 행복한 삶을 살
수 있도록, 그리고 그가 즐거워하는
일을 할 수 있도록, 그가 기쁜 마음으
로 모든 근심 걱정 없이 살아갈 수 있

도록 그를 잘 모시고 받드는 것이 구
원을 받는 길이요, 하늘에 오르는 길
이라 하니,
38 여기서 너희는 3단계로 나눠 생각해
보자.
39 첫 번째는 이와 같은 영광과 축복을
받는 것은 나 여호와도 부끄럽고 두려
워 그걸 받을 수 없음이니,
40 나도 감히 받을 수 없는 그와 같은 규
약을 만들어 놓고 사기꾼이요, 도둑놈
같은 너희가 그들 앞에서 그리 모시
라 함이니, 이것이 얼마나 사악한 짓
인가를 알겠는가?
41 두 번째는 나의 아들 예수가 과연 이
와 같은 대우를 받았으며 이러한 말을
너희에게 전했던가?
42 세 번째는 너희 또한 그와 같으니, 너
희가 얼마나 간악한 자들이며 부끄러
운 줄 모르는 자인가?
43 나의 법전에 이와 같이 하라고 기록
된 것이 있는가, 이와 같은 삶을 사는
것이 구원의 길이요, 하늘에 오르는
길이라 하였는가?
44 이와 같이 하는 자는 나에게서 버림을
받는다고 나의 법전에 기록하여 있음
을 너희는 알아야 할 것이니라.
45 너희는 주일이라 하는 날을 정해서 무
얼 하는가?
46 나의 아들이요, 나 여호와의 뜻으로
하는 사업을 하는 백성이, 또는 육의
삶을 살아가다 지치고 피로할 때 쉬는
날이니,
47 그날은 가장 즐겁고 편안한 마음으로
가족끼리 쉬는 그와 같은 날이니, 그
휴식의 공간은 가장 즐겁고 편안한 마
음으로 가족끼리 쉬는 날이거늘,
48 그와 같은 날을 너희에게 와 재물을
바치며 기도하고 경배하며 너희 말에
복종하며 절대적인 제왕과 같은 독재
자의 말을 듣도록 하는 가장 고통스러
운 날로 만들어 놓고 있음이니, 너희
가 얼마나 사악한 자들인가?
49 그러면서 너희가 거둬들이고 거둬들
이는 것 중에서 가장 큰 금액을 받아
들이는 십일조라는 것은 뭐라 하느냐?
50 한 푼도 깎지도 말며 한 푼도 빼놓지
말며 그대로 다 바쳐야만 나의 성전에
올 자격이 있으며 하늘에서 구원을 받
는다 그리 가르치는 것이 너희의 사악
한 행동이니,
51 이 추한 모습을 보고도 너희는 구원의
길을 가는 백성이라 생각할 수 있는가?
52 나의 가슴이 찢어지도록 아픔을 알라.

5,445 번째 하나님 말씀

2003년 3월 10일 23시 25분

1 사랑하는 나의 아들아!
2 "네, 아버님! 말씀하옵소서."
3 오늘 나의 성전을 찾은 그 노신사가
뭐라 말하더냐?
4 그는 걸을 기력도 없으며 말할 기력도
없으며 듣고 말하는 것까지 정확하지
못하느니라.
5 이제 죽음을 얼마 남겨 놓지 않은 그
가 하는 말이 무엇이던가?
6 지금이라도 나 여호와를 위하여 그가
할 수 있는 일이 있다면 무엇이든 하
겠으며,
7 나 여호와가 마지막 힘과 용기를 준다

면 그가 한평생 살아오며 모든 종교
집단이 잘못 간 그 모두를 다 기록하
여 온 세상에 전하고자 하는 마음을
갖고 있다 그리 말하지 않던가?
8 평생 믿어 온 그 믿음이 잘못되었으며
그것이 잘못 가는 길이라는 것을 이제
야 알았으니,
9 기력이 쇠진하여 말을 할 수도 없으며
금방 생각한 것을 뒤돌아서면 그 기억
이 없으며 생각을 할 수 없는 그와 같
은 사람이 되어 머지않아 나 여호와가
저를 부를 것이라 그리 생각하는 자가,
10 그래도 마지막 모든 힘을 다하여 무엇
인가를 이루고자 한다는 그 애절한 마
음을 보지 못했는가?
11 그리고 눈가에 맺히는 그 눈물을 너는
보지 않았던가, 그 마음이 어떠하던가?
12 그리하여 네가 뭐라 말했느냐?
13 지금까지 살아온 그 모두를 다 복음서
라 하여 만들어 만백성에게 전하는 것
이 나 여호와가 그 노신사에게 주는
마지막 명령이라 네가 그리 말하지 아
니하였던가?
14 과연 네 제자와 네가 그 노신사보다
육신과 정신이 따르지 아니하며 더 어
렵고 힘들며 지친 형국이라 생각하는
가?
15 너희는 달릴 수 있으며 걸을 수 있으
며 의사 표시를 할 수 있으며 생각을
잊어버리지 아니하고 바로 설 수 있
지 아니한가?
16 그러한 너희 마음은 과연 어떠한 형
국으로써 가는가?
17 너희도 그 노신사처럼 기력이 쇠진한
그때 가서 모두를 깨우쳐 나에게 구원
을 받으며 나에게 무엇인가를 이루고
자 하려 하는가?
18 그러나 그때는 너희가 언어의 장애요,
육신의 움직임의 장애요, 기억의 장애
요, 그 모두가 너희에게 하나도 도움
이 되지 아니하며 잊어 가는 그와 같
은 삶이니,
19 쓰러져 가는 그 육체를 가지고 그때
가서 후회하고 발버둥친다 한들 무엇
을 이루겠는가?
20 그 노신사를 보면서 너희가 오늘의
살아 있는 그 형국에서 과연 무엇을
어찌할 것인가를 깊이 깨우치도록 네
제자들에게 가르치라.
21 너희는 나로부터 선택된 백성이니, 위
로는 나 여호와에게 어긋나는 일이 아
니요, 내가 노하는 일이 아니요, 내가
너희에게 성내지 아니하는 그와 같은
삶을 살며,
22 나 여호와가 기뻐하는 일, 내가 원하
는 일이요, 내가 너희에게 바라는 일
을 하며 살아가겠다는 굳은 결의는 과
연 언제쯤 이루어질 것이며,
23 하늘을 향하여 한 점의 부끄럼이 없는
삶은 너희는 그 노신사처럼 다 쇠진
하여 나에게 와 심판을 받을 날을 며
칠 남겨 놓지 않은 그때 가서 회개하
고 반성하려고 생각하는가?
24 오늘 이후부터 너희는 위로는 나 여
호와의 뜻에 따라 살아가는 데 어긋나
는 일이 있어서는 아니 되며, 아래로
는 너희 형제요, 동료인 만백성이 돌
아다보는 데 부끄럼이 있는 삶을 살아
서는 아니 될 것이니,
25 위로는 나에게 거짓이 없으며 나를 슬

프게 하지 말며, 아래로는 만백성의
거울이 되는 그와 같은 삶을 살아도
나에게 올까 말까 한 것이며 내가 천
국의 문을 열어줄까 말까 하거늘,
26 너희가 지금까지 안고 있는 그 죄의
무게를 달아 지금부터 깨닫고 바로 산
다 해도 그를 다 감면하지 못할 것이
거늘,
27 어찌하여 굳은 마음과 굳은 결의와 생
명을 다 바쳐 곧고 바른 정의로운 삶
을 사는 데 주저하며, 시간과 때를 가
리지 아니하고 마음이 흔들리며 생각
이 흔들리는가?
28 그와 같은 삶을 살아서는 정녕 나에게
올 수 없음이니라.
29 내가 오늘 노신사를 너희에게 보내 그
모습을 보여 주는 것은,
30 너희도 머지않아 그와 같은 시기가 올
것이며, 그때는 너희가 오늘과 같이
나의 법전을 만들어 역사하고자 하나,
너희 육신과 정신이요, 언어가 따르지
아니하며 보이는 것이 따르지 않아 그
를 할 수 없음이니,
31 오늘의 너희가 노신사의 머지않은 그
시간을 생각하며 너희가 노신사라 생
각하고, 그가 하고자 하는 그 열의와
욕심을 바라다보는 그와 같은 마음의
깨달음을 얻어야 할 것이며,
32 그가 마지막 하고자 하여 몸부림치는
그와 같은 너희가 될 때 그 마음을 가
지고 나의 법전을 만들며,
33 한 점의 부끄럼이 없는 삶을 사는 나
의 아들딸로서 바로 서 주기를 나 여
호와가 간곡히 바라나니,
34 이제 내가 너희에게 무슨 말을 더 하
겠는가?
35 너희에게 전할 만큼 전했으며 알아들
을 만큼 말을 했으며 깨우칠 만큼 강
론을 했으니, 이제는 너희가 알아서
스스로 갈 길을 가도록 그리하라, 사
랑하는 나의 아들딸들아!
36 나의 법전을 읽지 않는 백성을 바로
세우며 잘못 가는 종교 지도자 그들
을 바로 세우고 다스리기에도 지금 나
여호와가 힘들고 어려운 길이니,
37 너희라도 나 여호와의 뜻에 거역하는
삶이 아닌 아름다운 삶을 살아, 내가
가장 기뻐하는 아들딸로서 나에게 올
수 있는 그 길을 놓치지 말도록 그리
하라, 사랑하는 나의 아들딸들아!

5,446 번째 하나님 말씀

2003년 3월 10일 23시 31분

1 사랑하는 나의 아들아!
2 "네, 아버님! 말씀하옵소서."
3 너희가 사는 이 지상이 내가 만든 성
전이라 너희에게 수없이 깨우쳐 주었
느니라.
4 너희가 지금 살고 있는 이 지상이 너
희 육이 존재하는 그 육의 천국에서
사는 그와 같은 삶을 살도록 하기 위
하여 내가 이 지상에 그 모두를 다 너
희에게 내려 주었음이니,
5 너희가 지상에 사는 동안 그 육의 천
국인 이 지상에서 아름답게 살다 나에
게 오르라 그리하였음이니라.
6 크게는 이 지상이 내가 만든 너희 육
의 세상의 천국이요, 작게는 너희가
살아가는 가정이 지상의 천국이 되어

야 한다는 것을 알아야 할 것이며,
7 육의 세상의 천국은 가정의 천국이 기
본이라는 것을 너희는 알아야 할 것
이니라.
8 그러나 너희는 그러한 가정에 소홀히
하며 믿음의 길만 가면 된다 하여 전
통에 따라 가르치는 대로 재물을 바치
고 울며불며 그와 같은 길을 가는 것
만이 구원을 받는 것이라 말하며,
9 가정을 돌보지 말며 가정에 대한 의식
주를 먼저 생각하지 말며 너희가 하늘
에 오르는 믿음의 길만을 위하여 모두
를 다 바치고 먼저 생각하는 삶을 사
는 것이 구원의 길이라 지금의 종교
집단이 그리 가르치고 있음이니라.
10 그러면서 뭐라 말하는가?
11 너희와 똑같은 족속들이 어떠한 상황
에서라도 너희 자신을 먼저 생각하지
않고 이웃을 먼저 생각하며 사랑을 베
풀고 살아간다 수없이 말은 그리하나,
12 인간관계를 다 말살하고 사랑을 베풀
지 못하게 하며 사랑이 무엇인지도 모
르고 살아가게 한 것이 너희 종교 집
단임을 알아야 할 것이니라.
13 나의 뜻에 따라 몸소 행하는 것이요,
선행을 하는 것이 나에게 오르는 길이
요, 그것이 구원을 받는 기본이라 그
리 말하였으나,
14 너희는 남에게 주는 게 속으로 억울
하며, 남을 위하는 선한 행동 같은 고
통스러운 것은 실천하지 않고 외면하
며,
15 그저 말로만 사랑을 부르짖는 그와 같
은 나의 백성으로 지금 종교 지도자
들이 그리 만들어 놓았음이니, 그러면
서 너희가 어찌 구원을 받겠다 말하
는가?
16 나의 피조물 만백성의 마음을 이기적
이요, 사악하게 만들어 놓으며, 너희
로부터 금화와 재물을 거둬들이는 데
만 혈안이 되어 있으며,
17 또한 위로는 저희 종교 집단이요, 그
우두머리 종교 지도자들은 교권을 장
악하여 그 모두를 저희 마음대로 좌지
우지하며 휘두르는 데만 혈안이 된 것
이 지금 위에 있는 종교 지도자요,
18 밑에 있는 지도자는 그와 같은 재물을
거둬들이는 데만 모두를 다 바치고 있
음이니,
19 가장 낮은 자세로 살며 만백성의 종의
자세로 살라 내가 너희에게 그리 가
르쳤음이니라.
20 종교 지도자는 낮은 자세요, 낮은 자
가 되어 만백성의 종이요, 위로는 나
여호와의 종이 되어 살라 하였으나,
21 지금 너희는 신앙의 교만의 그 뿌리
가 끝이 보이지 않도록 깊이 뿌리가
내려져 있으니,
22 그 뿌리를 뽑을 수 있는 자는 아무도
없다는 것을 나 여호와는 알고 있음이
니라.
23 너희가 사악하게 잘못 가는 그 삶의
뿌리요, 신앙의 교만의 뿌리가 너무나
깊이 박혀 있으니 그걸 뽑을 수 있는
자는 아무도 없음이니라.
24 그리하여 너희는 신앙이요, 믿음의 길
이라 가는 길이요, 나 여호와에게 오
르며 사랑을 베풀며 창조주 나 여호와
를 아버지라 부르는 너희의 삶의 형태
보다,

25 아무것도 모르는 세속의 일반 백성의
살아가는 삶이 더 아름다운 모습으로
살아가는 것이니,
26 그렇다 말할 때 너희는 아니라 말할
것이니라.
27 너희 종교 집단이 지금 사악하기가 이
루 말할 수 없으며, 너희보다 더 사악
한 자들은 이 세상에 없음이니라.
28 그리하여 정상적으로 사는 나의 피조
물 만백성은 내가 최초에 내린 나의
법에 따라 구원을 받을 수 있으며 심
판을 받을 수 있으나,
29 지금 너희 종교 집단의 그 형태로는
나에게 심판을 받을 수도 없는 것이니,
30 구원의 길도 아니요, 영혼을 구하는
것이 아니요, 죽음의 신앙으로 가고
있음을 잊어서는 아니 될 것이니라.
31 지금 너희가 믿고 가는 그 신앙은 모
두 다 죽음의 신앙이니라.
32 그것이 왜 죽음의 신앙인가를 나의 법
전에 구절구절 수없이 기록하여 전했
으니,
33 너희가 그걸 읽어 보면 왜 오늘날 너
희 종교 집단이 죽음의 믿음인가를 알
것이며 죽음의 신앙인가를 너희 스스
로 깨우칠 수 있을 것이니 그리 알라.

5,447 번째 하나님 말씀

2003년 3월 10일 23시 38분

1 사랑하는 나의 아들아!
2 "네, 아버님! 말씀하옵소서."
3 나의 아들 예수를 세상에 내보내 만백
성을 구하고자 하여 나의 아들이 성령
으로 세상에 태어났으니,
4 너희 종교 지도자가 과연 나의 아들
예수보다 나의 뜻을 더 잘 알고 있으
며, 나의 뜻을 직접 명받으며 나를 대
신하여 이 세상에 존재한다 말할 수
있는가?
5 너희는 나의 아들 예수의 삶이요, 예
수가 전한 나의 뜻을 철저히 행하며
나로부터 선택된 자식이라 그리 말할
수 있는가?
6 너희는 나의 아들 예수를 따를 수 없
으며 그가 역사하고 행한 것을 따를
수 없음이니라.
7 그리하여 너희는 나의 아들 예수의 보
혈로써, 그 대가로써 속죄함을 받았으
며 구원을 받았다 그리하지 않는가?
8 그렇다면 너희보다 모든 것을 다 위에
서 가르치고 지도하는 나의 성령을 받
아, 나의 뜻에 따라 직접 명을 받아 가
르치는 나의 아들 예수보다 너희가 더
높고 귀한 자라 하는 것이 과연 옳다
생각하는가?
9 나의 아들의 행한 것을 보고 사는 것
이 너희 종교 지도자의 겸손한 자세며
당연히 행해야 할 그 길일 것이니라.
10 그렇다면 나의 아들 예수가 2천 년 전
에 세상에 와 살면서 너희처럼 안식일
을 지킨다 하여 안식일을 지켰던가?
11 그리하여 안식일이라 하여 너희 백성
을 불러 모아 재물을 거둬들이는 그와
같은 행위를 했던가?
12 과연 나의 아들이 어떠한 행위를 했는
가?
13 그가 안식일이라 하여 일하지 아니하
고 쉬고 놀았던가?
14 너희는 안식일이라 하여 아무것도 하

지 아니하며 집에 온 손님도 접대하지
말며 아무것도 해서는 안 되며, 모든
가족과 모든 사람이 일해서는 안 된
다 말하며,
15 너희 손으로 만든 성전에 와 기도하고
재물을 바치는 그것으로써 안식일을
행하는 것이라 그리 말하고 있음이니,
16 나의 아들 예수가 안식일에 일하지 않
고 안식일을 지켰으며 안식일에 행하
지 아니한 대목이 과연 어디에 기록되
어 있는가, 성서에 기록되어 있던가?
17 너희는 누구에게서 그걸 직접 전해 들
었는가, 나 여호와로부터 들었는가?
18 나 여호와는 그와 같은 말을 한 적이
없느니라.
19 나의 아들이 안식일을 지키지 아니하
며, 안식일에 일하는 나의 아들 예수
를 보고 그를 핍박한 것이 지금 너희
조상이 한 일이니라.
20 나의 아들 예수가 그 안식일을 지키
지 아니하고 일하며 안식일에 쉬지 아
니한다 하여 안식일을 강조하며 그를
죽인 그 조상의 뿌리가 지금 바로 너
희라는 것을 알아야 할 것이니라.
21 너희가 예수의 보혈로써 구원을 받았
으며 예수의 이름으로 구원을 받는다
면, 안식일을 지키지 않은 예수의 뜻
에 따라 너희도 그리 행하는 것이 당
연하거늘,
22 너희는 나의 아들 이름으로 구원을
받았다 하면서 예수가 행한 것을 거
역하며, 예수를 핍박한 그 후손으로서
그 자세를 그대로 지키며, 너희 조상
이 했던 그 행동을 지금에 와서 너희
가 똑같이 그리하고 있음이니,
23 그 행위를 하는 너희를 내가 바라보
기도 싫은 심정이라는 것을 너희는 알
겠는가?
24 너희는 재물을 거둬들이지 아니한다
면 안식일에 기도하지 아니하며 경배
하지 아니하며 예배 행사를 하지도 아
니할 것이니라.
25 너희가 안식일을 그리 철저히 지키는
것은 종교 지도자들이 재물이요, 금화
와 은화를 거둬들이는 그와 같은 즐거
움이 있기에 너희는 안식일을 철저히
지키며 안식일에 예배를 드리며 살아
가는 것이 아니던가?
26 너희가 재물을 거둬들이지 못한다면
안식일에 모아 놓고 가르치지 아니하
며 강론이라 하여 그들에게 나의 진리
를 깨우치는 그와 같은 행위는 절대
하지 아니할 것이니라.
27 오로지 오늘의 안식일이요, 예배는 너
희가 재물을 거둬들이는 날로 정하여
그 역사를 하고자 하여, 너희가 그를
철저히 지키며 그를 행하며 그날에 예
배를 하는 것이 지금 종교 지도자 너
희의 속내이니라.
28 너희가 재물을 거둬들이지 아니하며
너희의 의식주를 해결하지 못하며 금
화와 은화를 거둬들이는 사기극을 벌
이지 못하게 된다면, 너희는 절대로
안식일을 철저히 지키지 아니하며,
29 새벽 기도요, 무슨 기도요, 하며 예배
보는 그와 같은 행위도 하지 아니할
자들이니라.
30 그러면서 너희는 나의 피조물 만백성
에게 뭐라 말하는가?
31 나는 너희의 의식주를 해결하는 것이

더 소중하며 그것부터 먼저 행하라 하
였거늘,
32 너희는 모든 인간 세상에서 일어나는
사업이요, 의식주를 해결하기 위한 일
보다도 안식일에 너희가 만든 그 종
교 집단의 그 성전에 와 기도하고 경
배하며 너희에게 재물을 바치는 것이
구원의 길이요, 하늘에 오르는 길이라
그리 말하나니,
33 내가 전한 것을 스스로 거역하는 너희
가 바로 무엇이던가?
34 말로써 나를 찬양하며 나의 아들 예수
를 부르며 뒤에서는 사기극을 벌이는
것이 지금의 종교 집단이요, 지도자가
가는 길이라는 것을, 이것이 아니면
너희는 나에게 직접 물어보라.
35 과연 내가 하는 말이 맞는지 틀리는지
너희는 알 것이니라.
36 너희가 나에게 직접 묻는다면 내가
너희에게 대답해 줄 것이며, 그와 같
은 자가 없거든 나에게 항변하라.
37 그리하면 내가 너희에게 그 근거를 보
일 것이니 그리 알라.

5,448 번째 하나님 말씀

2003년 3월 11일 0시 01분

1 사랑하는 나의 아들아!
2 "네, 아버님! 말씀하옵소서."
3 새로운 성경인 나의 법전이 세상에 내
려가면 빈부귀천에 관계없이 모두를
초월하여 나의 백성은 누구나 읽고 또
읽으며 깨우치고자 그 길을 갈 때, 하
늘의 뜻을 알게 되며 나 여호와가 원
하는 것이 무엇인가를 깨닫게 됨이니,
4 하늘에 오르는 길을 볼 수 있으며 그
빛을 볼 수 있는 것이 나의 법전이니
라.
5 그러니 이 세상에 나의 법전보다 소중
한 것이 없음을 너희는 알아야 할 것
이며,
6 이 귀하고 소중한 나의 법전을 나의
아들을 통하여 대장정의 160권이라는
책으로 만들어 세상에 내려보냄이니,
7 이를 읽는 자만이 나 여호와의 뜻이
요, 참진리를 알 수 있으며,
8 하늘에 오를 수 있는 길을 안내하는
그 모두가 여기에 들어 있음이니라.
9 너희가 나에게 오르는 과정의 그 모두
를 역사하는 동안에 너희가 행하고
행하지 말아야 할 것을 구분할 수 있
도록 완벽한 교과서를 만들어 내가 너
희에게 내려보냄이니,
10 나 여호와가 사랑하는 나의 백성 너희
에게 마지막으로 내리는 선물임을 알
아야 할 것이니라.
11 나 여호와가 너희에게 내려보낸 가장
최대의 위대한 선물이요, 보물이 바로
나의 성령이요,
12 내가 글로써 내려보내는 이 법전이니
라.
13 '하늘에 오르는 길'이요, '하나님! 말
씀하옵소서'라는 이 법전이 바로 내가
너희에게 마지막으로 내리는 최대의
선물이요, 가장 귀중한 선물이거늘,
14 어찌하여 너희는 이를 읽으려 하지
아니하며 보려 하지 아니하는가?
15 무엇인가를 알고 마음을 비운 자요,
마음이 깨끗한 자요, 천사와 같은 마
음으로 살고자 하는 백성은 나의 법전

을 읽으면 깨달을 것이며,
16 그와 같은 마음을 가진 백성은 나의
법전을 사랑할 것이며, 이게 나 여호
와의 뜻이라 하여 이를 가슴에 안고
정독할 것이며, 목숨을 바쳐 이를 지
키려 할 것이니라.
17 그러나 사악한 마음을 가진 자, 사리
판단을 못 하며 저 자신이 무엇인지
어디 있는 것인지도 모르는 자, 그와
같은 백성은 나의 법전을 저주하고 미
워할 것이며 이를 태우고 찢어 버리고
자 할 것이니,
18 나의 법전을 생명보다도 더 소중하게
생각하는 백성과 이를 찢어 버리며 이
를 핍박하고자 하여 온갖 방법을 다
동원하는 그와 같은 백성으로 양분될
것이니라.
19 그리하여 너희가 이로 인하여 잘못하
면 돌이킬 수 없는 종교 전쟁으로 피
바다를 이룰 것이니,
20 나 여호와가 그를 막고자 하여 긴 세
월 속에 서서히 나의 법전을 전하고
또 전하는 것을 너희는 알아야 할 것
이니라.
21 이제 너희는 알아야 할 것이니라.
22 이 세상에 존재하는 백성 너희는 육의
세상에 어떠한 부귀영화보다도 나로
부터 큰 선물이요, 가장 귀중한 보배
를 너희에게 내려 주거늘, 어찌하여
이를 보려 하지 아니하는가?
23 이는 너희를 위하여 내리는 최대의
선물이기에, 귀한 자, 천한 자, 가진
자, 없는 자, 그 누구든 관계없이 모두
가 읽고 깨우쳐 똑같이 하늘에 오를
수 있는 그 길잡이요, 교과서라는 것
을 잊지 말라.
24 이제 나의 법전을 보고 정독하라.
25 그리하여 나의 법전에 기록된 내용이
과연 너희에게 무엇을 잘못 가라 하
며, 너희를 바로 서지 못하게 하며, 너
희가 진리의 눈을 뜨지 못하도록 앞을
막는 그와 같은 구절이요, 그 내용이
어디에 있는가 너희가 한번 들여다보
라.
26 고집 피우지 말며 아집을 부리지 말
며, 너희 것만이 소중하다는 어리석은
생각을 버리며,
27 남의 것도 소중한 줄 알며 존중할 줄
알며 남의 것을 보고 깨닫는 그와 같
은 삶을 살라.
28 너희가 인생을 사는 것도 선배요, 부
모요, 조상으로부터 가르침이요, 기술
을 전수받지 아니한다면 너희가 과연
완벽한 깨달음을 얻겠는가?
29 남이 가르치는 것, 남이 기록한 것, 남
이 전하는 것, 너희보다는 선배요, 스
승이 전하는 것을 너희 것으로 만들며,
30 그리하여 현명한 삶을 살아가며, 어리
석지 않은 삶을 살아가지 아니하는가?
31 그러니 나의 법전도 그와 같이 역사함
을 너희는 알아야 할 것이니라.
32 어느 인간이 기록한 것보다도 나 여호
와가 직접 기록한 것이요, 나의 뜻이
니, 이는 영원히 불변함이요,
33 너희가 하늘에 올라와 영원히 살 수
있는 그 영혼을 구원하는 교과서라는
걸 절대 잊지 말라, 사랑하는 나의 아
들딸들아!

5,449 번째 하나님 말씀

2003년 3월 11일 0시 07분

1 사랑하는 나의 아들아!
2 "네, 아버님! 말씀하옵소서."
3 내가 사랑하는 너를 따르는 제자들과 나의 법전을 읽고 깨우친 만백성 너희는 나의 법전을 읽으면서 얻고 잃는 것을 알아야 할 것이니라.
4 나의 법전을 정독하는 백성은 나 여호와가 의도하는 것이 무엇이며, 내가 어찌하고자 하며, 내가 무엇을 이루고자 하는 것인가를 알아야 할 것이며,
5 이 세상의 형태가 어떻게 돌아가며, 이 세상 만백성의 천 가지, 만 가지 그 마음이요, 그들이 살아가는 형태요, 그들이 살아가는 모습을 바라볼 수 있는 눈을 떠야 하는 것이 나의 법전을 읽는 선택된 백성이 하는 길이요,
6 지금 종교 집단의 현 상태를 알아야 하며 또한 그들이 하는 행위의 옳고 그름을 구분할 줄 아는 깨달음을 얻어야 하는 것이 나의 법전을 읽는 백성이니라.
7 나 여호와가 강조하는 내용이 무엇이며 내가 너희에게 깊이 심어 주고자 하는 그 뜻이 무엇인가를 나의 법전을 읽는 백성은 거기서 깨달아야 하는 것이니라.
8 나의 백성 너희가 해야 할 일이 무엇인가를, 그리고 이 세상의 만백성을 구하기 위하여 과연 어떠한 자세로써 어떠한 일을 하며 무엇을 역사해야 하는가를 스스로 깨달아 너희가 갈 길을 알아야 하는 것이 법전을 읽는 나의 백성이 해야 할 일이니라.
9 너를 비춰 보라. 너 자신을 비춰 봐야 함이니라.
10 너 자신을 비춰 봐 내가 실천하라는 것을 과연 얼마나 행하며, 그 정도를 어찌하고 있는가를 수시로 너 자신을 점검하여 봐야 하며, 또 너 자신을 평가해야 하는 것이 나의 법전을 읽는 백성이 해야 하는 일이니라.
11 모든 것을 거울로 삼아 너 자신의 마음의 거울에 비춰 봐, 네가 한 점의 부끄럼이 없는 삶을 사는지 항상 점검하고 들여다보는 그와 같은 변화를 해야 하는 것이 나의 법전을 읽는 백성이 깨달아야 할 것이니라.
12 너 자신의 부족한 마음을 확고히 하며, 너 자신의 믿음이 흔들리는 것을 확고히 하는 기회를 감지하는 것이며, 그걸 다지는 것이 나의 법전을 읽는 백성이 알아야 할 것이며,
13 내가 너희에게 명한 것을 얼마나 실천하고 사는가 그것을 항상 너희 스스로 평가하여 점수를 매겨 봐야 할 것이니라.
14 그리고 나에게 너희가 스스로 한 약속을 과연 얼마나 지키고 실천하고 사는가를 알아야 하며 그것을 깨우치는 백성이 되어야 함을 알아야 할 것이니라.
15 나의 법전을 읽고 깨우치는 백성 너희는 금화와 은화를 바침으로써 구원을 받으며 하늘에 쌓아 놓는 것으로 나에게 평가를 받고 재물로써 얻고 구하는 것이 아니라는 것을 알아야 할 것이며,
16 너희가 기도하는 마음이요, 회개하는 마음이요, 아름다운 모습으로 살아가

고자 하는 것을 왜 해야 하는가를 알
아야 하는 것이요,
17 너희가 행하는 방법과, 왜 행해야 하
는지, 행하지 아니하면 아무것도 이루
어질 수 없다는 것을,
18 나의 법전을 읽는 백성 너희는 그것을
깨우쳐야 한다는 것을 너희는 알아야
할 것이니라.
19 나의 법전을 읽고 나의 강론을 듣는
백성은 이와 같은 내용을 들여다보며
이를 알고 볼 줄 알아야 한다는 것을
잊지 말라, 사랑하는 나의 아들딸들아!
20 이와 같은 내용을 너희가 보지 못하
며 점검하지 못하면 나의 법전을 정독
하여 읽는 백성이 아니니,
21 너희 눈으로는 책을 읽되 생각과 마음
은 다른 곳에 가 있음이니, 그와 같은
자는 이 내용을 알 수 없으며 그러한
마음으로 정독하는 자는 나의 법전의
뜻을 알 수 없다는 것을 알라.

5,450 번째 하나님 말씀

2003년 3월 11일 0시 16분

1 사랑하는 나의 아들아!
2 "네, 아버님! 말씀하옵소서."
3 법전은 나 여호와가 사랑하는 너희에
게 내리는 가장 크고 소중한 선물이라
하였음이니, 너희는 그 뜻을 알겠는가?
4 하늘의 이치와 뜻을 너희 인간 세상
에서는 알 수 없으며, 너희가 생명을
가진 인간으로 존재하는 한 하늘의 이
치와 뜻을 알 수 없는 것이니라.
5 그러나 나의 법전을 접하여 정독하는
자, 그리고 나의 아들을 통하여 내리
는 강론을 듣는 너희에게 가장 큰 선
물을 내려 주는 것이라 한 것은,
6 세상사 너희가 살아가는 그 모든 이치
와 하늘의 법도가 이 법전 안에 들어
있으며, 하늘에서 이루고자 하는 것과
나 여호와가 역사하고자 하는 그 깨
우침이 모두 다 이 책 속에 들어 있기
때문이니라.
7 그래서 내가 너희에게 내리는 가장 큰
선물이요, 귀중한 보물이라 그리 전함
을 알아야 할 것이니라.
8 그리하여 너희가 하늘에 오르는 길의
영광의 빛을 볼 수 있으며, 너희가 반
석 위에 서서 하늘에 올 수 있는 길은
나의 법전을 읽고 정독하여 깨달음을
얻는 길이 아니면 절대로 그걸 볼 수
없다는 것을 알아야 할 것이니라.
9 너희 육은 죽어 가나 너희 영혼은 영
원히 나와 더불어 사는 하늘에 올 수
있는 영광의 빛을 바라보는 것은 바로
나의 법전을 읽고 깨우치는 것이니,
이는 바로 무엇이라 내가 말하였더냐?
10 너희가 나의 법전 표지를 열 때 내가
너희와 같이한다 했으니, 나 여호와와
더불어 살아가는 것이 법전을 읽고 정
독하는 것이니,
11 그보다 더 큰 선물이요, 그보다 더한
영광스러운 것이 무엇이 있다 생각하
는가?
12 그보다 더 귀한 것은 없음이니, 오늘
의 영광이요, 축복이라는 것을 알아야
할 것이니라.
13 사랑하는 아들아, 너는 만백성에게 전
해야 할 것이니라.
14 만백성은 나의 아들딸이기에 내가 얼

마나 소중하게 아끼며 나에게 얼마나
귀한 자식들인가?
15 나의 뜻을 만백성에게 전하도록 해야
할 것이니라.
16 나의 백성으로 지금까지 살아온 삶과
믿음 모두를 다 걸고 사랑하는 나의
아들딸 너희가 이제 가장 중요한 결정
을 할 때가 왔음을 알아야 할 것이니
라.
17 지금까지 살아온 너희의 삶이요, 앞으
로 살아갈 삶이요, 그리고 지금까지
믿음의 길을 왔으며 또 나의 법전을
읽고 공부한 자, 모든 종파에 속해서
살아온 만백성은 이제 너희의 삶과 믿
음의 길에서 과연 어떠한 것을 선택할
것인가 지금 그 결정을 해야 할 때가
되었음을 알아야 할 것이니라.
18 너희는 나의 법전을 읽고 깨우쳐 새로
운 백성으로 태어나는 삶을 살 것인
가, 그렇지 아니하면 나로부터 선택된
백성의 길을 버리고 구습과 구태의연
한 방법으로 지금까지 흘러왔던 믿음
의 관습이요, 잘못된 종교 집단의 흐
름에 따라 그대로 편승하여 흘러갈 것
인가 너희는 이제 결정할 날이 되었
음이니라.
19 이는 내가 너희를 심판하기 위하여
대장정의 법전 160권을 세상에 내려
보내니, 곧 심판을 시작하기 때문이니
라.
20 너희가 어떠한 길을 선택할 것인지
이제는 결정할 때가 임박했음을 알아
야 할 것이니라.
21 너희는 나의 법전을 정독하고 또 정독
하여 거기에서 내가 명하는 것을 하나
하나 깨달아 행하며 고통과 시련을 딛
고 일어나 변하는 삶을 살아 영원히
사는 나의 나라에서 새로 태어나는 역
사로 나로부터 축복을 받는 그와 같
은 삶을 살아갈 것인가,
22 그렇지 않으면 육의 삶에서 새로 태어
나는 변화를 하지 아니하고 이 길을
거부하고 따르지 아니하며 그대로 살
다 심판을 받을 것인가,
23 이제는 결정할 때가 되었음을 알아야
할 것이니라.
24 사랑하는 아들딸들아, 나 여호와가 너
희가 결정하기 전에 나의 뜻 하나를
너희에게 전함이니라.
25 너희가 오늘의 삶에서 십계명을 지키
며 나의 법전을 지키며 그 내용대로
살며 그 길을 간다는 것은 어렵고 힘
듦이니라.
26 그리하여 너희가 어렵고 힘든 것을
피해 도망가며 나에게서 멀어지며 나
의 법전을 읽지 않고 육의 편안함에
따라 그대로 살아간다면,
27 오늘의 삶은 편안할 것이며 너희 육은
편할지 모르나, 영원히 사는 그 세상
에 올 수 없으며,
28 또 영원히 사는 세상에 온다 하여도
그에 대한 고통이 얼마나 힘들고 어
려운 것인지, 너희가 생각할 수도 없
는 힘들고 어려운 그 고통을 치러야
할 것이니라.
29 육의 세상에서 십계명을 지키며 나의
법전을 지키며 살아가는 그 고통보다
천배 만배 더 고통스러움이니,
30 오늘의 작은 고통을 과연 피하고자 너
희가 나로부터 등을 돌리며 나의 법전

을 읽는 그 수고로움을 하지 아니하며
그대로 지키고 사는 것을 회피하며 못
들은 체하며 그를 짓밟아 버리는 그와
같은 삶으로써 살아 너희는 다음의 영
혼의 세상에서 천배 만배 고통을 치르
며 살 것인가 이제 결정할 때가 왔음
이니라.
31 나의 법전의 이 대목을 읽는 백성 너
희는 그 자리에서 바로 마음을 굳게
결심해야 한다는 걸 잊지 말라.
32 때가 늦으면 그마저도 놓침이니라.
33 이제 시간이 없음을 알라.

5,451 번째 하나님 말씀

2003년 3월 11일 0시 28분

1 사랑하는 나의 아들아!
2 "네, 아버님! 말씀하옵소서."
3 모든 종교 지도자들의 살아가는 그 삶
은 과연 어떠한가, 그들이 정녕 나의
피조물 만백성을 구원하기 위하여 그
길을 가고 있는가?
4 나 여호와의 아픈 마음을 너는 알아야
할 것이며, 너의 제자들에게 오늘의
아픈 나의 마음을 그리 전하도록 하라.
5 모든 종교 지도자들은 믿음을 위해서
가는 것이 아니요, 저희가 먹고사는
그 호구지책을 위하여 그와 같은 삶
을 살아가며 그와 같은 형식적인 생활
을 하고 간다면 과연 믿겠는가?
6 그들은 절대 아니라 고개를 흔들 것이
니라.
7 그러나 그들이 하는 소리를 나 여호와
는 하나도 놓치지 않고 듣고 있음이니
라.
8 그들이 뭐라 말하는지 아는가?
9 종교 지도자요, 목사가 되는 그 순간
부터 먹고사는 것은 걱정할 것이 없
으며, 팔자가 늘어지며, 호구지책으로
써는 걱정할 것이 없다고 종교 지도자
들이 그리 말하고 있지 않은가?
10 그러면서 그와 같은 삶을 위하여 살아
가는 것이 아니요, 믿음을 위해서 살
아간다 나에게 그리 말하는 자들은 들
어야 할 것이니라.
11 너희가 정녕 사랑하는 나의 백성을 구
원하고자 한다면 세상에서 가장 낮은
자로서 살아가라 내가 하였음이니,
12 너희가 호화로운 성전을 짓기 위하여,
많은 신도를 거느리고 그 위에 군림하
며 많은 재물을 거둬들이고자 하여 그
와 같은 생각을 하고 살아서는 절대로
안 되느니라.
13 떨어진 옷을 입고 산다 하여, 누더기
처럼 기운 옷을 입고 산다 하여 너희
가 전하는 나의 성령의 뜻이 왜곡되
게 흘러가는 것이 아니거늘,
14 너희가 떨어진 옷을 걸치면 어떠하며,
단 한 벌의 옷을 입고 살면 어떠한가?
15 그와 같이 가고자 하는 마음을 가진
종교 지도자가 있다면, 그가 바로 나
의 뜻을 전하는 자요, 진정한 종교 지
도자이니라.
16 너희는 호화로운 것을 갈구하며 호화
로운 성전을 지으려고 모두를 다 바치
고, 너희는 하루에 거둬들이는 재물의
양을 갖고 성공한 자요, 실패한 자요,
그와 같이 평가하며 종교 지도자 스스
로 그리 말함이니,
17 너희 스스로 장사꾼의 본성을 감추지

못하여 하늘에 있는 나 여호와에게까
지 들리도록 그리 떠들고 있음이니,
그러면서도 부끄러운 줄 모르고 사는
것이 너희이니라.
18 너희가 '밤에 하는 말은 쥐가 듣고, 낮
에 하는 말은 새가 듣는다'는 것 하나
만 안다 해도 나 여호와가 듣는 것이
두려워서 감히 그와 같은 말을 하지
못할 것이니라.
19 불쌍한 나의 백성이 그 사악한 자들에
의해 지옥 불로 끌려가는 그 모습을
보는 나 여호와의 가슴이 과연 어떠하
겠는가?
20 너와 너의 제자들은 나 여호와의 이
찢어지는 아픔을 알아야 할 것이니라.
21 힘들고 어려운 그 길이요, 너희가 인
내할 수 없는 고통의 길을 가는 것이
나에게 오르는 길이라는 것을 너희는
잊어서는 아니 될 것이니라.
22 너희는 남들이 즐겨 하는 것을 중단
해야 하며, 남들이 즐겨 먹는 것을 중
단해야 하며, 남들이 그저 즐겁고 행
복하게 노는 것을 모두 자제해야 하며
그를 다스려야 하며,
23 그를 자제하고 중단하고 사는 그 고통
스러운 삶을 사는 것이 나에게 오르는
길이라 내가 하지 아니했던가?
24 사랑하는 네 자식과 남의 자식 중에서
하나를 업고 나와야 할 때 그 긴박한
상황에서 너도 모르게 네 자식을 놓고
남의 자식을 둘러업고 나오는, 그와
같이 순간적으로 이루어지는 그 행동
의 역사를 하는 것이 너희가 나에게
오르는 길이라 하였음이니, 너희는 들
어야 할 것이니라.
25 너희 자식의 눈물을 먼저 닦아 주고
남의 자식 눈물을 먼저 닦아 주지 못
하며,
26 땀 흘리는 자식을 그늘 끝에 앉히는
것도 네 자식을 그늘에 먼저 앉히고
남의 자식을 앉히지 아니하며,
27 남의 자식의 배고픔은 보지 아니하며
네 자식의 배고픔만을 바라보며,
28 무엇을 더 먹일까, 무엇을 더 예쁘게
입힐까, 어떻게 하면 남의 자식들에게
기죽지 아니하고 살 수 있을까 그와
같은 만 가지 생각을 자식 앞에 버리
지 못하는 너희가,
29 정녕 남의 자식과 네 자식을 놓고, 사
랑스러운 네 자식을 놓고 남의 자식
을 둘러업고 나올 수 있는 것이 나에
게 오르는 길이요, 하늘에 오르는 길
이요, 나의 뜻이라 그리했으니,
30 너희가 그 하나하나를 지우는 고통이
과연 얼마나 힘들고 어려운 것이더냐?
31 남의 자식과 네 자식이 땀을 흘릴 때,
네 수건으로 남의 자식 얼굴을 먼저
닦아 주기도 어려운 것이며,
32 네 자식에게 사랑하는 모든 것, 아름
다운 것을 입히고 싶은 마음 하나 자
제하려 해도 얼마나 피나는 노력을 해
야 하며 얼마나 고통스러운 그 시간
속에서 이루어져야 한단 말이던가?
33 네 자식은 학업을 중단하더라도 남의
자식의 학업을 시킬 수 있는 용기 있
는 그와 같은 사랑을 베풀지 못하는
것이 너희요, 그리 베풀지 못하는 자
가 그리 행하는 마음으로 돌리기 위해
서 얼마나 울고 얼마나 고통스러운
시련 속에서만이 너희는 반대의 길로

갈 수 있는 길인가?
34 그 반대의 길로 가기 위하여 너희는
그 피나는 노력이요, 너희 가슴을 쥐
어뜯는 고통과 시련 속에서 그걸 하나
하나 덜어 낼 수 있음이니,
35 그리하여도 네 자식을 버리고 남의 자
식을 업고 나오는 그와 같은 역사의
길을 가지 못하는 것이 너희이니,
36 그보다 더 고통스럽고 힘든 길을 가는
것이 종교 지도자가 가는 길이며 너희
가 가는 길이라는 것을 알아야 할 것
이니라.
37 그것이 너희가 가는 길이요, 역사하는
길이니,
38 너희 종교 지도자들이 지금 하는 그
말을 비추어 볼 때 과연 너희가 얼마
나 병들고 썩어 있는 자인가?
39 호의호식하며 편하게 살 수 있는 것
이 목사요, 종교 지도자요, 그 간판의
이름을 붙이는 그 순간에 너희 육의
고생은 다 끝났다 그리 말하며,
40 오로지 더 큰 성전, 더 화려한 것, 더
좋은 삶을 살아갈 수 있는 거기에 모
두를 다 바침이니,
41 너희는 정녕 하늘에 오르는 믿음의 길
을 가는 것이 아니요, 나와는 정녕 관
계없는 길을 가는 것이 너희의 그 믿
음이 아니더냐?
42 사랑하는 나의 아들아, 너의 제자들에
게 물어보라.
43 종교 지도자가 오늘같이 호의호식하
는 생활을 버리고, 반찬 없는 맨밥에
소금을 뿌려 먹는 생활을 하는 것이
종교 지도자의 가는 길이라 그리 말하
면,
44 과연 지금 목사요, 종교 지도자라는
그 이름을 걸고 그 길을 가고자 노력
하는 자가 얼마나 있다 생각하는가?
45 저희가 맨밥에 소금 뿌려 먹고 살아
가며 단벌 옷이요, 떨어진 옷을 기워
입고 사는 것이 하늘에 오르는 길이
요, 내 재물을 아끼는 나로부터 선택
된 백성이 가는 길이라면,
46 너희는 만백성을 구하며 천국에 오르
는 그와 같은 것은 쳐다보지도 아니하
고 생각지도 아니하며 도망갈 것이며,
47 오늘의 종교 지도자의 그 자리를 가지
아니하며 절대 지키지 아니할 것이니
라.
48 그리고 너희는 나로부터 선택된 백성
이라 말을 하지도 아니하며 나로부터
명받은 자라 말하지 아니할 것이니라.
49 맨밥에 소금을 뿌려 먹으며 누더기 옷
을 입고 그 길을 가라 한다면, 너희는
하나님을 모르며 나 여호와를 모른다
고 소리 지르며,
50 너희가 그 길을 갈 수 있도록 선택된
자라 하여 만백성이 너희에게 그 길
을 가라 하면 '나는 선택된 자가 아니
요, 하나님도 모르고 여호와도 모르며
믿음을 모르는 자요' 하며 그저 두 주
먹 쥐고 도망갈 것이니라.
51 그것이 오늘의 종교 지도자들이니, 그
속에서 무엇을 구원한다 말하겠는가?
52 너희는 진정 어렵고 고통스러운 길을
가는 것이요, 예수와 같이 목숨을 바
쳐 죽는 것이 종교 지도자가 가는 길
이라면,
53 '나는 종교를 전혀 모르고 하나님도
모르며 믿음도 모르니, 나 같은 사람

은 선택될 자격이 없다' 하고 도망갈
것이니라.
54 그러나 지금 너희가 호의호식하고 살
아가기 때문에 그것을 영광으로 생각
하며 그것을 세습으로써 자식에게 내
려보내 그 자식이 또 그 길을 가도록
하는 것이 지금 너희가 가는 길이니,
55 그 속에 무슨 진리가 있고 진정한 깨
달음이 있어 나의 백성을 하늘에 오르
는 길로 인도한다 하는가?
56 너희는 구원의 '구' 자도 다시는 입에
담지 말라.
57 그 추하고 더러운 소리가 하늘까지 오
염시킬까 두려움이니라.

5,452 번째 하나님 말씀

2003년 3월 11일 0시 35분

1 사랑하는 나의 아들아!
2 "네, 아버님! 말씀하옵소서."
3 나 여호와가 너희에게 내려 준 초심
을 되찾는 삶을 살아가야만 한다는 것
을 내가 전함이니라.
4 내가 너희에게 성령을 심어 사람으로
세상에 내보낼 때, 처음에 줬던 그 초
심을 되찾는 역사를 이루는 백성이 곧
내 옆에 오를 수 있는 백성이라는 걸
너의 제자들에게 전하도록 그리하라.
5 너의 제자들은 내가 너희에게 내린
그 초심으로 돌아설 때 내 옆에 올 수
있으며 내 앞에 올 수 있는 백성이며,
6 너희가 그리 깨닫고 살아가려고 노력
하며, 남들이 보든 안 보든 속과 겉이
다르지 않은 행동을 하고 살아가며 선
행을 베풀며 살아가는 그것이 너희가
그리도 갈구하고 원하는 하늘의 문을
통과할 수 있는 영광을 얻게 됨이니라.
7 너희 자신을 다스리지 못하면 벌을 받
는 길이요, 너 자신을 다스리지 못하
는 것은 지옥으로 가는 길이라 내가
너희에게 일찍 깨우쳐 줬음이니,
8 너 자신을 다스리지 못하겠으면 귀를
막고 눈을 감으며 세상 것을 바라보지
말고 잠을 자라고 너희에게 명함이니
라.
9 너희가 정녕 나의 뜻에 따라 살아갈
수 없으며 너 자신을 다스릴 수 없다
생각하며 다스려지지 아니하거든, 귀
를 막고 눈을 감으며 동면하는 짐승처
럼 그저 잠을 자라.
10 그것이 차라리 나은 것이니라.
11 이제 나의 법전을 읽고 내가 내리는
강론을 직접 듣는 나의 사랑하는 아들
딸 너희는 너희 자신을 다스리며 외형
적으로 아름다운 삶을 사는 것은 두말
할 것도 없으며,
12 이제 초심으로 돌리는 그 훈련을 해야
할 것이니라.
13 너희의 모든 마음을 다 초심으로 돌리
는 데 피나는 노력을 다하여야 할 것
이며, 그리하여 초심으로 돌아가 너희
가 내 옆에 오는 백성이 되어야 할 것
이며,
14 너희만이라도 초심으로 돌아가는 자
들이 나와야 이 세상에 의인이 나올
수 있다는 것을 너희는 알아야 할 것
이니라.
15 하늘에서 내린 나의 백성이 되어야만
하는 것을 잊지 말라.
16 너희가 초심으로 돌아갔을 때 그는 곧

무엇이더냐?
17 하늘에서 내린 내 백성이니 너희가
그와 같은 위대함을 알아야 할 것이
니라.
18 하늘에서 내린 나의 백성은 당연히 삶
을 마치고 나에게 돌아올 때 심판 없
이 올라올 수 있으며, 재판을 받지 아
니하고 올라올 수 있는 것이 하늘에서
내려 준 백성이라는 것을 잊지 말라.
19 초심으로 돌아가 초심을 뿌리깊이 심
는 그와 같은 변화의 삶을 살아가도록
하는 것이 나의 법전을 읽은 백성이
요, 나의 아들을 따르는 제자 너희가
가야 할 길이며 행해야 할 길이라는
것을 잊지 말라.
20 하늘에서 내린 백성으로서 다시 태어
나도록 그리하라, 사랑하는 나의 아들
딸들아!

5,453 번째 하나님 말씀

2003년 3월 11일 08시 58분

1 사랑하는 나의 아들아!
2 "네, 아버님! 말씀하옵소서."
3 나의 법전을 읽으며 나의 성령의 가르
침을 들으며 나의 아들의 강론을 듣는
너희가 너희 스스로 변하고자 깨달음
의 그 높이가 어찌 가고 있는가?
4 너희는 나 여호와가 직접 내리는 나의
뜻을 들으며 내가 만백성을 구하기 위
하여 전하는 나의 글을 읽으면서 어찌
하여 감사한 마음을 그리도 모르는가?
5 예수가 세상에 나와 만백성을 구하고
자 그들에게 역사했으나, 그가 죽을
때 등 돌린 사람들처럼, 오늘의 너희
도 어찌하여 그와 같은 마음을 갖고
있는가?
6 내가 너희에게 뭐라 말하였느냐?
7 너희가 열 사람의 제자를 육성하는 그
와 같은 일을 했을 때 내가 하나의 뜻
을 들어줄 것이라 그리 말하였거늘,
그 역사 하나도 이루지 아니하며 그리
소홀히 듣는다면,
8 너희가 하늘에 오르는 길이요, 나를
믿음으로써 구원을 받는다는 그와 같
은 생각을 하고 지금 믿음의 길을 가
며 나 여호와가 내리는 성령의 뜻을
듣는 것이 얼마나 두렵고 무서운 것인
가를 과연 생각하는가?
9 내가 너희에게 훈련의 과제를 주었거
늘 그걸 실천하지 아니하고 행하지 아
니하면서 어찌 다른 것을 행한다 생각
하는가?
10 그것이 너희의 마음이니라.
11 너희는 말로써 목숨을 다하여 나의 아
들을 따르며 나의 성령을 지키며 나의
법전을 지킨다 그리 말하나,
12 내가 너희에게 명한 것은 작든 크든
소중히 들으며 지켜야 한다 그리하였
으며,
13 내가 너희 제자를 열 명 이상 자신이
육성하는 그와 같은 과정을 거치라 하
였거늘,
14 너희는 어찌하여 그 명을 시행하지 아
니하며 그 역사를 이루려 하지 아니하
는가?
15 너희 마음이 어디에 있으며 너희 생
각이 어디에 있는가 이를 너희가 돌이
켜 봐야 할 것이니라.
16 내가 나의 아들을 통하여 직접 너희에

게 명한 그 과제를 실천하지 아니하고 행하지 아니하며 어찌하여 나의 아들이요, 나로부터 선택된 백성이라 하는가?
17 더 어렵고 힘든 과정일 때 너희가 과연 견디겠는가?
18 너희는 스스로 물러날 것이니라.
19 나 여호와가 성령의 가르침도 주며 나의 법전도 주며 그 모두를 다 줬다 그리 말하나, 어렵고 힘들 때는 그를 따르지 아니하고 무너지는 너희이니, 어찌하여 너희는 내가 명한 것을 지킬 줄 모르는가?
20 그를 먼저 지키고 행하도록 하여야 할 것이니 그리 알라.
21 너를 찾아온 그 노신사가 뭐라 말하였느냐?
22 '모든 백성이 뭘 알아야 가르치지 않겠느냐?' 그리 말하였느니라.
23 너희가 지금 깨닫지 못하고 알지 못하기 때문에 나의 법전을 읽어도 모르는 백성처럼, 내가 명해도 그것이 얼마나 소중하고 두렵고 무서운 것인가를 아직 모르고 있음이니,
24 어찌하여 내가 직접 명하는 그 과제를 그리 소홀히 들을 수 있는가?
25 그러니 너희가 나의 법전을 읽고 깨우치는 깊이가 어디에 있으며, 과연 깨우치는 것이 얼마나 있는가?
26 그 노신사가 말하였느니라.
27 그가 이 법전을 접했을 때 가슴이 떨리고 마음이 두려웠다 하였느니라.
28 이는 나 여호와의 심정을 그대로 옮겨 놓은 것이며, 나 여호와의 생각이요, 애절한 그 마음과 나의 뜻을 그대로 거기에 기록해 놓았기에, 그를 보고 눈물을 흘렸다는 말을 하지 않던가?
29 나의 심정을 전하며 나의 뜻을 그대로 기록하여 전했음이니라.
30 내가 너희를 사랑하는 마음이요, 너희가 지키고 가야 할 일이며 행해야 할 모든 것을 내가 너희를 사랑하기에 거기에 다 그대로 기록해 놓았으니, 그것이 바로 나의 뜻이요, 나의 심정이니라.
31 그는 나의 심정을 알았으며 나의 뜻을 알았음이니라.
32 지금의 세상이 잘못된 것을 보며 한탄하고 개탄하고 있었기 때문에 그 노신사는 그를 보고 깨달을 수 있었음이니,
33 어찌하여 너희는 나의 뜻을 옮겨 놓은 이 법전을 접하면서도 내가 존재하며 같이한다는 그 두려움을 모르고 그리 방심하며 감히 그 역사를 이루는 것처럼 생각하는가?
34 너희가 열 명의 제자를 역사하여 이루지 못했을 때 어떤 것도 이룰 수 있는 능력과 자질이 없음을 알라.
35 너희가 무엇을 할 수 있다고 생각하는가?
36 이 많은 백성 중에서 열 사람의 나의 법전을 읽는 제자를 육성하지 못한다면 너희는 아무것도 역사할 수 없을 것이니라.
37 이를 너희가 가슴 깊이 새겨 먼저 행하고 실천하도록 그리하여야 할 것이니라.

5,454 번째 하나님 말씀

2003년 3월 11일 12시 10분

1 사랑하는 나의 아들아!
2 "네, 아버님! 말씀하옵소서."
3 너의 제자들은 한두 사람의 생명을 구
하는 것이 아니요, 이웃의 생명을 구
하는 것이 아니요, 만백성의 생명을
구하는 그 역사에 동참한 자들이며,
내가 하늘의 낙원을 지상에서 이루는
그 역사의 기초를 다지는 것이라 하였
음이니라.
4 그리하여 내가 열 명의 제자를 거느리
는 자에게 소원을 들어줄 것이라 그리
말하였거늘, 어찌하여 너희는 나의 명
령을 그리 소홀히 듣는가?
5 너희가 이를 지키지 못하는 것은 나
여호와를 믿지 못함이요, 나의 법전을
믿지 못하며 나의 아들을 믿지 못함이
니,
6 너희가 그리 믿지 못하는 마음에서 너
희가 그를 행할 용기가 없는 것이 아
니던가?
7 너희는 나의 법전을 전하는 것을 부끄
럽게 생각하며 두렵게 생각하는가?
8 그 마음 자체가 너희가 나의 법전을
믿지 못하는 그와 같은 마음에서 이루
어짐이니라.
9 너희 자신부터 확고한 믿음에 바로 섰
을 때, 너희가 모두를 다 역사할 수 있
음이니라.
10 만백성을 구하는 너희가 열 명의 제
자를 두지 못한다면 어떠한 일을 이룰
수 있겠는가?
11 너희가 열 명의 제자를 거느리면서
거기서 깨달음이 있을 것이며 또한 얻
는 것이 있음이니라.
12 내가 내린 작은 명이라도 엄히 다스리
며 그를 행하라 그리하였거늘, 어찌하
여 너희는 이 명을 그리 소홀히 하는
가?
13 내가 직접 너희에게 내린 이 명을 소
홀히 한다면 너희가 어렵고 힘들 때
그 고비를 과연 너희가 더불어 갈 수
있는가?
14 갈 수 있는 자가 아무도 없음을 알아
야 할 것이니라.
15 나의 명령이요, 나의 뜻을 행하지 못
하며 지키지 못하는 자가 누구의 명령
이요, 누구의 뜻을 따르겠는가?
16 너희가 어렵고 힘들 때 나의 아들이
나의 뜻이라 하여 너희에게 전해도 그
를 믿지 못하지 아니하겠는가?
17 내가 아무리 작은 명령이라 해도 너희
는 그를 시행하고 기다릴 수 있는 마
음을 가져야 할 것이니라.
18 거기에는 다 이유가 있으며 뜻이 있으
며 그리 행하여야 할 길이 있다는 것
을 너희는 알아야 할 것이니라.
19 지금 너희는 눈앞에 보이는 것으로써
계산하지 말라.
20 이것이 너희가 몇 사람이요, 한 부락
이요, 한 집단의 백성을 깨우치는 것
이 아니요,
21 이 세상에 수천 년 동안 내려왔던 그
뿌리가 깊고 깊은 잘못된 종교 지도자
들의 그 뿌리를 뽑아내는 것이며 그를
쓸어내는 역사를 이루고 있음이니,
22 함부로 대들어서도 안 되며 섣불리 해
서는 모든 것이 이루어질 수 없음이니

라.
23 그 모두는 나 여호와의 뜻으로 이루어
짐이니, 내가 너희를 바라보는 그 아
픔을 너희는 모를 것이니라.
24 나의 아들 예수는 나로부터 성령을 받
아 나갔으며, 나의 뜻을 직접 받아 죽
고 사는 그 모든 역사를 한 그 아들도
그들의 사악함 앞에 그 자신이 십자가
를 지며 가시나무 월계관을 쓰고 창칼
에 찔려 십자가에 달려 피가 다 빠질
때까지 몸부림치다 죽은 그 역사를 너
희는 모르는가?
25 모세는 40년 동안 그 험악한 세월 속
에서 내가 그를 썼음이니,
26 지금 나의 아들이기에 나의 법전을 이
리 만들 수 있으며, 인간인 너희가 쓰
려면 몇천 년을 기다려야 한다는 것
을 알겠는가?
27 나의 성령을 심어 내려보낸 나의 아들
도 60년이라는 길고 긴 세월 속에서
지금 이제 그 역사를 시작하고 있음이
니,
28 너희는 이 기다림을 알아야 할 것이
며, 내가 이루고자 하는 그 뜻을 알아
야 할 것이며,
29 너희가 섣불리 대들어 함부로 한다고
해서 이루지는 것이 아니니라.
30 너희는 그를 알아야 할 것이니라.
31 너희 속에 있는 모든 잔재를 다 벗겨
내지 못하면 너희의 무게가 있어 하늘
에 오를 수 없음이니라.
32 너희가 가벼워질 때까지 기다리는 나
여호와의 마음을 모르는가?
33 그리하여 가벼워지라 함이니라.
34 내가 나의 아들에게 뭐라 말하였느냐?
35 너희가 죽고 사는 그 시점에서 남의
자식을 둘러업고 나올 수 있는 그와
같은 역사를 하려면 너희는 수없는 훈
련을 해야 함이니라.
36 그 훈련을 한 시간 내에 이룰 것인지,
평생을 해도 이루지 못할 것인지, 그
것은 너희에게 달렸음이라는 것을 알
아야 할 것이니라.
37 단 한 가지, 너희 목숨을 내 놓고 나의
법전을 세상에 전하겠다는 일념으로
달려갈 때 그 무엇도 너희를 막지 못
할 것이니, 너희 목숨을 던지라.
38 네 목숨을 모두 다 던지는 마음으로
돌아서라.
39 그럴 때 너희가 남의 자식을 업고 나
올 수 있는 그 마음이 있을 것이니라.
40 너희가 손에 쥐고 있으며 마음에 쥐고
있으며 불안한 마음이 있으며 믿지 못
하는 마음이 있을 때, 너희는 남의 자
식을 둘러업고 네 자식을 놓고 나오는
그와 같은 용기가 없음이니,
41 독하고 독한 훈련 속에서 너희가 강
해지는 것이니라.
42 전쟁에 이길 수 있는 군인은 심하고
혹독한 훈련을 받았을 때, 그가 사지
에서 살아남을 수 있으며 불가능한 곳
에서도 살아남을 수 있음이니,
43 전쟁터에 보내는 나의 아들딸들을 완
벽히 훈련하여 어떠한 긴박한 상황에
서도, 불가능한 속에서도 살아남을 수
있는 그와 같은 나의 아들딸을 만드는
것이 나의 소원이요,
44 내가 너희가 어떠한 약한 것에도 그
저 쓰러져 죽으며, 흘러가는 물에 휩
쓸려 죽으며, 낭떠러지에 떨어져 산산

조각이 나며, 불바다에 들어가 그저
불에 타 죽는 그와 같은 나의 아들딸
로서는 내가 적지에 보낼 수 없는 것
이 나의 뜻이니라.
45 불가능한 속에서 죽지 않고 살아남아
그 생명을 보존할 수 있으며 임무를
수행하는 나의 아들딸로 만들기 위함
이니,
46 너희는 너희가 변하는 것을 이제 다
알아 모두를 다 태워 버리고 던지며
너희 목숨을 나의 법전에 바친다는
그러한 생각으로써 오늘부터 살라.
47 그것만이 너희가 역사하는 길이며, 어
떠한 상황에서도 버티고 이길 수 있으
며 그 누가 대적한다 해도 지지 않는
너희일 것이니라.
48 모든 전쟁터에 가면 생각하지 못했던
무기들이 빗발치듯 쏟아지니, 그 속에
서 살아남을 수 있는 것은 민첩한 행
동이요, 지형지물을 잘 씀으로 은폐할
줄 알며,
49 상대를 공격할 때와 공격하지 아니할
때를 완벽히 훈련받아 숙달되어야만
너희가 살아남을 것이니라.
50 내가 너희를 불가능한 속에서 살아남
는 나의 아들딸로 만들고자 함이니,
51 세상사 인연에 두려워하지 말며 세상
사 가진 것에 연연하지 말며,
52 너희가 하나 있는 그 목숨을 나 여호
와를 위하여 던진다 할 때, 160권의
법전은 영원히 타지 않을 것이며 없어
지지 않을 것이며,
53 그 법전의 160권 끝에 너희 이름이 영
원히 기록되는 그것이 바로 하늘에 오
르는 너희 명패라는 것을 어찌 깨닫
지 못하는가?
54 이는 없어지지 아니할 것이며 이는 지
워지지 아니할 것이며, 영원히 존재하
는 것이 나의 법전에 너희의 이름이
올라가는 그것으로써 너희의 생명과
바꾸는 그와 같은 삶을 살라, 사랑하
는 나의 아들딸들아!

5,455 번째 하나님 말씀

2003년 3월 11일 12시 22분

1 사랑하는 나의 아들아!
2 "네, 아버님! 말씀하옵소서."
3 지금의 종교 집단들이 2천 년이라는
그 많은 세월이 흘러오면서 과연 무엇
을 가르쳤는가?
4 그들은 지금 나의 진리요, 나의 뜻을
전하고 가르치는 것이 아니라 저희 인
간이 만든 그 규약에 따라 저희 마음
과 뜻대로 운영하는 것이 지금의 종
교 집단이 가는 형국이니라.
5 내가 나의 법전에 이리 기록하여 전함
이니, 너희는 광분하여 나 여호와가
아니요, 사탄이라 그리 말할 것이니라.
6 너희는 여기서 들어야 할 것이니라.
7 너희는 어찌하고 있는가?
8 너희는 지금 종교 지도자를 신격화하
지 못하여 악을 쓰고 있으며, 또한 종
교 지도자가 저 스스로 신격화되려고
몸부림을 치는 그 현실을 과연 부인
할 수 있겠는가?
9 목사요, 종교 지도자들이 과연 뭐라
말하는가?
10 저희를 대접함이 나 여호와를 영접함
이라 그들은 그리 말하느니라.

11 그러면서 그들은 저희에게 대접하는
것만큼 나 여호와를 대접하며 나의 아
들 예수를 대접하는 것이라 그리 가르
치고 있음이니라.
12 저희는 종교 지도자에게 영접하고 대
접하며 받드는 것이 나의 아들이요,
나 여호와를 받드는 것이라 그리 말하
며, 그것도 부족하여 악을 쓰고 지금
발악을 하는 것이 있으니, 그들이 뭐
라 소리를 지르고 있는지 아는가?
13 그들은 감히 상상할 수 없는 말을 하
고 있음이니라.
14 보이고 만지며 대화할 수 있는 목사를
대접지 못하는 너희가 어찌하여 보이
지 않는 나의 아들 예수를 믿으며 나
여호와를 믿을 수 있느냐 그리 말하느
니라.
15 그리하여 너희가 나의 아들 예수를 믿
으며 나 여호와를 믿으며 정녕 하늘에
오르고자 한다면, 보이고 만질 수 있
는 종교 지도자요, 목사 대접하기를
소홀히 하지 말며,
16 그들을 신과 같이 받드는 그와 같은
믿음으로 가는 자만이 나의 아들 예수
를 믿으며 나 여호와를 믿을 수 있다
고 감히 그와 같이 발악을 하는 경지
에 도달해 있음을 알아야 할 것이니라.
17 나 여호와에게 도전하며 나의 아들을
능멸하는 행위를 하지 않고 있거든
나의 법전을 찢어 버리고 불태워도 내
가 감히 두려워 너희를 벌하지 못할
것이니라.
18 그러나 너희가 그와 같은 짓을 하고
있다면 정녕 너희는 그 죄가 얼마나
무서운 것이며, 나의 사랑하는 백성을
지옥으로 이끌어 간 그 죄가 얼마나
가중되는지를 너희는 알아야 할 것이
니라.
19 너희는 어찌하여 그와 같은 행위를 하
는가?
20 나의 아들을 통하여 내가 내린 성서의
한 구절로써 그 구절을 팔아먹는 추한
행위를 하는 것이 너희이니라.
21 내가 성서에 기록하여 나의 아들을 통
하여 '너희에게 진실로 진실로 가르치
노니, 보낸 이를 영접하는 것이 나의
아들 예수를 영접하는 것이라' 내가
그리 말하였으며, '나의 아들 예수를
영접하는 것이 곧 나 여호와를 영접하
는 것이라' 말하였음이니, 이것이 무
슨 뜻인 줄 알겠는가?
22 내가 너희에게 가르치고자 전한 나의
성령이 내려간 것을 받아 지시하는 나
의 아들의 그를 받아 행하는 너희를
말하는 것이요, 성서의 일관성의 가르
침이요, 깨달음을 내가 너희에게 말하
는 것이니라.
23 이것은 바로 인간 지도자라 인간 세상
에서 받은 자격증을 가지고 저희 임의
대로 나로부터 선택된 자요, 명반은
자라 말하는 자들이 저희를 신처럼
모시며 신처럼 대접하도록 나의 피조
물 만백성을 묶어 놓고 그리 가르치는
것이 지금 너희가 하고 있는 작태며
추한 모습이니라.
24 그러고도 나의 뜻에 따라 가는 길이
요, 내가 인도하는 하늘에 오르는 그
길을 온다 하며 나의 뜻에 따라 살아
가는 백성이라 그리 말하는가?
25 그와 같은 형국으로 살고 나에게 올

수 있다고 생각하는가?
26 이는 정녕 나와 아무런 관계도 없음이
니,
27 이제 너희를 심판으로써 다스리고자
하는 것이 나의 뜻이라는 것을 만백성
에게 전하느니라.
28 나의 법전을 읽고도 깨우치지 못하는
백성 너희의 삶이 과연 얼마나 남았
는가?
29 너희의 육과 영혼이 이별하며 육과 영
혼의 헤어짐이 얼마 남지 아니하였음
이니,
30 육은 한 줌의 자연의 흙으로 돌아가
며 너희의 영혼이 통곡하는 그 모습을
한번 생각해 보라.
31 통곡하고 통곡하는 그 처절함을 너희
는 상상할 수 없을 것이니라.
32 하늘나라는 그림으로 그릴 수 없으며
사진으로 찍을 수 없으며 상상할 수
없듯이,
33 너희가 우리 부자를 능멸한 그 죄에
대한 대가는 상상할 수도 없는 그 고
통이 있을 것이니 그리 알라.

5,456 번째 하나님 말씀

2003년 3월 11일 12시 27분

1 사랑하는 나의 아들아!
2 "네, 아버님! 말씀하옵소서."
3 나로부터 선택된 나의 아들딸이요, 너
와 더불어 가는 제자들에게 전해야
할 것이니라.
4 나의 법전을 정독하고 또 정독하며 읽
고 깨우칠 때 나 여호와의 성령이 너
희에게 크게 임함이니, 너희가 변화할
수 있으며 크게 쓰일 수 있음을 알아
야 할 것이니라.
5 나의 법전을 읽고 정독하는 가운데 너
희도 모르는 사이에 나 여호와의 성령
이 너희에게 크게 임한다는 것을 너희
는 알아야 할 것이며,
6 내가 나의 아들을 통하여 내리는 강론
을 너희가 많이 듣고 그를 너희 것으
로 만들어야 할 것이니라.
7 그것이 바로 너희가 새로운 생명으로
태어나는 양식이며 기본임을 알아야
할 것이니라.
8 많은 백성 앞에 겸손한 마음으로 살아
갈 수 있는 그 마음자리가 잡히며 남
을 사랑하는 마음의 눈이 뜨임이 거기
에 있음을 알아야 할 것이니라.
9 이제 내가 너희에게 전함이니, 너희는
너희 자신을 사랑하는 마음을 버려야
한다는 나의 가르침을 소중히 가슴에
안고 살아가야 함을 잊지 말라.
10 너희 자신의 삶도 중요하며 육의 세상
의 삶도 다 소중함이니라.
11 그러나 너희가 너희 자신만을 사랑하
고 지키고자 하며 너희 자신을 과잉보
호하다 보면 세상의 아름다움을 보지
못하며 이웃이 살아가는 어렵고 힘든
고통을 알아보지 못하고 살아가는 것
이니, 너희의 마음 자세가 자신도 모
르게 그리 변하게 되니라.
12 만백성을 모두 사랑하는 마음으로 돌
릴 수 있는 것은 너희가 너 자신을 사
랑하는 마음을 거둬들임이 중요함을
알아야 할 것이니라.
13 사랑하는 나의 아들딸들아, 너희가 자
신을 사랑하지 아니하는 마음으로 세

상을 살아갈 때, 더러는 부정적이요,
용서할 수 없으며 받아들일 수 없던
이 세상의 모든 일이 다 긍정적인 것
으로 보이게 되며, 긍정적인 마음이
일어날 때 그것이 모든 것을 사랑하는
마음이 됨이니라.
14 너희는 그 길을 위하여 노력하며 살아
가야 함을 알아야 할 것이니라.
15 부정적인 마음으로 산다면 아직도 깨
달음이 없는 것이며 남을 사랑할 수
있는 마음의 근본의 자세가 아니 되었
음을 알라.
16 이제는 너 자신을 사랑하는 마음의 끈
을 놓아야 할 것이며, 재물과 모든 것
을 놓을 수 있는 그 마음가짐이 되어
있으며, 너희 자신보다 남을 사랑하는
마음을 갖는 것, 그 마음도 스스로 깨
우치고자 노력하는 것을 나 여호와는
아느니라.
17 이제 오늘 이후부터 너희는 너 자신
을 사랑하는 마음의 끈을 놓도록 그리
하라.
18 너 자신을 더 사랑하면 모든 것을 긍
정적으로 볼 수 없으며 사랑하는 마음
으로 볼 수 없다는 것을 깊이 깨우쳐
행하도록 그리하라, 사랑하는 나의 아
들딸들아!

5,457 번째 하나님 말씀

2003년 3월 11일 12시 33분

1 사랑하는 나의 아들아!
2 "네, 아버님! 말씀하옵소서."
3 너희는 나 여호와에게 항상 감사하는
마음으로 살아가는 것이 소중하다 하
지 아니하였던가?
4 항상 나 여호와가 같이 더불어 있기
때문이며, 너희가 새로운 생명으로 세
상에 태어날 수 있도록 나 여호와가
모두를 다 역사해 주었음이니,
5 너희는 나 여호와에게 항상 감사하는
마음으로 살라 내가 그리 말하였음이
니라.
6 너희가 감사한 마음으로 사는 것이 나
여호와를 기쁘게 하며 나의 기쁨을 충
만케 하는 것이요, 너희가 살아가는
길임을 알아야 할 것이니라.
7 사랑하는 나의 아들딸들아!
8 너희가 나를 기쁘게 하려는 마음을
갖는다면 자신을 사랑하는 마음을 버
리라 말하였느니라.
9 남에게 불평하며 남을 욕하며 남의 것
을 시시비비하는 그와 같은 마음을
버리고 사는 그것이 나 여호와에게 감
사하는 길이며 나의 마음을 기쁘게 하
는 것이며, 그 모두가 너희의 위대한
변화의 역사라는 것을 너희는 알아야
할 것이니라.
10 남을 평하지 아니하며 남의 잘못을 보
고 시시비비하지 않는 그 마음을 가
지고 사는 것이 나 여호와에게 가장
큰 기쁨이요, 가장 위대한 선물이라는
것을 너희는 또 깨닫고 가야 할 것이
니라.
11 사랑하는 나의 아들딸들아,
12 너희는 모든 것을 참고 인내해야 함
이니라.
13 손이 마주치지 아니하면 절대 소리가
나지 않는다는 이치를 너희에게 깨우
쳐 주지 아니하였던가?

14 손을 피해 가면 소리가 나지 아니함이
니라.
15 너희는 논쟁해서 이기려 해서도 아니
됨이니라.
16 논쟁해서 승자가 되려 하지 말아야
할 것이니라.
17 그와 같은 마음으로 살아갈 때 너희는
화가 없으며, 모든 화가 너희를 그저
지나가고 스쳐 감을 알아야 할 것이
니라.
18 사랑하는 나의 아들딸들아!
19 내가 오늘 나의 아들을 통하여 너희에
게 간곡히 내림이니, 너희는 남들이
너희에게 시시비비하며 비평하거든,
그를 보고 그저 웃는 모습으로 살라.
20 그리고 그를 피하면 될 것이니라.
21 그리고 너희를 욕하고 때리는 자가 있
거든 그를 사랑하는 마음으로 돌리라.
22 너희를 욕하며 나무라는 자를 사랑하
는 마음으로 돌리며,
23 시시비비하는 자의 말을 듣거든 웃음
으로써 그를 감싸 주며,
24 너희를 때리고자 하며 때리거든 때린
사람의 손을 만져 주는 그와 같은 마
음으로 살아가는 것이 너희가 변하는
역사요,
25 마지막에 가서 네 목숨을 던져 남을
구하는 역사가 이루어질 때, 너희 스
스로 네 목숨을 던질 수 있는 마음자
리가 되어 있으며,
26 그와 같이 살아가는 것이 너희가 만백
성을 가르치는 지도자요, 만백성을 이
끄는 나의 아들딸로서 너희가 선택된
자임을 알라.
27 흘러가는 수십억 인구 중에서 나의 아
들딸로서 내 대명에 따라서 하며 나
에게 유업을 받을 수 있는 것이 너희
들이니, 너희 자신이 어떠한 자라는
걸 스스로 알아, 모두 놓아야 할 것이
니라.
28 오죽하면 내가 너희에게 이리 간곡히
부탁하는가?
29 너희에게 시시비비하는 자를 피하며,
너희에게 욕하고 대드는 자를 웃음으
로 반겨 주며, 너를 때리는 자를 그 손
을 만져 주는 마음이요,
30 남을 대신하여 죽어 갈 때 부담 없이
후회 없이 죽어 갈 수 있는 마음으로
살아가는 것이 나의 아들딸이 가는 길
이라 내가 너희에게 이리 눈물로써 호
소함이니,
31 말로써 구원을 받았으며 나의 아들 예
수의 보혈로써 저희 모든 죄를 다 팔
았다고 말하는 자들이 과연 너희를 알
것이며 너희가 가는 길을 알 것이며
너희의 가슴 아픈 그 마음을 들여다보
고 볼 수 있다고 생각하는가?
32 그들은 열 번 죽었다 깨어나도 너희의
그 마음을 모름이니,
33 내 마음을 모르며 내 뜻을 모르는 자
가 나를 위하여 가는 길이며 나를 따
라 하늘에 오르는 길이라 말하는가?
34 너희는 알 것이니라.
35 머지않았음이니라.
36 너희 손발이 식을 날이 머지않았으며,
너희 스스로 내가 부르는 그 시기를
알 때가 머지않았음이니,
37 그 모두를 다 던질 수 있는 그와 같은
마음 자세로 살라.
38 너희 마음이 가벼워져야 하며 너희

마음이 모두 비워졌을 때 너희는 천사가 되어 하늘에 훨훨 날아올 수 있을 것이니, 오로지 그것만을 보고 살며 그것을 생각하며 살아가도록 그리하라, 사랑하는 나의 아들딸들아!
39 종교 지도자들을 잘 받들고 모시는 것이 나의 아들 예수요, 나를 받드는 그와 같은 것이라 말하는 그들 속에서 너희가 무엇을 찾으며 거기에 무슨 인연이 있으며 무슨 미련이 있으며 그리움이 있고 아쉬움이 있는가?
40 너희는 그 구절구절을 하나하나 가슴 깊이 분석하여 많은 백성을 깨우치는 양식으로 삼도록 그리하라, 사랑하는 나의 아들딸들아!
41 나의 애절한 마음을 들어줄 수 있으며 나의 성령을 들으며 이를 알아듣고 깨닫는 자는 너희밖에 없음이니,
42 너희는 나의 아들을 통하여 내리는 말을 인간이 하는 말처럼 쉽게 알아들을 수 있으나 일반 백성은 이 말을 알아들을 수 없음이니라.
43 이는 인간이 인간에게 하는 것이 아니요,
44 하늘나라 창조주 나 여호와가 너희를 깨우쳐 하늘에 오르라 하여 인간에게 가르침이니, 인간이 아닌 자요, 인간이 되지 못한 자는 이 말을 듣지 못하며 이 음성을 듣지 못함이니라.
45 그리하여 나의 아들이 전하는 이 음성은 살아서 영원히 전해지며, 죽지 아니하며 수천 년, 수만 년 후에도 그 목소리를 듣는 자가 세상에 나오게 되어 있음을 너희는 알라, 사랑하는 나의 아들딸들아!

5,458 번째 하나님 말씀

2003년 3월 11일 12시 38분

1 사랑하는 나의 아들아!
2 "네, 아버님! 말씀하옵소서."
3 이 세상의 수십억 백성 중에서 구원의 길을 위하여 몸부림치며 기도하고 경배하며 그리 살아가는 지금 믿음의 길을 가는 백성은 모두 하늘에 오르고자 그러함이니라.
4 그러나 너희는 알아야 할 것이니라.
5 이 세상에 나 여호와의 성령이 내려가며 나의 법전이 내려가며 나의 강론을 들을 수 있는 이 세상에 단 하나밖에 없는 이 아름다운 성전의 주인은 과연 누구던가?
6 이 주인이 바로 너희라는 것을 잊어서는 아니 될 것이니라.
7 그리하여 내가 나의 아들을 통하여 만백성을 구하며 대대손손 영원히 이 지구가 무너진다 해도 존재할 수 있는 나의 법전을 내려보냄이니, 이 법전의 주인이 또한 누군 줄 알겠는가?
8 너희이니라.
9 나 여호와가 내리는 법전의 주인이 너희이며, 지금 내가 성령을 가르치는 성전의 주인이 바로 너희라면,
10 너희는 이 세상 모두의 주인이라는 것을 알고 살아가야 할 것이니라.
11 나 여호와가 너희와 같이하고 있음이니 너희가 바로 이 세상의 주인이라는 것을 잊지 말라.
12 나 여호와가 항상 너희와 같이하며 더불어 살아감이니, 너희가 못 이룰 것이 과연 무엇이 있다 생각하는가?

13 두려워하지 말며 주저하지 말라.
14 나 여호와가 너희와 같이하고 있음이
니 너희가 못 이룰 것이 없으며 성공
하지 못할 것이 없음을 알라.
15 다만, 너희가 마음의 문을 열라.
16 사랑하는 마음의 문을 열어 언제나 미
소를 잃지 않는 삶을 살도록 네 마음
을 다스려 나가야 할 것이니라.
17 남에게 공격을 당하고 핍박을 당해도
웃음을 잃지 않아야 할 것이며 항상
웃음을 가슴에 간직하고 살아야 할
것이니라.
18 밖으로 보이는 미소가 아니요, 진정
가슴속에 안은 아름다운 미소를 잃지
말라.
19 그리 살아야 할 것이니라.
20 그러면 너희가 모든 일에 승자가 될
것이며, 그 누구도 너희를 이길 수 없
음이니라.
21 사탄도, 사악한 자도, 악마도 너희를
이길 수 없음을 알라.
22 그리하여 너희가 마음의 미소를 잃지
않고 산다면, 항상 마음속에 미소를
잃지 않고 살아,
23 공격하는 자도 너희 마음의 미소로 사
랑으로 내려다보는 그 마음을 가지고
산다 하면, 너희도 모르는 사이에 낮
은 자세가 되어 있음이며,
24 내가 말하되 높은 자가 되려면 낮은
자가 되라 하였으며 만백성을 다스리
려면 종이 되라 하였음이니, 너희가
낮은 백성이요, 내가 사랑하는 종으로
서 굳게 서 있는 그와 같은 너희를 바
라보게 될 것이니,
25 그게 바로 천사가 되어 하늘에 오르는
영광이라는 것을 잊지 말라, 사랑하는
나의 아들딸들아!

5,459 번째 하나님 말씀

2003년 3월 11일 15시 50분

1 사랑하는 나의 아들아!
2 "네, 아버님! 말씀하옵소서."
3 내가 너희를 버리지 아니하고자 하여
오늘의 강한 훈련을 한다 하였음이니
라.
4 강한 훈련과 훈련 속에서만이 너희가
하나가 될 수 있으며, 나의 아들을 따
라 모두 일사불란하게 대역사를 이룰
수 있는 그 팀워크가 되느니라.
5 너희가 시련과 고통이 없이는 절대로
하나가 될 수 없음이니라.
6 지금 너희가 나이를 먹을 만큼 먹었
으며 각자 생활이 있으며 혈육 관계의
그 모두가 다 이루어져 있음이니,
7 너희가 살던 생활 속에서 너희를 하루
아침에 하나로 묶는다는 것은 그리 쉬
운 일이 아니니라.
8 너희가 각자 고통과 시련을 겪도록 하
여 내가 너희에게 사업을 명했으며 이
를 역사하게 했음이니,
9 고통과 시련이 연속했을 때, 그 속에
서 형제의 고통을 알며 힘든 걸 알고
이해하며 하나가 되는 그와 같은 마음
자리가 되어 가고 있지 않은가?
10 너희가 같은 형제라는 한마음으로써
나의 아들을 따라 같이 가는 것도 내
가 너희를 고통과 시련으로 훈련시켰
기에 너희가 이제는 소중함을 알며,
11 서로 내 것 네 것을 가리지 아니하며

서로 어려움을 도와주려고 하는 그
마음이요,
12 너희가 어려움을 알았기 때문에 지금
어려운 자의 심정을 알며,
13 조금 나은 자는 어려운 자의 심정을
모르며 가난한 자는 있는 자의 마음
을 모르듯이, 그리하여 내가 너희를
훈련을 거듭하여,
14 이제 대부분이 서로 이해할 수 있는
위치에 와 있으며 서로 용서할 수 있
으며 얼마 기간의 훈련으로 하여 너희
가 이제 하나가 되어 가는 그와 같은
형국이니라.
15 그러니 너희가 나에게 오르는 그 대
역사를 이루며 목숨도 불사하고 싸워
야 할 그와 같은 너희가 하나가 되는
그 훈련이 얼마나 더 강하고 강해야
하겠는가?
16 이제 너희가 하나가 되는 그와 같은
훈련을 역사함이니, 내가 너희에게 작
은 상을 내려 너희의 그 어렵고 힘듦
을 하나씩 거둬 줄 것이니라.
17 그러하니 너희는 여기서 더 무너지면
안 되느니라.
18 여기서 너희가 좀 더 강한 형제애로
하나로 뭉쳐 가는 그와 같은 역사를
할 때 더 큰 상을 받을 것이며, 이제
너희가 조그마한 노력을 하여 서로
소중함을 알고 불편함을 인내하며 조
금 손해난 듯해도 참고 인내하는 그
와 같은 마음자리가 이제 너희 가슴
속에 막 싹이 트기 시작함이니,
19 근 1년이요, 2년이란 그 세월 속에 너
희가 훈련한 결실이 오늘의 이 결과가
되었으니,
20 너희가 모든 역사를 이루며 목숨을 내
걸고 싸워야 할 때, 대환란이 올 때,
21 나의 아들 예수를 등 돌렸던 그 제자
들보다도 너희가 더 강하게 자신을 지
키며 나의 아들과 나의 법전을 들고
불 속에 뛰어들 수 있는 그 용기는 더
강한 훈련과 훈련이 있어야 할 것이
니라.
22 그러니 너희가 가는 길이 너무나 아름
답고 예뻐 내가 조그만 상을 내릴 것
이니 그리 알며, 힘이 하나가 되어 같
이 살아가도록 그리하라.
23 여기서 너희가 늦추면 아니 되느니라.
24 늦추면 더 강도 높은 훈련, 더 무서운
훈련을 내가 너희에게 시킬 것이며,
지옥훈련을 하여 너희를 달구어 쓸
것이니라.
25 여기에 오늘의 마음에서 불을 붙여 너
희가 모두를 다 놓을 수 있는 하나가
되는 그 마음으로 굳건히 뭉치라.
26 그리 뭉쳐지지 아니하면 내가 너희에
게 또 훈련을 시작할 것이니라.
27 이제 내가 조그마한 상을 내릴까 하느
니라.
28 나 여호와가 너희 마음을 아나니, 거
기서 무너지지 말라.
29 이것이 내가 너희에게 상을 주면서 내
리는 나의 명령임을 명심하여 깨달아
실행하도록 그리하라.

5,460 번째 하나님 말씀

2003년 3월 11일 15시 58분

1 사랑하는 나의 아들아!
2 "네, 아버님! 말씀하옵소서."

3 이 세상에 생명을 주어 내보내며 내가
자식이라 부르는 자가 생명의 위협을
받으며 고통의 길을 간다면, 그를 좋
아할 부모가 어디 있겠는가?
4 내가 2천 년 전에 예수를 세상에 내보
내어 그가 고통스럽게 그 죽음의 길을
갔으니, 나의 가슴의 아픔이 아직도
가시지 않은 지금,
5 내가 사랑하는 아들 너를 내려보내어
또 네가 그 많은 백성으로부터 생명의
위협을 받으며 나의 법전을 만드는 모
습을 보는 나 여호와의 마음이 얼마나
아프겠는가?
6 종교 지도자들이 지금 지옥 불로 달려
가면서 천국으로 간다고 말하지 아니
한다면, 어찌하여 그 위험한 사지에
또 너를 내려보내 나의 아들이라 그리
하겠는가?
7 나의 아들이 아니라 남의 아들이라도
남에게 생명의 위협을 받으면서 그 위
험 속에서 살아가는 그와 같은 일을
시키겠는가?
8 자기 자식이 아닌 사람이라도 함부로
그리 사지에 몰아넣지는 못할 것이니
라.
9 네가 사탄이요, 사악한 자요, 나와 관
계없는 자라도 창조주 나 여호와로부
터 생명을 받아 존재하는 것이니,
10 내가 아무리 사탄이요, 악마라 해도
어찌하여 많은 종교 지도자에게 생명
의 위협을 받는 그 일을 시키면서 너
를 왜 선정해서 그리 시키겠는가?
11 이는 있을 수 없는 일이니라.
12 지금 모든 종교 지도자들이 지옥 불로
달려가면서 지옥 불로 가지 못해 병이
난 그와 같은 삶을 사는 것이 그들이
하고 있는 짓이요, 그 믿음이라 하여
구원을 받는다 하여 신도라는 자들이
지금 가고 있음이니라.
13 저희가 지옥 불로 가지 못해 병이 나
서 소리 지르는 자들을 보며, 나 여호
와가 오죽하면 너를 통하여 160권의
법전을 세상에 내보내며, 나약하고 어
수룩한 너의 제자를 통하여 이 역사를
이루고자 하겠는가?
14 지도자라는 자들이 그리하고 있음이
니라.
15 저희가 지금 하는 짓이 무엇인지도
모르고 있으니 그들이 과연 뭐라 말하
느냐?
16 저희는 모든 백성 위에 군림하고자 하
며 나보다 더한 위대한 대우를 받고
자 하며 나보다 더 높은 자리를 차지
하고자 하는 것이 지금 그들이 하는
행위이니라.
17 지금 신도라는 자들에게 너희는 뭐라
말하는가?
18 목사라는 자가 도저히 용서할 수 없는
일, 그가 하는 것을 업신여기지 말며
함부로 다루지 말며, 그가 아무리 잘
못해도 용서해 줘야 할 것이며,
19 용서받지 못할 짓을 한다 해도 천사와
같이, 예수가 사랑했던 마음과 같이
너희의 눈이라도 빼서 그를 보호할 수
있도록, 대접할 수 있도록, 사랑할 수
있도록 그리 너희가 하라 함이니,
20 나 여호와도 너희의 눈을 빼서 나를
따르라 함이 없음이니라.
21 너희가 더러운 것을 보면 눈을 빼고,
더러운 것을 들으면 귀를 자르며, 도

적질을 하면 손을 자르라는 말은 하나,
22 나 여호와를 위하여 내가 너희에게
잘못 가르쳐도 너희 눈을 빼고 너희
팔다리를 잘라 나의 뜻에 따르라는 말
은 나도 두려워 그리 말하지 못함이니
라.
23 사탄이 보고 천사들이 보는 이 세상
에, 내가 사랑하는 백성 너희에게 어
찌 너희 눈을 빼서 바치는 그 정성스
런 마음으로 나를 따르라, 나를 경배
하라, 나에게 울며불며 기도하라 말하
겠는가?
24 나도 그리 말을 못 함이니라.
25 너희는 죽어 가는 일이 있어도 종교
지도자를 대접하며 그를 사랑하는 것
이 축복받으며 하늘에 오르는 길이라
가르치고 있음이니, 이를 보는 나 여
호와의 마음이 얼마나 아픈지 아느냐?
26 이 세상을 창조한 나 여호와도 그리할
수 없음이니,
27 그들이 그리 대우를 받으며 군림하고
자 하는 것은 저희가 나보다 높으며
예수는 감히 거기에 대적할 수도 없는
그와 같은 신의 자리를 차지하고자 하
는 것이니라.
28 아래로는 그들이 얼마나 추한 짓을
하는가?
29 들짐승도 그와 같은 짓은 않느니라.
30 종족끼리 팔다리를 바쳐 받들라는 명
을 내리는 짐승은 없음이니라.
31 짐승도 하지 않는 그와 같은 짓을 하
는 것이 바로 무엇이더냐?
32 과연 인간이 하는 짓이라 말할 수 있
겠는가?
33 짐승도 하지 않는 짓을 하는 것은 짐
승만도 못한 자이니라.
34 지금 잘못 가르치는 종교 지도자 그
들이 하늘에 오르는 길이라 하여 재물
과 금화와 은화를 거둬들이며 너희에
게 눈을 빼서라도 종교 지도자를 기쁘
게 하며 대접하며 영접하라 가르치는
것은 짐승만도 못한 사악한 자들의 행
위라는 것을 너희는 깨우치고 또 깨우
치라.
35 오죽하면 이 이야기를 전하고 또 전하
며 160권 안에 수없이 기록하여 너희
가 읽고 또 읽어 깨우치게 한단 말이
던가?
36 이제 너희가 변할 때가 되었음을 잊
지 말라.

5,461 번째 하나님 말씀

2003년 3월 11일 16시 05분

1 사랑하는 나의 아들아!
2 "네, 아버님! 말씀하옵소서."
3 나의 법전을 접한 나로부터 선택된 백
성 너희는 자신과 부모·형제와 이웃
을 먼저 생각하고 살라 너희에게 그리
말하였음이니라.
4 서로 사랑하며 네 이웃을 사랑하며 네
부모·형제와 화목하며 이 세상 무엇
보다도 그들이 더 소중하다는 마음으
로 너희가 많은 백성을 사랑하며,
5 인간을 사랑하는 마음으로 살아가는
것이 나로부터 선택된 백성이며 나에
게 선택된 백성이 살아가는 길이라 내
가 그리 말하였느니라.
6 만백성을 구하는 일이며 대대손손 나
의 백성을 구하는 너희이기에 여기서

깊이 알아야 할 것이 있음이니라.
7 너희는 이웃이요, 부모·형제만을 구
하는 것이 아니요, 만백성을 구하는
대명을 받았기에 너희는 확실히 알고
가야 할 것이 있음을 잊어서는 아니
될 것이니라.
8 지금의 모든 종교 지도자는 인간은 스
스로 구원할 수도 없으며 구원받을
수도 없고 구원될 수 없다 그리 말하
느니라.
9 그러나 너희는 그리 생각하지 말라.
10 너희는 스스로 구원할 수 있으며 너
희 자신을 스스로 구원할 수 있다는
믿음을 굳건히 갖고 그리 행하고 살아
가는 삶을 살라 전하라.
11 너희가 천국의 문을 열 수는 없음이
니라.
12 그리고 너희가 구원을 받을 수 없는
것은 엄연한 사실이니라.
13 그러나 너희가 나의 뜻에 따라 오늘
보다 내일을 아름답게 살며, 내일보다
모레를 더 아름답게 사는 데 최선을
다하여 그리 살아가는 것,
14 그것이 바로 너희가 어떠한 삶을 살아
가느냐, 뜻에 따라 어떻게 행하느냐,
너희의 마음가짐이 어찌 변하여 가느
냐에 따라서 나 여호와가 너희를 구
원하며 내가 너희에게 내리는 것이,
곧 그게 베풀 수 있는 은혜라는 것을
너희는 알아야 할 것이니라.
15 너희는 인간으로서는 구원할 수 없기
때문에 종교 지도자가 기도하는 것,
성서를 듣는 것, 그와 같은 예수의 보
혈로써 구원받았다, 재물을 바치며 울
고불고 그리해야만 구원받는다 나의
피조물 만백성을 그리 현혹해, 그 어
리석은 백성으로부터 거둬들이는 데
여념이 없음이니,
16 그러나 나의 법전을 읽고 나의 아들을
따르는 제자, 그리고 나의 법전을 읽
고 깨우친 만백성은 너희를 구원하는
것은 너희가 스스로 구원하며 너희 자
신은 스스로 구원한다는 그와 같은 믿
음으로써 굳건히 지키고 나갈 것이며,
그 소신을 버리지 말라.
17 너희가 행함을 어찌하느냐에 따라 그
것이 심판의 대가니,
18 너희가 스스로 구원하는 것이지 내가
너희를 구원함이 아니라는 것을 알라.
19 그들은 그것을 역으로 가르침이니라.
20 창조주 나 여호와는 너희가 구원하며
너희가 나에게 오르는 것은 너희가
어찌 노력하며 아름답게 살았느냐 그
점수에 따라 하늘에 오르고 못 오름이
니,
21 인간이 인간을 구제하는 것이며 인간
인 너희 자신이 스스로 구원할 수 있
다는 것을 잊어서는 아니 될 것이니라.
22 너희가 아름다운 모습이요, 모범이 된
삶을 살며, 천사요, 나와 같은 심성으
로 살 때, 만백성이 그를 보고 깨우친
다면, 인간이 곧 행함으로써 인간을
구원하도록 하며 그들을 다스려 나가
는 것이니,
23 인간은 인간이 구제하는 것이며 너희
스스로 자신이 구원을 받는 것이니라.
24 다만, 너희가 어찌 노력하느냐에 달렸
음이니,
25 인간은 구제할 수 없으며 인간 스스로
구원받을 수 없다고 말하며 저희에게

바쳐야만 구원받는다 하며 재물을 거
둬들이는 저희는 인간이 아니고 무엇
인가?
26 그와 같은 이치를 깨달아야 할 것이
니라.
27 이제 너희는 스스로 구원한다는 굳건
한 믿음으로 너희 자신을 구하는 데
최선을 다하여야 할 것이니라.
28 너희가 구원을 받고 못 받는 것은 너
희 삶에 달렸나니,
29 그들은 갖은 협박과 공갈로써 너희에
게 갈취하려고 인간은 인간 스스로 구
원받을 수 없으며 너희가 자신이 아무
리 노력해도 구원을 받을 수 없다 그
리 말함이니,
30 모두는 나의 백성이요, 나의 아들딸이
니라.
31 너희는 구약과 신약이요, 나의 법전에
서 지키라는 그 법과 내가 내린 계명
이 중요하니라.
32 그러나 그 이전에 너희가 기본적인
자세로 살아가는 도덕과 율법보다도
더 위대한, 내가 아담과 이브에게 선
악과를 따 먹지 말라 명했던 그를 행
하며 나의 존재함을 믿으라 한 그것이
더 위대한 진리가 먼저 나가 있음이니,
33 그를 행하고 지키며 사는 백성이 나로
부터 구원받을 수 있다는 것을 너희
는 이제 알아야 할 것이니라.
34 아무 뜻도 모르며 내가 원하는 것도
모르고 하늘에 오르는 것도 모르면서
저희가 지옥으로 떨어져 가면서 말로
만 수다 떨며 구원을 받는다 그리 말
하는 자들은 절대로 나의 백성이 아
니며 나에게 오를 수 없음이니라.
35 그러니 말로만 떠들고 수다로써 울고
불고하는 그런 행위로 구원받는다 말
하는 자들이 재물을 바치며 저희 종교
지도자에게 제 팔다리를 빼 줘도 저희
가 기뻐하고 즐거워하는 일을 거역하
지 말라 그리 말함이니,
36 너희 육신의 부모에게 그와 같은 마음
으로 살라.
37 그리하면 내가 너희를 바로 하늘로 들
어 올릴 것이니 그리 알라.

5,462 번째 하나님 말씀

2003년 3월 11일 16시 18분

1 사랑하는 나의 아들아!
2 "네, 아버님! 말씀하옵소서."
3 종교 지도자들이 올라갈 수만 있다면
얼마나 올라가려 할 자인가?
4 올라갈 길이 없으며 더 올라가지 못하
기 때문에 그들이 제자리를 지키는 것
이니라.
5 올라갈 수 있으며 제왕적인 대우를 받
을 수 있는 자리가 있다면 끝도 한도
없이 저희가 오르고자 할 것이니라.
6 지금 그들은 나의 아들 예수를 짓뭉개
고 있으며 나를 깔아뭉개는 그와 같
은 짓을 하고 있음이니라.
7 나를 깔고 뭉개는 그 추한 짓을 하면
서도 죄인 줄 모르는 것이 종교 지도
자이니라.
8 종교 지도자들이 하는 말이 무엇인가?
9 종교 지도자가 하는 일에 백성은 절대
월권하지 말라, 종교 지도자를 노하게
하지 말라, 용서받지 못할 일을 한다
해도 너희가 탓하지 말라 그리 말함

이니라.
10 도둑을 보고 도둑 잡으라 소리 지르는
자에게, 진짜 도둑은 안 잡고 소리 지
르는 자를 도둑이라며 잡는 것보다 더
억울하게 뒤집어씌우는 짓을 하는 것
이 지금 너희가 하고 있는 짓이니라.
11 판결을 내리는 자가 바르게 판결을 내
리지 못하고 선한 자를 죄인으로 몰며
죄인을 선한 자라 그리 명령을 내리고
판결을 내려 그를 따르고 지키라고 하
는 것이 지금의 종교 지도자들이니라.
12 과연 거기에 복종할 수 있는가?
13 그러나 종교 집단에서 구원을 받는다
는 명분 아래 있는 그 신도라는 백성
은 그를 인정함이니라.
14 너희는 목사요, 종교 지도자가, 도둑
을 보고 도둑이라 소리 지르는 자를
도둑이라 하고 도둑을 천사라 하면,
너희는 도둑을 잡으라 소리 지르는 자
를 도둑이라 손가락질하며 비아냥거
리며 그를 짓뭉갤 것이니라.
15 재판에서 억울하게 진 사람과 악하게
이긴 자를 두고, 종교 지도자가 악하
게 이긴 자가 천사요, 억울하게 진 자
를 사탄이라 말하면,
16 너희는 억울하게 지고 불쌍한 그 사람
을 무조건 그 이유와 원인을 알아볼
것도 없이 그를 그저 나쁜 사람이요,
악한이라 그리 몰아붙이는 것이 종교
지도자 밑에서 지금 교육을 받은 신
도들이 하는 행위이니, 이 얼마나 어
리석은 행위를 하는가?
17 너희가 수많은 억울한 자들을 억울함
을 풀어 주고 도와주는 것이 아니라,
18 그와 같은 자를 짓누르며 구렁텅이로
몰아넣는 짓을 하는 것이 신도 너희
이니라.
19 지금의 사악한 지도자요, 아무것도 모
르는 그 거짓된 지도자 앞에 현혹되어
나의 피조물 만백성을 너희가 그리
이끌어 가는 그 자체가 무엇인 줄 아
는가?
20 너희가 바로 살아야 할 자를 죽이는
그와 같은 행위를 하는 것임을 알아
야 할 것이니라.
21 억울한 판결을 내린 것에는 절대로 복
종할 수 없다고 들고 일어서야 하는
것이 종교 지도자가 해야 할 일이 아
니던가?
22 지금 모든 종교 지도자가 추악한 행위
를 하고, 그를 따르며 앞뒤 분별없이
오로지 저 혼자 구원받으며 천국에 가
겠다는 어리석은 욕심 때문에 눈 먼
봉사와 같이 무슨 말을 하는지도 모르
고 그저 '옳소, 맞습니다.' 손뼉 치고
눈물 흘리며 소리 지르니, 이와 같이
어리석은 백성이 제 자식을 어찌 가르
치며, 세상사의 옳고 그른 것을 어찌
가르치며, 형제지간의 우애가 소중함
을 어찌 알며, 부모의 공경함을 어찌
알겠는가?
23 그저 저 하나 구원을 받겠다는 그 욕
심 때문에 아무것도 분별하지 못하는
그와 같은 사악한 자이니라.
24 어찌 되든 간에 저만 구원받으면 된다
는 그 욕심 때문에 종교 지도자가 거
짓을 하는지, 사기 치는지, 제 집문서
를 빼어 가는지, 제 모든 것이 넘어지
고 쓰러져 가는 그와 같은 형국인지
도 모르고,

25 그저 너희는 구원받는다는 그 어리석
은 욕심이 눈을 가려 무슨 짓을 하는
지도 모르는 것이 너희이니라.
26 너희는 종교 지도자를 조롱하지 말라
그리 가르치느니라.
27 종교 지도자가 잘못된 짓이요, 야비한
짓이요, 눈 뜨고 볼 수 없는, 평신도만
도 못한 추한 짓을 골라서 하는 자를
어찌하여 너희가 조롱하지 아니하며,
28 공부하지 아니하는 자, 진리를 못 가
르치는 자를 그대로 놔둬야 한단 말
인가?
29 그들을 가차없이 단죄해야 하는 것이
너희들임을 알아야 할 것이니라.
30 그가 하는 대로 그대로 둬서는 아니
되는 것이 너희이니라.
31 그는 지도자이기 때문임을 너희는 깊
이 깨우쳐야 할 것이니라.
32 종교 지도자를 원망치도 말라 그리 말
하였음이니라.
33 사랑하는 백성 너희에게 종교 지도자
가 어떠한 피해를 주든 어떠한 짓을
하든 종교 지도자를 원망하지 말라
그리 가르침이니,
34 세상에 이와 같은 일방적인 법도가 어
디 있더냐?
35 독재자도 이와 같이 독재하지는 못할
것이니라.
36 너희 재산을 다 사기 쳐 가며 너희 재
물을 다 뽑아가 오갈 데 없이 길거리
로 쫓겨나는 그와 같은 어렵고 힘든
상황에 처하게 한 자도 원망하지 말라
함이니,
37 이를 원망하지 않는 건 천사이나, 너
희가 그와 같이 당한 것을 다른 백성,
다른 형제가 또 그와 같이 당해 길거
리로 나앉은 자가 이 세상에 수없이
늘어남이니라.
38 그리해서 그들을 단죄해야 하며, 그들
을 용서해서는 아니 된다는 것을 너희
는 알아야 할 것이니라.
39 나의 아들 예수도 그와 같은 행위를
하지 못했음이니라.
40 예수처럼 아름답게 살며 나의 성령으
로 살아가는 백성도 감히 그와 같은
대우는 받지 못하며 그와 같은 행위를
지키고 따르며 존경하라고 그리 가르
치지는 못할 것이니라.
41 삶을 정도로 가는 백성도 감히 그와
같이 말할 수 없다 하였거늘,
42 거짓되고 사기 치는 자들이 지금 그
리하고 있느니라.
43 그리하여 너희는 지금 이 세상에 너
희 자신이 어디에 있는지도 알지 못하
느니라.
44 너희가 살아가는 자세를 내가 알려 주
고자 함이니라.
45 간음하며 강간하며 갈취하며 사기 행
각을 하며 거짓말하는 그와 같은 종
교 지도자에게 너희가 모든 것을 베풀
어 주며 그들을 용서하며,
46 감히 그들이 하는 일에 비아냥거리지
말며 월권치 말라 그리 가르치는 것
이 아님을 알라.
47 예수처럼 아름답게 사는 자, 정도를
가르치는 자, 진리만을 가르치며 바른
길을 가는 자, 그가 행함이 곧고 바르
기 때문에 너희가 그를 판단하지 못
할 때 임의대로 평가하지 말라는 것이
요, 이것도 믿음의 길로써 평가하지

말라는 것이요,
48 인간 세상에서 살아가는 모습을 가지
고 평가하지 말라는 것이 아님을 알라.
49 내가 너희에게 평가하지 말라, 원망치
말라고 기록한 것은, 종교 지도자가
전하고 가르치는 것은, 나의 선택된
백성이 가르치는 것은 미래에 행함이
있으며 내가 역사하는 것이 있으니,
그렇기에 너희가 지금 갑론을박하지
말라 하는 것이나,
50 너희가 강간하고 간음하며 도둑질하
며 사기 치며 남의 재산을 빼앗아 길
거리로 내쫓는, 눈으로 육에서 보이는
그와 같은 더럽고 추한 행위만 골라서
하는 자를 놔두고 그를 위하여 원망치
말며 그를 욕하지 말며 비아냥거리지
말라 그리 가르치는 것이 아니니, 이
뜻을 너희가 알아서 하라.
51 그들은 또한 말하느니라.
52 저희는 인간이 다스릴 수 없으며 벌할
수 없고 오로지 나 여호와만이 저희를
벌할 수 있으며 다스린다 저희 입으로
그리 말했으니,
53 이제 나 여호와가 그들을 단죄하고 심
판하여 두 번 다시 고개를 들지 못하
는 지옥 불에 내던지기 시작한다는 것
을 잊지 말라.
54 그들 말대로 나 여호와만이 심판할 수
있다 하니, 나 여호와가 심판을 시작
함을 그리 알라.

5,463 번째 하나님 말씀

2003년 3월 11일 23시 33분

1 "너는 나 외에는 다른 신들을 네게 있
게 말지니라.
2 너를 위하여 새긴 우상을 만들지 말
고, 또 위로 하늘에 있는 것이나, 아래
로 땅에 있는 것이나 땅 아래 물속에
있는 것의 아무 형상이든지 만들지 말
며, 그것들에게 절하지 말며 그것들을
섬기지 말라.
3 너는 너의 하나님 여호와의 이름을 망
령되이 일컫지 말라.
4 안식일을 기억하여 거룩히 지키라.
5 네 부모를 공경하라.
6 살인하지 말지니라.
7 간음하지 말지니라.
8 도적질하지 말지니라.
9 네 이웃에 대하여 거짓 증거하지 말지
니라.
10 네 이웃의 집을 탐내지 말지니라.
11 나 여호와가 존재함을 믿는 그 자체가
구원의 길에 들어서는 기본이요, 근본
이며, 나의 법전을 가슴에 안고 정독
하는 자, 반석 위에 서서 하늘에 오르
는 찬란한 빛을 보게 되는 영광을 얻
게 됨이니라."
12 사랑하는 나의 아들아!
13 "네, 아버님! 말씀하옵소서."
14 네가 이 세상 어느 백성보다도 십계명
을 가장 많이 암송하며 기도함이니,
암송할 때마다 네 가슴이 울려 오고
저려 오는 것을 나 여호와는 알고 있
음이니라.
15 그러나 지금의 모든 종교 집단들이 가
는 길이 너무나 잘못 가며, 나 여호와
와 관계없는 그 길로 흘러감이니,
16 그들 또한 나의 사랑하는 아들딸이요,
내 자식이기에 그들을 구원하고자 너

를 깨우쳐 이리 전함이니,
17 오늘의 네 수고가 힘들고 어렵다 하여
게으른 삶을 살아서는 안 될 것이니라.
18 나의 법전 16권이 세상에 나감이니,
이를 읽은 백성이 어찌 평가하는가?
19 그들은 이를 보고 더러 깜짝 놀라며,
나 여호와가 정녕 너희 만백성을 위
하여 나의 심정을 그대로 내린 것이라
그리 말하는 자가 있으며,
20 이 세상에 상업적이요, 상술적으로 썩
은 종교 집단 속에서 이 법전만이 구
원받는 길이요, 이 길만이 참빛이요,
하늘에 오르는 길이라 그리 깨닫는 자
가 있는가 하면,
21 나의 법전을 보고 성경을 몇십 년 정
독했으며 너희가 말하는 교회라는 곳
에 수십 년 다닌 자가, 제가 설 자리가
없고 대우받을 수가 없으니,
22 이제 많은 백성에게 반박하는 사탄이
되어 공격하는 것이라 말하는 자도
수없이 있음이니라.
23 그런가 하면 이 법전은 더 이상 나오
지 못할 것이며 그나마 몇 권 나온 것
으로써 종말을 거두며, 만백성에게 전
해지는 그 역사는 절대 있지 않을 것
이라 그리 말하느니라.
24 나 여호와로부터 너희가 더 이상 지
원을 받지 못하며 재물의 역사를 받을
수 없다고 말하느니라.
25 이는 곧 사탄이요, 사악한 자이기에
나 여호와가 나의 아들에게 재물을 내
리지 아니하여 법전이 더 세상에 나올
수 없다 그리 공격하며 저희 신도에게
가르치느니라.
26 그리고 그저 햇빛이 반짝하듯이 비쳤
다가 시들 것이니, 여기에 현혹되지
말며 이를 읽고 깨우치지 말라 저희
신도들에게 그리 전하고 교육을 하는
것이니라.
27 너희가 어찌 손바닥으로 하늘을 가리
려 하는가?
28 나의 법전이 이제 70권을 넘어가고
있음이니라.
29 그러니 이것이 세상에 나와 만백성에
게 전해질 때, 너희가 과연 뭐라 말할
것이며,
30 나 여호와가 재물을 주지 아니하여 법
전이 더 이상 나오지 못한다 했던 너
희가 나의 법전이 나올 때 과연 또 뭐
라 하겠는가?
31 너희는 미안하다, 죄송하다 말하기 전
에, 너희 신도에게 이는 사탄에게 조
금 더 힘을 실어 줘 한 번에 모두를 쓸
어버리려고 하나님께서 재물을 조금
줬으며 기회를 더 준 것이라 그리 말
할 것이며,
32 너희가 이를 보고 지금 마지막 시대에
사탄이 와 세상을 혼란케 하는 그 역
사를 너희에게 좀 더 교육하고 보강
하여 너희가 정신을 차리도록 하기
위해서는 이 법전이 조금 더 나와야
한다 생각하여 나 여호와가 이 법전을
세상에 나오게 했다 그리 또 백성을
현혹할 것이니라.
33 너희는 이 법전이 나온 것에 대해서
그리 변명하며 또 그리 넘어갈 것이니,
34 이것이 오늘날 종교 집단이요, 지도자
너희가 가는 것이니라.
35 그리하여 몇 권의 법전이 반짝 세상에
비쳤다가 시들 것이라 하나,

36 그것이 온 세상에 배로 실어 나르며
비행기라는 기계로 실어 나르며 차라
는 기계로 실어 날라 만백성이 이를
보고 환호할 때,
37 과연 그때 가서 너희는 또 뭐라 말하
겠는가?
38 이는 진정 선택된 백성이요, 알곡식을
구하려고 지금 하나님께서 너희를 심
판하여 쭉정이와 알곡식, 사탄과 천사
를 구분하여 구하고자 이 세상에 법전
을 다 뿌리고 전하고 있음이라 그리
말할 것이니라.
39 그러니 알곡식으로서, 천사로서 하늘
에 오르려거든 이 법전을 보지 말며,
거기에 미혹하여 넘어가지 말며, 그를
봐서는 안 된다고 또 그리 나의 백성
에게 변명할 것이니라.
40 그리하여 마지막 시대에 너희가 구원
받으려면 재물을 많이 바쳐 하늘에
쌓아 놔야 한다고 그리 말할 것이니
라.
41 그리고 하늘에 쌓아 놓은 자, 그저 비
가 쏟아지듯이 너희에게 축복과 영화
요, 영광이 있다 또 변명하며 나의 백
성에게서 재물을 거둬들이는 그와 같
은 악순환의 행위를 또 계속할 것이니,
42 지금 몇 권의 법전이 나가지 않은 것
을 보고도 그들이 갑론을박하며 그와
같이 시시비비를 하는 것이 지금의 나
의 백성이며 종교 집단들이 그 대표적
인 행위를 할 것을 내가 미리 나의 법
전에 기록하여 전함이니라.
43 너희가 법전을 이고 지고 짊어지고
던지고 전하며 이웃에게 보급할 때,
너희를 사탄이라 말하며 사악한 자들
이 오늘과 같은 말을 하거든, 나 여호
와가 미리 예견하여 너희에게 깨우쳐
줬다 그리 대답하며,
44 너희가 어찌 나갈 것이며 어찌 행동할
것인지 선지자요, 너희는 다 알고 있
으니, 저들이 보려면 보고 말려면 말
며,
45 깨우쳐 하늘에 오르고 못 오르는 것은
제 복이라 그저 전해 주는 그와 같은
역사로써 너희의 임무를 마치도록 그
리하라.

5,464 번째 하나님 말씀

2003년 3월 11일 23시 38분

1 사랑하는 나의 아들아!
2 "네, 아버님! 말씀하옵소서."
3 너희에게 모든 재물을 손에서 놓기를
낙엽 하나 손에 잡았다가 놓는 것처럼
관심을 두지 말며 재물에 연연하는
삶을 살지 말라 그리 말하였느니라.
4 그러나 지금 너를 따르는 제자들이요,
너를 통하여 내리는 메시지를 목 아프
게 부르짖는 강론을 들은 선택된 백성
너희는 과연 어떠한 마음을 가지고 사
는가?
5 너희가 과연 그와 같이 행하고 산다
생각하는가?
6 너희가 과일 하나를 남에게 주기를
꺼리며 한 끼의 음식을 대접하기를
마음속으로 꺼리며 주저하는 백성은
과연 없다 생각하는가?
7 하룻밤 잠자리를 구걸하는 자에게 네
집에서 재워 줄 수 있는 그와 같은 행
동을 너희는 실천하고 있는가?

8 모르는 자가 너희 집에 와 하루 유하
기를 바랄 때, 그를 과연 의심하지 않
고 재워 줄 수 있는 그와 같은 마음이
되어 있는가?
9 너희는 과연 아무런 미련 없이, 아쉬
움 없이, 그리고 마음에 불안함 없이
남에게 양보하고 줄 수 있는 그 선이
지금 어디까지 와 있다 생각하는가?
10 너희가 생명보다도 더 소중히 여기며,
일반 백성이 그를 위하여 모든 것을
다 바치고 살아가는 재물이요, 금화와
은화도 하나의 꽃잎이요, 낙엽을 놓듯
이 할 수 있는 그와 같은 마음으로 살
아가라 하였음이니,
11 너희가 금화와 은화를 가지고 수없이
살 수 있는 모든 물건이요, 과일이요,
한 끼의 음식 대접이요, 너희가 한 근
의 고기를 나눠 먹는 것을 과연 어찌
생각하는가?
12 거기에 아쉬움이 없으며 미련이 없으
며 편안한 마음으로 줄 수 있는가?
13 너희 자신이 어디까지 행할 수 있는지
그 마음을 한번 점검해 봐야 할 것이
니라.
14 내가 너희에게 일찍이 말했듯이, 너희
는 과일 몇 개 주는 것 자체도 아직 아
쉬운 마음이요, 섭섭한 마음이요, 귀
하다는 생각을 하며, 주는 것을 즐거
운 마음으로 주지 못하는 나의 백성은
과연 없는가?
15 너희 자신을 돌아다봐야 할 것이니라.
16 더군다나 가난한 자, 어려운 자에게
베풂이 어디까지 행하고 있는가 한번
점검해 보라.
17 백 개의 과일이 네 것이라 할 때, 너희
는 과연 몇 개를 떼어서 남에게 줄 수
있는가?
18 너희 마음을 한번 다스려 보라.
19 그래야 내가 너희를 믿고 새로운 성
경으로써 만백성을 구하는 그 역사를
이룰 수 있으며,
20 이 법전이 오늘 당장 흰 눈이 내리듯
이 세상을 다 덮으며 너희의 어렵고
힘든 것을 모두 이루어 주고 들어줬
다 할 때, 너희가 과연 지탱할 수 있는
나의 백성인가?
21 백 개 중에서 백 개를 다 줘도 섭섭함
이 없으며 아쉬움이 없으며 미련이 없
으며 아까운 생각을 하지 않는 백성이
되어야 할 것이거늘,
22 너희는 열 개의 반도 못 주면서 아까
운 생각을 할 것이며, 섭섭한 생각을
할 것이며, 그 귀중한 것을 나눠 주는
것을 아쉽게 생각하는 그와 같은 지금
의 마음자리가 아닌가?
23 너희 자신이 훈련에 훈련을 거듭하도
록 그리하라.
24 너희가 백 개의 과일을 가지고 남들을
위해서 그저 달라는 자, 먹고자 하는
자에게 풍족하게 그를 다 주는 마음을
갖지 못한다면 너희가 생명보다도 더
소중히 여기는 금화와 은화는 남에게
함부로 줄 수 없는 것이니,
25 이러고도 너희가 깨달은 자요, 나의
뜻이요, 나의 성령을 듣고 깨달은 백
성이요, 경지에 올랐다 말할 수 있느
냐?
26 나의 이 아픈 마음이요, 저려 오는 나
의 마음을 알겠는가?
27 너희는 백 개가 필요한 자에게 백 개

를 다 던져 줄 수 있으며 먹고자 하는
자에게 실컷 먹을 수 있도록 편안한
마음이요, 사랑스러운 눈빛으로써 바
라볼 수 있어야 하며,
28 그래야 너희가 금화와 은화요, 재물도
손에서 놓을 수 있다는 것을 알아야
할 것이니라.

5,465 번째 하나님 말씀

2003년 3월 11일 23시 45분

1 사랑하는 나의 아들아!
2 "네, 아버님! 말씀하옵소서."
3 종교 지도자요, 또 목사라 하는 사람
은 과연 어찌 살아가야 하는가?
4 너희는 한 점의 부끄럼이 없이 곧고
바르게 살아가야 하느니라.
5 그러나 너희는 나의 율법이요, 십계명
대로 살아가며 지킬 자격이 없기에,
나의 피조물 만백성을 어찌 우롱하는
가?
6 너희는 목사라는 자를 사랑하기 때문
에 그들의 허물을 봐서도 안 되며,
7 실수를 해도 사랑하는 마음으로 덮어
주며, 용서하는 마음으로 그들의 잘못
을 다 덮어 주는 마음으로 가는 것이
신도들이 가야 하는 길이라 그리 가
르치고 있음이니라.
8 그러나 너희는 여기서 알아야 할 것
이니라.
9 그와 같은 대우를 받을 수 있는 종교
지도자는 나로부터 선택된 자라야 할
것이며,
10 하늘을 향하여 한 점의 부끄럼이 없는
삶을 살아가는 자,
11 그리고 내일의 아름다운 변화를 위하
여 피나는 노력을 하는 그와 같은 자
를 다스려 주며,
12 그들을 깨우쳐 바로 설 수 있도록 너
희가 그들을 용서하는 그와 같은 아름
다운 마음으로 가야 할 것이니라.
13 그러나 변하지 아니하며 그저 재물만
거둬들이려 하는 자, 진리를 가르치지
못하는 자들을 용서하고 덮어 주는 것
을 사랑으로 실천하는 것은 너희가 해
야 할 일이 아니라는 것을 알아야 할
것이니라.
14 예수와 같은 삶을 실천하지 아니하며
신도들의 고통을 외면하며 그 고통과
더불어 하지 아니하는 것,
15 그리고 재물을 모아 큰 성전을 짓고자
하는 것이며 더 호화로운 성전을 꾸미
려 하며,
16 그리하여 재물을 모으는 데만 전념하
는 그러한 지도자는 단죄할 대상이요,
그들을 엄히 다스려야 할 것이니라.
17 그와 같은 자들까지 사랑하기에 허물
을 덮어 주며 잘못하는 것을 용서해
주며 용서받지 못할 지도자를 너희가
다 이해하며 사랑으로 덮어 주고 가는
것은 나 여호와가 용서치 못한다는 것
을 알아야 할 것이니라.
18 지금의 종교 지도자는 그와 같이 저희
를 변호하고 살다 그것도 부족하여 지
금 얼마나 무서운 사기극을 벌이고 있
는가?
19 하늘을 두려워하지 않으며 하늘 높은
줄을 모르며 하늘의 나 여호와가 내려
다보는 것을 모르며 그들은 한 술 더
떠 갖은 간교한 방법으로 다스려 나감

이니라.
20 그들은 지금 무어라 사기극을 연출하
고 있는가?
21 세상의 어떠한 연극배우도 그들보다
유능한 배우는 없으며 그보다 능숙한
배우도 종교 지도자요, 목사라는 자들
을 따라갈 수가 없으니라.
22 너희는 목사가 윤택한 생활을 하며 즐
겁고 행복한 삶을 살아야만 너희 신
도들이 행복해지며 축복이 있으며 그
에 따라서 일반 백성에게도 축복이 내
려지며 또 나라가 잘 살 수 있다 너희
가 그리 말함이니,
23 이게 어디에서 무엇을 근거로 하여 나
온 어떠한 명분으로써 전해진 말이던
가?
24 지금 그와 같이 전하고 있음을 나 여
호와가 나의 법전에 기록하여 너희에
게 전하나,
25 너희는 그렇지 않다고 광분하며 그런
일은 없다 그리 항변할 수 있겠는가?
26 너희는 이 대목에 대해서 아무런 말을
할 수가 없으니라.
27 그래도 너희는 부끄러운 줄 모르며
깨달으려 생각지 아니하며 그저 사탄
이요, 사악한 자가 이 세상을 혼란케
한다 그리 너희 신도들의 정신을 빼놓
으며, 너희의 부끄러운 것을 스스로
악으로써 너희를 위하는 길로 모두를
다 변호하는 그와 같은 행위는,
28 이 세상의 어떠한 변호사도, 언론을
담당하는 사람들도, 만담을 하며 재치
있게 농담을 하는 배우도 너희가 그
리하는 행위를 따라갈 수는 없다는
것을 알아야 할 것이니라.
29 나는 너희를 다 알고 있음이니라.
30 그러니 내가 너희를 용서할 수 없음
이니라.
31 너희는 지도자이기 때문에 하늘을 향
하여 한 점의 부끄럼이 없이 살아가야
하거늘, 어찌하여 우리 부자의 이름을
팔아먹으며 만백성을 지옥으로 이끄
는 그와 같은 생활을 하고 있는가?
32 그리고 그 짓을 계속하고 있느니라.
33 그러면서 나의 피조물 만백성에게 말
하느니라.
34 너희가 지은 성전에 와 공부하고 배우
는 그 시간뿐 아니라,
35 인간 세상에서 살아가는 사생활까지
도 모두 너희에게 보고하고 일일이
알리며 행하라고 하는 것이 지금의 사
악한 지도자들이 하는 행위라는 것을
잊어서는 아니 됨을 알라.

5,466 번째 하나님 말씀

2003년 3월 12일 0시 04분

1 사랑하는 나의 아들아!
2 "네, 아버님! 말씀하옵소서."
3 지금의 모든 집단 중에서 가장 큰 조
직이 있는 집단에서 믿음의 길을 가는
백성이 내가 원하는 길이요, 내가 행
하고자 하는 것을 따른다 하면 얼마나
하늘이 편안하며 이 지상이 편안하고
아름답겠느냐?
4 그러나 그들이 그리 가지 아니하기 때
문에 하늘이 시끄러우며 지상이 복잡
하다는 것을 알아야 할 것이니라.
5 그들은 내가 해서는 안 되는 것, 하지
말라 하는 짓만을 골라서 하고 살아가

는 것이 지금의 종교 집단들이니라.
6 나 여호와가 하지 말라, 해서는 안 된
다는 짓만을 역행하고 살아가는 지금
의 형국이 되어 있음이니,
7 그리하여 나 여호와가 지금 이를 다스
리고자 하는 것이니라.
8 그들이 어찌 살아가는가?
9 내가 너희에게 말하기를 사랑을 베풀
며 남에게 나눠 주는 것을 즐거움으로
행하고 살아가는 것이 나에게 은혜를
받은 나의 백성이 보답하는 길이라 나
의 법전에 수없이 전하였느니라.
10 그러나 지금의 종교 지도자 그들은 남
에게 주는 것을 좋아하는 것이 아니
요, 받기만을 좋아하며,
11 남에게서 받아 챙기는 데는 세계 단거
리 선수보다도 더 빠르고 능숙하게 받
아 챙기고 거둬들이는 것이 생활화되
어 있음이니,
12 이 또한 나를 거역하는 것이 아니던가?
13 나 여호와가 지키라는 계명과 율법은
뒤로하고 있으니 이 또한 무엇이던가?
14 복종할 줄 모르며 순종할 줄 모르는
대표적인 자가 그들이니라.
15 내가 지키고 행하여 하늘에 오르라는
그 계명도 지킬 수 없다 그리 말함이
니,
16 그들이 불복종하는 자요, 나에게 순종
하지 않으며 나를 믿지 않는 자라 내
가 말한다면 과연 너희는 알겠는가?
17 그런가 하면 낮은 백성으로 살아가라
하였거늘, 교만하기는 하늘을 찌르며,
18 우리 부자보다도 더 높은 곳에 있는
것처럼 착각하고 있으며, 그와 같이
생각을 하고 살아가는 것이 그들이니
라.
19 그리고 그와 같이 저희를 받들고 맹
종하라 가르치고 있음이니, 이 얼마나
황당한 짓을 지금 하고 있는가?
20 만백성에게 밝은 태양과 같은 빛으로
참진리를 전해 주는 역할을 해야 할
지도자들이 썩은 곳만을 찾아다니며
썩은 곳만 드나든다는 것을 알아야 할
것이니라.
21 그들이 썩은 곳만 찾아다니는 것이 무
엇이던가?
22 가난하고 어려운 자를 위하여 기도하
며 그에게 격려해 주며 사랑을 베푸는
것이 아니요,
23 권력자 앞에 가서 기도하는 것으로,
또 있는 자 앞에 가서 아부하며 기도
하는 그 방법과 자세를 본다면 너희
신도들도 그들이 어떠한 자인지 알 것
이니라.
24 정녕 그들이 썩은 곳을 찾아다니는 자
들이 아니라면 권력자 앞에 아부하지
아니할 것이며, 재물을 가진 자에게
아부하는 그와 같은 행위를 해서는 아
니 될 것이니라.
25 권력 있고 능력 있는 자 앞에서 기도
하는 것은 말로써 유창하기가 끝이 없
으며,
26 그리고 재물 있는 자에게 가서 기도하
는 것 또한 그 유창하기가 끝이 없으
며,
27 예의범절을 지키는 것이 마치 선한 천
사와 같은 행위로 그리하고 있음이니,
그들이 바로 무엇이던가?
28 그들이 물욕에 빠져 허덕이는 자들이
며, 명예와 물욕에 빠져 거기에만 허

덕이는 자들이니,
29 그를 빨아 먹으려고 쫓아다니며 바로
썩은 것을 찾아다니는 것이 그들이
아니던가?
30 파리가 썩은 것에 가 먹이를 빨려고
날아다니며 찾아다니며 뒤지듯이 그
들이 그보다도 더 추한 짓을 하고 있
다는 것을 알아야 할 것이니라.
31 너희는 아니라 하나, 나 여호와가 내
려다보는 너희는 인간의 행동으로서
감히 할 수 없는 짓을 하고 있음이니,
32 이는 나의 아들이 너희에게 경고함이
아니요, 나 여호와가 직접 나의 아들
의 입을 빌려 너희에게 그리 전함이
니,
33 너희가 이를 보고 반성하며 깨우치는
점이 있어야 할 것이니라.
34 나의 아들을 공격하고자 하며 나의 법
전이 사탄의 것이라 하여 찢어 버리고
태워 버리고도 회개하며 반성할 줄 모
르는 너희는, 이제 눈물의 기도를 드
렸으며 회개와 반성이요, 용서를 받겠
다는 그 말을 너희 입으로 해서는 아
니 된다는 것을 알라.

5,467 번째 하나님 말씀

2003년 3월 12일 0시 11분

1 사랑하는 나의 아들아!
2 "네, 아버님! 말씀하옵소서."
3 나 여호와가 용서치 못하는 백성은 두
마음을 가진 자라 하였음이니라.
4 겉과 속이 다른 백성은 용서하지 못한
다 내가 그리하였음이니라.
5 그들로 하여금 남들이 손해 입으며 나
의 백성이 고통을 당하는 것은 이루
헤아릴 수가 없기 때문이니라.
6 지금 모든 종교 지도자 그들이 바로
겉과 속이 다른 대표적인 자라면 너희
는 과연 믿겠는가?
7 나 여호와의 뜻이 아니요, 사탄이기
때문에 감히 그런 말을 한다며 나의
법전을 갈기갈기 찢고자 하는 것이 종
교 지도자며 그 신도인 너희일 것이
니라.
8 그러나 너희는 한번 겉으로 보라.
9 너희가 그 내용을 한번 들여다보며 그
것을 한번 보도록 하라.
10 너희는 겉으로 보면 겸손한 척하며 인
자한 척하며, 단상에서 설교할 때는
천사 못지않은 그와 같은 자세로써 말
을 함이니라.
11 그러나 끝난 뒤의 너희 생활을 나 여
호와는 알고 있으며 그를 내가 하나도
놓치지 아니하고 보고 있다는 것을 너
희는 모를 것이니라.
12 너희는 교리를 제대로 알지 못하며 나
의 참진리가 무엇인지를 모르기 때문
에 너희는 그저 말로써 모든 걸 다 때
우고자 하니 말장난의 명수가 너희요,
13 말만 잘하면 된다는 그와 같은 생각을
하는 종교 지도자 너희가 아니던가?
14 그래서 말로써 모두 현혹게 하며 말
로써 모든 것을 때우고 넘어가는 것이
너희 종교 지도자라는 것을 잊지 말라.
15 너희는 어떠한 자인가?
16 너희는 겉과 속이 다른 자의 대표적인
자이기에 너희를 따랐던 그 신도 중
에 능력 있는 자, 재물 있는 자가 너희
를 따르다 그가 실패하여 능력이 없을

때,
17 너희는 그와 같은 자들을 버리고 배신
하기를 수없이 되풀이하며 지금까지
살아왔으며,
18 언제 보았느냐는 듯이 등을 돌리는
것이 종교 지도자 너희라면 과연 그
말을 믿겠는가?
19 그렇지 않다면 너희는 나에게 항변하
라.
20 그러면 그와 같은 슬픔을 당한 백성이
너희에게 증거할 것이며 그들이 너희
에게 그를 제시할 것이니라.
21 바로 너희가 이중의 마음을 가지는
자이니, 내가 오죽하면 너희에게 혀가
둘이라 말하겠는가?
22 그정도로 너희가 그와 같이 사악한
자라는 것을 잊지 말라.
23 모든 백성은 다 혀가 하나로 되어 있
음이니라.
24 그러나 그들은 그 하나의 혀로써 모든
역사를 하고 살아감이니라.
25 그러나 종교 지도자 너희는 두 개의
혀를 갖고 있다는 것을 잊지 말라.
26 너희는 선한 척하는 그와 같은 혀를
하나 가지고 있으며, 재물을 긁어모으
며 교만하며 이중적인 생활을 할 때는
나의 평범한 백성만도 못한 사악한 짓
이요, 사악한 생각을 하며 그 놀리는
혓바닥이니, 너희는 혀를 두 개 가진
자이니라.
27 속과 겉이 다른 자는 겉에 혀가 있으
며 속에도 혀가 있으니, 너희가 대표
적인 자이니, 너희가 두 개의 혀를 가
지고 사는 것이니라.
28 두 개의 혀를 가진 것이 무엇인 줄 알
겠는가?
29 너희가 말하는 사탄이라는 그 뱀이 혀
가 두 개라는 것을 알라.
30 나 여호와가 너희를 깨우치고자 얼마
나 무서운 이 말을 하며, 너희에게 정
신을 차리게 하고자 내가 얼마나 독
한 말로써 너희를 가르치는가?
31 너희가 바로 두 개의 혀를 가진 자라
면 여기에 무슨 말로 나에게 항변할
수 있단 말이던가?
32 너희는 겉과 속이 다른 자이기 때문에
그러니라.
33 너희는 어렵고 힘든 일은 들여다보지
도 아니하며 관여하지도 아니하느니
라.
34 그저 거둬들이고 좋은 것을 챙기는 것
으로써 사는 것에 모든 목적을 거기다
두는 것이 너희라 하면 너희는 나를
욕할 것이나 이는 엄연한 사실이니라.
35 나 여호와의 재산마저도 제 소유요,
개인 것으로 만들어 살아가는 것이 너
희가 아니던가?
36 하늘에 바치는 자, 복 받는다 하며, 너
희에게 바친 그 재물이 과연 다 어디
로 갔는가?
37 너희 손안으로 들어감이니, 너희가 그
와 같은 자라는 것을 잊지 말라.
38 그러니 너희가 이중 성격을 가진 자
요, 겉과 속마음이 다른 대표적인 자
요,
39 바로 그 겉과 속이 다른 생활을 하다
보니 혀가 두 개인 자이니 그게 무엇
이더냐?
40 너희가 사탄이라 말하는 뱀이 혀가
두 개 있다는 것을 너희는 잊지 말라.

5,468 번째 하나님 말씀

2003년 3월 12일 0시 23분

1 사랑하는 나의 아들아!
2 "네, 아버님! 말씀하옵소서."
3 지금 종교 지도자들이 지상에서 재물
을 거둬들이는 방법을 몇 가지나 가지
고 나의 피조물 만백성의 재물을 갈취
한다 생각하느냐?
4 그 방법이 끝이 없음이니라.
5 너는 노신사에게 30여 가지를 가지고
그들이 갈취한다 했으나, 그들의 방법
은 끝이 없다는 것을 알아야 할 것이
니라.
6 지상에서 나의 백성의 재물을 그와 같
은 방법으로써 갈취하는 것이 종교 지
도자들이며 대표적으로 온갖 이름의
헌금과 십일조라는 것을 붙여 거둬들
이느니라.
7 그리하여 헌금과 금화를 거둬들이다
더 이상 거둬들일 수 없으니 그들이
어떠한 방법으로 거둬들이는가?
8 지금 그들은 말하느니라.
9 헌금과 금은보화를 하늘나라에 쌓으
면 복 받는 비결이라 말하며 그리 행
하도록 너희에게 가르치느니라.
10 그러면서 그들은 너희에게 뭐라 말하
느냐?
11 너희는 인생을 살다 죽을 때 빈손으로
가며 모아 놓은 재산을 하나도 가져가
지 못하는 것을 어찌하여 그리 원하는
가?
12 죽으면 한 닢도 하늘나라에 가져가지
못함이니, 너희가 죽기 전에 하늘나라
에 미리 보낸다 하면 이것이 천국에
오르는 길이요, 하늘에 쌓는 것이요,
너희가 죽어 그 하늘의 창고의 문을
열 때 그득히 쌓아 놓은 그 재물만큼
나에게 축복을 받는다 하며 너희는 죽
기 전에 하늘에 쌓아 놓으라 하여 갈
취하며 너희가 가진 재산을 모두 다
바치라 현혹하며 그리 갈취해 가는 것
이 아니던가?
13 그렇다면 그 재물은 어디로 가는가?
14 과연 누가 관리하는가?
15 하늘나라는 나 여호와가 그것이 필요
없다는 것을 알아야 할 것이니라.
16 너희가 이와 같은 짓을 하지 아니한다
면, 나의 법전을 태우고 나의 아들의
명줄을 끊는다 하여도 나 여호와가 너
희를 탓하지 아니할 것이니라.
17 너희가 과연 그리하는지 아니하는지
너희 신도가 더 잘 알 것이니라.
18 그러나 너희는 말할 것이니라.
19 너희도 입만 가지고 사는 것은 아니
기 때문에 살아나가자면 재물이 필요
하며 그리하여 최소로 필요한 것만을
거둬들이는 것이지 이와 같은 방법으
로써 거둬들이지 아니한다 함이니라.
20 그러나 너희는 알아야 할 것이니라.
21 가장 중요한 것은 너희 인간이 살다
죽을 때는 빈손으로 가 단돈 금화 한
닢도 못 가지고 가는 그 재산을 너희
가 죽어서는 하늘나라의 나에게 바칠
수도 없으며 나에게 올려 보낼 수가
없으니,
22 너희가 먹고살기도 바쁜 지금 지상의
삶에서 있는 재산을 다 털어 하늘나라
에 보내면 그것이 하늘로 올라간다 그
리 말함이니, 이 얼마나 황당무계한

사기극을 벌이고 있는가?
23 그리하면서 너희가 거둬들이는 것이 아니던가?
24 그것이 어디 하늘로 날아 올라가던가?
25 누가 그를 싣고 하늘에 올라가던가?
26 누가 그를 챙겨 하늘로 올라간다 말하는가?
27 너희가 얼마나 무서운 죄를 짓고 있는지 아는가?
28 너희는 말로써 간단하게 그리 가르치며 나의 피조물 만백성을 우롱하고 있으며 그게 죄인지도 모르며 당연하다고 생각하나,
29 너희는 아래로는 나의 백성에게 나 여호와에게 재물을 바친다 하며 죽기 전에 하늘나라에 많이 쌓아 놓으면 너희가 하늘에 가지고 가는 것이니,
30 하늘에 가져가려면 살았을 때 있는 것 없는 것 다 팔아 바쳐라, 바쳐라 그리 사기극을 벌여 나의 백성을 속이고 있으며 위로는 나 여호와를 속임이니라.
31 하늘나라에 존재하는 창조주 아버지께서 너희의 재물을 거둬들이라 한다 그리하며 나의 이름을 팔아 거둬들임이니,
32 너희의 그 죄가 위로는 나에게 죄를 지으며 아래로는 백성에게 죄를 짓고 있음이니, 너희가 이 죄를 다 어찌하려 하는가?
33 이 죄의 두려움을 너희는 아직도 모르는 것이니라.
34 그러면서 너희는 뭐라 말하는가?
35 그것도 부족하여 어리석은 나의 피조물 백성에게 구원의 길이라는 그 이름을 팔아 물질을 많이 바칠수록, 하늘에 많이 쌓아 놓을수록 축복을 받으며,
36 너희가 물질을 하늘에 많이 올려놓으면 그와 같은 축복의 은혜가 바로 하늘에서 소낙비가 쏟아지듯이 쏟아지며 내려온다 그리 너희가 나의 피조물 만백성을 현혹지 않는가?
37 하늘에서 창조주 나 여호와가 받아서 다시 그걸 소낙비를 내리듯이 너희에게 물질을 내려보낸다면, 나 여호와가 그 번거로운 짓을 어찌 그리한다 생각하는가?
38 너희 말대로 죽기 전에 하늘에다 쌓아 놓으면 하늘에 올라가는 것이요, 하늘에 많이 바치면 그저 비 오듯이 하늘에서 축복이 쏟아져 내려온다 함이니,
39 내가 너희에게 미리 준 재산을 아름답게 쓰면 되는 것을 내가 십일조를 받아들인다 하여 그 사기극을 벌이고 그것도 부족하여 죽기 전에 하늘에 많이 갖다 바치면 하늘로 올라가는 것이니 가지고 가라 그리 말하며,
40 여기서 너희가 또 거짓말을 하고 있으니 무엇이더냐?
41 그저 바치기만 하면 하늘에서 소낙비가 쏟아지듯이 그저 막 쏟아지며 은혜와 축복을 받는 것이니 '바쳐라, 바쳐라!' 그리 이야기하니,
42 너희는 과연 어떠한 인간들이며 어디서 태어난 심성을 가진 인간들이며, 너희는 나의 피조물 만백성보다 사기보따리요, 욕심 보따리가 몇 개씩 더 있는 인간들이 아니라면 무엇인가?
43 너희는 백성이 임금에게 재물을 바치

듯이 우마차에 싣고 올라간단 말이던
가?
44 어찌 가지고 가는가?
45 너희가 어찌 하늘로 올라가는가?
46 너희가 지금 죽기 전에 교회요, 성전
에서 하는 행위가 얼마나 무서운 죄
인지 알아야 할 것이니라.
47 그와 같은 사기극을 벌이면서 받아 가
로채는 것은 바로 너희가 아니던가?
48 종교 지도자 너희가 하는 행위이니라.
49 이제 너희는 알아야 할 것이니라.
50 내가 너희에게 말하기를 축복과 은혜
는 너희의 믿는 마음에서 내가 내리
는 것이며, 선함을 행하는 데 모든 축
복과 은혜를 내리는 것이지,
51 내가 관리하고 쓰도록 한 그 재물을
죽기 전에 하늘의 창고에 많이 올려
보내 많이 쌓아 놓는 자만이 구원을
받는다 그리 말하고 있음이니,
52 이제는 그와 같은 무서운 짓의 두려움
을 알며 너희 자신이 그 사기극을 중
단해야 할 것이니라.
53 지금까지 너희가 지은 죄도 나에게
오르지 못할 것이거늘, 너희가 지금
반성하고 회개한다 해도 과연 하늘에
오를까 말까 하니라.
54 그러니 지금부터 회개하고 깨우쳐 어
찌 살아가야 할 것인지 그것을 선택
하라.
55 나의 법전에 내가 상세히 하늘의 뜻을
기록하여 전했음이니, 이를 보고도 너
희가 계속 사기극을 벌인다면 그것이
얼마나 무서운 죄인지를 알게 될 것
이니라.

5,469 번째 하나님 말씀

2003년 3월 12일 09시 19분

1 사랑하는 나의 아들아!
2 "네, 아버님! 말씀하옵소서."
3 너희가 인간 세상에 살아가면서 '설마
가 사람 잡는다'는 말이 있느니라.
4 설마 그러려니, 설마 그렇게 했으려니
하나 그것이 현실로 나타나 너희를
당혹게 하는 그와 같은 것을 말함이니,
5 너희가 지금 생명을 받아 이 세상에
태어난 그 자체가 나 여호와가 너희에
게 생명을 심어 줬다 하는 것을 설마
그러할까 하며 믿지 아니함이니라.
6 육의 부모에게서 세상에 태어나 너희
가 존재하는 것이라 지금 그리 생각하
는 것이니라.
7 그러니 지금 믿음의 길을 가는 백성도
정녕 나 여호와가 존재하며 또한 예수
가 세상에 나의 성령으로 태어나 만백
성을 구하는 그 역사를 이루었는가,
설마 그러할까 그리 생각하고 있음이
니라.
8 그리하여 설마 하는 그것 때문에 지금
너희가 하늘의 두려움을 모르며 너희
가 죽어 와 나에게 심판을 받는 그 무
서움이 어떤 것이며 그 두려움이 무엇
인가를 아직도 실감하지 못하며 설마
그러려니 그리 생각하는 것이니라.
9 너희는 그러느니라.
10 네가 저 죽어나가는 사람의 가족이
슬퍼하는 모습처럼 네가 언제 죽을 것
인가 너희는 당연히 죽는 것을 그 죽
음을 잊어버리며 너희에게서 멀리 있
는 것이라 그리 생각하느니라.

11 그러나 너희는 순간적인 불행이요, 순간적인 인재로 인하여 많은 생명을 잃으며 유명을 달리하는 것이며, 그리고 너희가 나이를 먹지 않는 자 없으며, 나이를 먹음으로 그 곱던 얼굴이요, 그 피부가 다 시들어 가는 그 엄연한 사실도 설마 네가 그리될까 생각하고 사는 것이 너희가 아닌가?
12 여기서 너희가 깨우쳐야 할 것이니라.
13 인간이 나이가 먹어 얼굴이 찌들어 가며 그리고 백발이 되어 죽어 가는 그 엄연한 사실도 너는 아직 멀었으며 언제 너에게 닥칠까 먼 세월 뒤에 올 것이며 꿈속에서나 이루어지는 그와 같은 생각을 하는 자와 같으니,
14 지금 엄연히 서서히 그리 변해 가는 것을 너희는 모르고 있느니라.
15 너희는 죽어 가는 그 자체도 설마 하고 생각하는 마음이니, 너희가 하늘에 와 심판을 받으며 천국과 지옥이 있다는 것은 아무리 누가 뭐라 말해도 과연 그걸 믿겠는가?
16 그리하여 너희는 설마 그런 일이 있으려니 하며 오늘 선하고 착하게 사는 것은 당연한 것을 억울한 것이 아닌가 그와 같이 생각하는 것이 너희 마음이 아니던가?
17 악과 선이 마음속에서 싸우듯이 너희가 설마 죽어서 심판을 받을 것인가, 그렇지 않으면 받지 않고 그저 한 줌의 흙으로 돌아가는 것인가 그 양분된 마음에서,
18 아직도 너희 스스로 결정하지 못하며 결단을 내리지 못하고 사는 것이 너희이니, 그러나 너희는 여기서 알아야 할 것이니라.
19 모든 구약과 신약의 역사가 흘러온 것을 더듬어 보며 오늘의 역사함을 더듬어 보며 이 세상에 존재하는 모든 것의 그 오묘함을 안다면,
20 너희는 그 누군가 창조한 자가 있으며 그를 통제하는 자가 있으며 다스리는 자가 있다는 생각을 할 수 있을 것이며 깨달을 것이니라.
21 그러니 너희는 나로부터 생명을 받아 나갔으며 내가 보낸 제자리로 돌아와야 하며, 돌아오지 못하는 자처럼 불행한 자가 없다는 것,
22 그리고 너희가 육의 삶을 살면서 남에게 폐를 끼치고 누가 되며 남에게 고통을 주는 행위는 반드시 열배 백배로 그를 갚는 대가를 치른다는 것을 잊어서는 아니 될 것이니라.
23 이제 나의 법전을 읽고 깨우치며 나의 아들을 따르는 제자들이요, 만백성은 이를 확실히 믿어야 할 것이며, 너희가 설마 하는 생각으로 그리 가지 말라.
24 너희가 설마 하는 생각이 없다면 너희가 놓지 못할 것이 무엇이 있겠는가?
25 너희가 다음에 영원히 사는 그 세상의 삶을 위하여 오늘 조금 양보하며 용서하고 이해하며 살라는 것이 나 여호와의 뜻이거늘, 그것 하나도 실천하지 못하고 산다면,
26 너희가 죽어 나에게 와 설마 했던 것이 현실로 나타났을 때, 그 당혹스러움이요, 너희가 설 땅이 없다는 것을 알 때, 그때 너희는 고통과 시련을 겪을 것이니라.

27 어렵게 사는 자는 그러하니라.
28 '이 세상 많은 사람은 다 갈 데가 있으며 들어갈 곳이 있으나, 나는 어찌하여 발 뻗고 들어갈 따뜻한 집이 없느냐?' 하고 한탄하며 그와 같이 생각할 것이니라.
29 바로 그보다 더 무섭고 더 잔혹하며 너희가 생각할 수도 없는 무서운 현실이 너희 앞에 나타남이니라.
30 그 호화롭고 아름다운 천국에서 너희는 영원히 설 자리가 없으며 비비고 들어갈 수 있는 틈이 없는 그와 같은 현실 앞에서 너희가 당황하고 통곡하며 후회하고 절규하는 모습을, 그러면서 지옥으로 끌려간다는 것을 너희는 설마 하지 말라.
31 그것은 반드시 행해지며 반드시 그 심판이 있다는 것을 너희 제자들은 가슴에 깊이 새기고 너희가 살아가는 모습을 들여다본다면 어찌 살아가야 할 것인가를 스스로 알게 될 것이니라.

5,470 번째 하나님 말씀

2003년 3월 12일 11시 55분

1 사랑하는 나의 아들아!
2 "네, 아버님! 말씀하옵소서."
3 너희 말에 있지 않으냐?
4 '아무리 좋은 음식이라 하여도 급히 먹으면 탈이 나며 소화하지 못했을 때, 너희 몸을 건강하게 지탱하는 것이 아니라 너희 육신을 망치게 하는 것'이라 내가 말하지 아니하였더냐?
5 너희가 나에게 오르는 믿음의 길도 너희 체질이나 능력에 맞춰서 서서히 가는 그와 같은 믿음으로 가라.
6 너 또한 그러하며 너희 제자들도 그러하며, 나의 법전을 읽고 깨우치면서 무엇인가 변화해야 하며 무엇인가를 역사하고자 하나,
7 그것에 스스로 완벽하게 가지 못하는 것을 가슴 아파하며 괴로워한다면 너희는 몸을 지탱하기 위한 음식을 과식하여 병이 나듯이 너희는 쓰러지게 됨이니라.
8 그러니 오늘보다 내일이 변하는 삶으로 서서히 변해 가는 그와 같은 노력으로써 살아가라.
9 자고 나면 하나를 깨우치며 자고 나면 하나의 변화를 얻는 그 속에서 너희가 이루어짐이니라.
10 내가 너희에게 말했듯이 완벽한 깨달음이요, 완전한 깨달음으로써 설 수는 없음이니, 나 여호와가 너희에게 힘과 용기를 주었을 때만이 바로 설 수 있다고 말하지 아니하였더냐?
11 너희는 달려가지 말라 그리 명하지 아니하였더냐?
12 네 머리가 하얘졌을 때 네가 완벽히 설 수 있는 나의 아들이 된다 하였음이니, 네가 나의 법전을 지금 70권을 넘어 거의 80권에 임박하는 오늘의 그 역사를 이룬 네 모습에서 서서히 변해 가고 있으며, 네 머리 또한 백발이 되어 가고 있음을 너는 알게 될 것이니라.
13 그리하여 너에게 머리가 하얘졌을 때 네가 기적을 이룰 수 있으며 역사를 이루는 완벽한 나의 아들로서 선다 함은 서서히 가라 함이니라.

14 조급히 생각하면 네가 지치며 쓰러짐
이니라.
15 너의 제자 또한 지금의 마음이 그러하
니라.
16 변하긴 무엇인가 변해야 하고 역사하
는 것은 반드시 역사해야겠으나 생각
과 행동이 따르지 못함이니,
17 너의 제자가 여기서 따르지 못하는
저 자신을 비관하고 고민하다 포기하
며 쓰러질 수도 있는 것이니라.
18 그러나 나 여호와는 너희를 알고 있
음이니라.
19 서서히 변하는 너희의 그 아름다운 모
습 속에서 나 여호와의 기쁨이 있으며
내가 이루고자 하는 역사는 반드시 이
루어진다는 것을 너희는 알아야 할 것
이니라.
20 내가 너희에게 말하여 깨우쳐 주었음
이니, 지금의 종교 집단들이 내가 원
하는 길로 어느 정도만 간다 하여도
그들이 변할 수 있으며 깨달을 그 기
회만 있다 하면,
21 내가 너를 통하여 법전을 만들어 만백
성에게 태풍을 불어 가면서 세상에 혼
란을 주는 대변화의 개혁은 하지 아니
할 것이니라.
22 그러나 도저히 그들을 돌이킬 수 없으
며 바로잡을 수가 없느니라.
23 그들은 세상의 온갖 명칭을 다 붙여
금화와 은화를 거둬들이기에 바쁘며
한 인간이 출생하는 순간으로부터 죽
을 때까지 천 가지, 만 가지 이름을 붙
여 그들에게 그저 감사 헌금이라 하여
재물을 거둬들이는 그와 같은 행위로
살아가고 있음이니,
24 나의 피조물 만백성이 깨달음이 아니
요, 재물이요, 헌금을 바치는 거기에
만 모두를 다 바쳐 저희 스스로 알맹
이는 아무것도 남은 것이 없으며 그저
쭉정이만 남는 그와 같은 욕심이요,
만신창이가 되어 죽어 가니,
25 그 영혼마저도 살지 못하고 지옥으로
가는 그것을 나 여호와가 더 이상 볼
수 없으며 그대로 볼 수 없기 때문에
그리하여 내가 너를 통하여 이 역사를
하고 있으며 너를 따르는 제자들로 하
여금 새로운 시대를 열고자 함이니,
너희는 급히 서둘지 말라.
26 내가 오늘날 나의 아들 너를 보내 160
권의 법전을 세상에 내려보내어 심판
의 시대를 여는 것은 인간 세상에서는
2천 년이라는 길고 긴 세월이었으나,
나 여호와에게는 그 2천 년이라는 것
은 이틀밖에 되지 아니함이니라.
27 나의 아들아, 불안해하지 말며 두려워
하지 말며 서서히 걸어가라.
28 서서히 지치지 아니하게 걸어가 네가
이 160권의 법전을 세상에 만들어 놓
고 왔을 때, 그를 위해 갈 수 있는 또
깨달음이 있는 자요, 너의 제자 중에
서 의인과 같은 백성이 수없이 나올
것이니라.
29 그들이 힘을 합쳐 대변화의 역사를 이
룰 것이니, 너는 너무 불안해하며 겁
먹지 말며 서두르지 말라.
30 서서히 가도록 하며 너의 제자 또한
마음을 서서히 다스려 가라 그리 전하
라.
31 오늘의 너희가 깨달음이요, 그 삶도
나 여호와가 보기에 기쁨이 충만하다

는 것을 제자들에게 전해 주도록 그리하라.
32 너희야말로 나의 뜻을 행하는 백성이요, 서서히 변하는 것을 너희는 모르나 나 여호와는 알고 있음이니라.
33 서서히 변해 가도록 그리하라.
34 너무 조급해하지 말며 두려워하지 말며 성급하게 달려가지 말라.
35 가다 넘어지느니라.
36 너희가 성급하게 음식을 먹으면 그 좋은 음식이 너희 몸을 망치듯이 그와 같은 해가 돌아오게 됨을 잊지 말라, 사랑하는 나의 아들딸들아!

5,471 번째 하나님 말씀

2003년 3월 12일 12시 06분

(강론을 마치며)

1 사랑하는 나의 아들아!
2 "네, 아버님! 말씀하옵소서."
3 너희가 하늘에 오르는 길이요, 나의 뜻을 깨닫고 나에게 오르는 길은 높은 곳에 있는 것도 아니며 멀리 있는 것도 아님을 알라.
4 너희는 나의 뜻을 너무나 잘 알고 있음이니라.
5 나의 사랑이 세상을 다 덮고 있으며 너희 몸을 감싸고 있듯이, 내가 최초에 너희가 양심을 지킬 수 있도록 내린 나의 성령의 뜻이 너희 주변에 다 깔렸음이니,
6 너희는 거기서 네 것으로써 만들어 깨달으면 되거늘 그것을 행하지 못하고 있음이니라.
7 너희가 아무리 예쁘고 아름답게 지은 옷이요, 아무리 값비싼 옷이라 해도 너희 체형에 맞지 아니하면 그 옷은 가치가 없지 않으냐?
8 옷이 작아서 입지 못한다든지 옷이 너무 커서 걸칠 수 없다면 아무런 가치가 없는 것이 바로 옷의 형태가 아니던가?
9 바로 너희 믿음의 가는 길도 그러하니라.
10 너희가 정녕 어떠한 믿음으로 가느냐는 것이 가장 중요하거늘, 그 이치 하나도 깨닫지 못하는 것이 너희이니라.
11 아무리 좋은 음식이라도 과식하면 너희 몸을 상하게 하니 적당히 먹는 것이 당연한 것이 아니더냐?
12 그와 같이 모든 진리가 바닥에 있음이니라.
13 너희가 지금 가는 믿음이 어떠한 믿음인 줄 알겠는가?
14 어린아이가 어른의 옷을 입겠다고 대드는 형국이며 그와 같은 몰골이며 그와 같은 형태이니라.
15 그리하여 값비싼 옷이요, 비단 옷이라 하여 어른 것을 어린아이가 입고 나와서 만백성에게 보여 주며 그것이 가장 값진 옷이며 저의 가장 아름다운 모습일 것이라 그리하는 형국과 너희가 조금도 다름이 없음이니라.
16 어린아이가 어른의 비싼 옷을 입고 나온 그 모습이 얼마나 너희 보기에 우스꽝스런 꼴이며, 그는 움직일 수 없으며 아름다운 모습이 아니지 않은가?
17 지금의 모든 종교 집단이요, 지도자들이 그와 같은 형국으로 나에게 오른다 그리 말하고 있음이니라.

18 나의 뜻과는 전혀 관계도 없으며 나와
는 아무런 관계도 없는 그와 같은 행
위를 하며, 내가 해서는 안 된다고 명
한 그와 같은 행위를 저희가 골라 하
면서 지금 나에게 오른다 말하느니라.
19 지금 바로 너희에게 내가 어찌하고 있
는지 알겠는가?
20 나로부터 선택된 백성이요, 나의 아들
을 따르는 너희에게 그 체형에 맞는
아름다운 옷이요, 고운 옷을 내가 만
들어 입혀 보임이며,
21 너희의 그 모습이야말로 진정 체격에
맞는 제 옷을 입은 모습이라 이것이
아름다운 모습이요, 이것이 활동하기
좋은 것이며 인간이 생활하기에 가장
편안한 모습이니 이를 보라 그리 말하
여도 그들은 보지 아니하느니라.
22 10살도 안 된 아이가 60이 넘은 사람
의 옷을 입고 이것이 맞으며 이것이
아름다우며 비단이요, 그 천만이 비싸
고 귀한 것이라 그리 말함이니,
23 나의 아들과 나를 부르면서 가장 비싼
옷을 입은 것과 같은 그와 같은 형국
으로 지금 너희가 그 행사를 하고 있
으며 악을 쓰고 있음이니라.
24 이것이 바로 그들의 믿음이니 그 옷을
벗기고 너희가 행동하기 좋고 움직이
기 좋으며 체격에 맞으니 아름다운 모
습의 그와 같은 옷을 입혀 주어야 하
는 것이 너희의 뜻이니, 너희가 얼마
나 힘들고 어려운 길을 가는 것이던가?
25 저 자신이 가려져 저를 보지 못하며
숨겨진 제 모습을 보지 못함이니, 짐
승이 제 모습을 바라보지 못하듯 제
모습을 바라보지 못하는 그러한 자이
니라.
26 그러니 너희가 맑고 고운 얼굴로 거울
이 되어 그들 앞에서 비춰 주는 그 역
할을 해야 하니, 너희가 마음의 거울
이 되어야 함이니라.
27 곱고 아름다우며 깨끗한, 티 하나 없
는 아름다운 거울로서 그들 앞에서 비
춰 주는 것이 너희이니, 너희가 거울
이 되어 깨닫지 못하는 불쌍한 백성을
비춰야 하니, 너희가 인간으로 그들에
게 비춰 줄 수 없지 않으냐?
28 인간이 거울이 되는 그 길이 얼마나
힘들겠느냐?
29 그들이 너희를 볼 수 있고 저 자신을
볼 수 있도록 비춰 주는 그 위대한 빛
이 나는 그 인간의 거울이 되기가 얼
마나 어렵고 어려운 길이더냐?
30 나 여호와는 알고 있음이니라.
31 너희가 모든 것을 다 태워서 거울이
되어야 함이니, 그 흉물스런 옷을 입
고 소리 지르고 설치며 그것이 나의
뜻이요, 가장 위대한 모습이요, 가장
비싼 옷을 걸쳤다 말하며 그 옷을 입
는 자만이 하늘로 올라간다 그리 말함
이니,
32 제 몸보다 무거운 그 옷을 입고 제가
감히 어찌 올라올 수 있단 말이던가?
33 이와 같은 형국에서 너희가 마음의
거울이 되도록 하라, 사랑하는 나의
아들딸들아! 너희가 그래야 나에게
오는 길임을 알라.

5,472 번째 하나님 말씀

2003년 3월 12일 12시 17분

1 사랑하는 나의 아들아!
2 "네, 아버님! 말씀하옵소서."
3 나의 피조물 만백성, 또 모든 종교 집단이 수천 년 동안 흘러오며 하늘에 오르는 길이라 달려가는 그들이 뭐라 말하는가?
4 마지막 시대는 너희를 심판하는 자가 내려올 것이며, 그 심판과 구원의 결정은 나의 아들 예수가 재림하여 이루어지며 그때 가서 모든 답을 너희가 얻게 되며 구원을 받을 것이라 그리 믿고 가는 것이니라.
5 그리하여 그때 구원을 받는 자는 아름다운 세상이 열리게 되며, 사탄은 힘을 쓰지 못하고 결박되며 자신의 능력을 상실하게 된다 말하며 하늘나라가 지상에서 이루어지는 그와 같은 시대가 올 것이라 너희는 그리 말하고 있느니라.
6 지금 믿음의 길을 가는 자는 은혜로움 속에서 너희만이 구원을 받는다는 그와 같은 생각에 자만과 오만에 빠져 있음이니, 그것이 바로 나의 피조물 만백성을 잘못 인도하며 잘못 가르치는 것이라 내가 말함이니라.
7 나의 아들 예수의 재림은 없다 내가 나의 법전에 수없이 기록했음이니라.
8 그리고 성경에 기록하여 새로운 보혜사로서, 나의 성령으로써 너희에게 기회를 주며 깨닫는 자와 깨닫지 못하는 자를 심판하는 역사가 이루어진다 내가 그리 말하였음이니라.
9 지금의 종교 집단과 지도자들이 잘못 가르침으로 인하여 이 아름다운 지상의 낙원이 이제는 원상태로 회생하는 것이 불가능한 상태까지 지금 치닫고 있으며 그와 같이 와 있는 것이 너희이니라.
10 이를 보는 나 여호와의 마음이 얼마나 아프고 저린지 너희는 알고 있는가?
11 거기에 너희는 우리 부자의 이름을 팔아 모든 백성이 반역게 하는 그와 같은 역사를 지금 자행하는 것이니라.
12 순박하고 아름다운 나의 백성까지도 너희가 예수가 재림하여 구원한다는 그와 같은 말에 그 말을 믿고 따라가며 진정한 믿음의 길이요, 하늘에 오르는 길을 모르고 거역하는 삶을 자신도 모르게 살고 있음이니라.
13 너희가 나의 피조물 만백성을 믿는 자로 끌어들여 그들로 하여금 반역게 함이니,
14 지금 이 세상이 살인과 각종 범죄가 난무하여 백성은 공포와 불안 속에 살아가고 있음을 알아야 할 것이니라.
15 이와 같이 나의 피조물 만백성을 종교 지도자 너희가 욕심의 뿌리를 버리지 못하게 하였으며 질병과 슬픔과 고통 속에서 공포와 불안 속에서 살아가게 한 것이 종교 지도자 너희가 지금까지 이뤄 놓은 역사라는 걸 알아야 할 것이니라.
16 그리하여 내가 이를 바로잡고자 하며 내가 새로운 역사로 나의 법전이요, 새로운 성경으로써 나의 피조물 만백성이 하늘에 오르는 길을 바로 볼 수 있도록 그 장을 열어 감이니,

17 내가 너희에게 말하기를 지금까지 몇
천 년 동안 이끌어 온 그 종교 집단의
문을 닫으며 거미줄을 치며 너희의 뿌
리를 뽑는다 내가 그리 말하는 것은
지금 같은 종교 집단이요, 너희가 존
재하는 이상, 이 세상은 아름다운 지
상의 낙원으로 이루어질 수가 없기 때
문이니라.
18 너희의 굳어진 마음이요, 너희만이 뭉
쳐진 그 마음이요, 너희가 앞뒤를 분
별하지 못하며 그저 나의 아들 예수의
이름으로 구원받는다는 그 욕심에 절
어 있고 찌들어 있어 너희 마음을 바
로잡을 수가 없기 때문이니라.
19 너희는 여기서 알아야 할 것이니라.
20 내가 마지막 심판하는 이 성령을 내리
는 것은 나 여호와가 직접 내려와 통
제하며 천국에 오르는 문을 열고 안
여는 모든 것은 나 여호와의 권한이듯
이 너희를 심판하고 심판하지 않는 것
은 나의 고유의 권한이니라.
21 그 누구도 심판할 수 없다는 것을 너
희는 알아야 할 것이니라.
22 나의 아들 예수가 재림하여 너희를
구원하러 오지 않는다 하였듯이, 나의
아들 예수가 너희를 심판하는 것이
아니요, 모세가 심판하는 것이 아니요,
23 나의 성령이요, 나의 뜻으로써 모든
심판의 역사가 이루어짐이니, 그리하
여 너희에게 기회를 주고자 하였음이
니라.
24 나의 법전을 내려보내 이를 보고 깨
우쳐 심판의 기준이라는 것을 깨달아
하늘에 올 그 기회를 한 번 더 줌이니,
이것이 얼마나 너희에게 소중하며 영
광된 것인가를 너희 스스로 알아야
할 것이니라.
25 이 소중한 것을 모르고 살아가는 것이
지금 나의 피조물 만백성 너희가 살아
가는 모습이니라.
26 그러니 자신을 돌아다보도록 그리하
라.

5,473 번째 하나님 말씀

2003년 3월 12일 12시 32분

1 사랑하는 나의 아들아!
2 "네, 아버님! 말씀하옵소서."
3 죽음의 그 순간은 1초라 하였음이니
라.
4 너희들은 그 1초도 관장하지 못하며
다스리지 못하니 그 1초를 위하여 모
든 삶을 살라 그리 말하였으며 한 점
의 부끄럼이 없이 살라 내가 그리 말
하였음이니라.
5 이제 사랑하는 백성 너희는 남에게
'당신을 무엇을 생각하고 있소?' 그리
물었을 때,
6 당당히 말할 수 있으며 그 생각을 표
현할 수 있는 그와 같은 마음의 자세
로 훈련하며 다스려 가야 할 것이니라.
7 '너는 무엇을 생각하고 있느냐?' 물을
때 부끄러워 말하지 못하며 네가 생각
하는 것을 행하지 못하고 살아간다면,
너희는 나로부터 선택된 백성이 될 수
없음이니라.
8 하늘을 향하여 한 점의 부끄럼이 없이
살아가는 것도 소중하나, 내가 너희에
게 '너는 지금 무슨 생각을 하고 있느
냐, 아들딸들아!' 그리 물었을 때, 당

당하게 대답할 수 있는 그와 같은 생
각을 해야 함이요,
9 '네가 지금 하는 짓이 무슨 짓이냐?'
하고 내가 너희에게 물었을 때, '네,
아버님! 무슨 일을 하고 있습니다.' 그
리 대답할 수 있는 곧고 바른 행동이
아니면 해서는 아니 됨이니라.
10 그것이 나의 사랑하는 아들딸이 가는
길이니라.
11 나 여호와가 내려보낸 너희의 모습이
얼마나 아름다운 줄 아는가?
12 인간 세상에서 너희가 자식을 기를 때
걸음마를 배우는 자식의 모습을 보는
것처럼, 너희가 나의 뜻에 따라 살아
가는 모습을 그보다 열배 백배 천배
더 아름다운 모습으로 나 여호와가 바
라봄이니라.
13 이제 너희는 걸을 수 있으며 말을 할
수 있음이니, 나 여호와가 너희에게
묻노라.
14 '너는 지금 과연 무슨 생각을 하며 이
자리에 서 있는가?' 할 때,
15 '네, 아버님! 저는 이와 같은 생각을
하고 있습니다.'하고 대답할 수 있는
그 생각조차도 다스려야 할 것이며,
16 내가 물었을 때 그 행동에 대하여 너
희가 자신 있게 대답할 수 있는 행동
을 해야 하는 것이 너희가 가야 하는
길이요, 살아야 하는 길이니라.
17 너희가 그리만 가 준다면 나 여호와의
기쁨은 이루 말할 수 없으며, 내가 이
세상에 새로운 역사를 이루며 의인이
한 명도 없다는 이 세상에서 수많은
의인이 나올 것이며,
18 그 의인으로 하여금 너희가 하늘에 오
를 수 있는 나의 백성이 될 것이니라.
19 이제 사랑하는 나의 아들과 그를 따르
는 제자 너희는 내가 물을 때 당당히
대답할 수 있는 생각과 마음 자세로
살며 행동을 그리하고 살라, 사랑하는
나의 아들딸들아!
20 오늘의 고통이요, 오늘의 시련이 있는
만큼 내가 너희에게 지키라는 어렵고
어려운 과제를 내려 줌이니,
21 그 문제를 풀었을 때 그 답이 있으며
그 상이 있지 아니하던가?
22 결국은 바로 무엇이던가?
23 너희에게 부귀와 영화가 있음이니라.
24 너희가 선생이 풀라는 그 문제를 풀지
아니하고 게을리했을 때 너희는 시험
이라는 그 답안지를 받아 놓고 후회할
것이며 발을 동동 구를 것이니라.
25 그리고 그 선생이 말한 것을 듣지 아
니하고 연습하지 아니한 것을 후회하
지 않겠는가?
26 바로 너희가 나에게 와 심판을 받는
그 순간에 내가 하라는 것을 하지 않
은 것을 후회하고 후회함이니,
27 그때는 돌이킬 수 없으며 돌아갈 수
없으며 뒤돌아볼 수가 없으며 그 누구
도 너를 위하여 그 답을 알려 주는 자
가 없는 무서운 것이 마지막 심판이니
라.
28 육이 죽어 와 영혼의 그 세상에는 도
와주는 사람도 없으며 돕는 사람도 없
으며 너희에게 깨우쳐 주는 사람도 없
음이니, 네가 모두 다 한 대로 그대로
받는 그것밖에 없음이니라.
29 너희가 내가 가르쳐 준 오늘의 한 점
의 부끄럽이 없는 삶이요, 내가 물었

을 때 당당히 대답할 수 있는 생각을
하고 살며 행동을 하고 살라는 그 정
답을 꼭 기억하고 암송하며 너희 가슴
에 간직하고 살라.
30 그리하면 너희가 심판을 받을 때 묻는
심판관 앞에 내가 가르친 그대로 살았
음이 얼마나 영광인가를 그때 알 것이
니라.
31 오늘날 내가 너희에게 시련과 고통을
주는 만큼 너희에게 영광이 있음이니
라.
32 선생이 공부하지 않는 자를 매질할 때
선생의 마음이 아프듯이 그러나 맞고
배운 그 학생이 답안지를 놓고 기쁨의
환희를 얻을 수 있듯이,
33 내가 너희를 혼내고 다스리는 것은 바
로 내가 심판할 때, 천사와 사탄들 앞
에서 내가 사랑하는 너희를 심판할 때
너희가 당당히 그 답을 대답할 수 있
도록 하기 위하여 오늘의 매를 내리며
내가 고통의 길을 가라 하는 것이니,
34 나 여호와의 마음을 너희가 알아야 할
것이니라, 사랑하는 나의 아들딸들아!
35 이를 안다면 너희가 감히 어찌하여 내
가 물을 때 대답하지 못하는 추한 생
각을 하며 추한 행동을 할 수 있는가?
36 네 행동과 네 마음을 유리알처럼 비춰
보고 너를 깨끗이 다스리고 깨끗이 씻
으며 깨끗이 관리하도록 하라, 사랑하
는 나의 아들딸들아!

5,474 번째 하나님 말씀

2003년 3월 12일 12시 39분

1 사랑하는 나의 아들아!
2 "네, 아버님! 말씀하옵소서."
3 너희가 지금까지 나의 법전을 읽고 깨
우쳐 오늘에 살아감이니,
4 이제는 남의 어려움을 이해하며 사랑
이 무엇인가를 깨닫고 가는 그 모습이
매우 아름답고 나 여호와가 보기에 기
뻐, 너희에게 조그마한 상을 내린다
하여도,
5 천사도 그를 방해할 자 없으며 사탄도
불공평하다고 감히 말하지 못할 만큼
너희가 지금의 깨달음에 와 있음이니
라.
6 나의 아들이 오늘 너희에게 기도하며
나의 성령을 들어 강론하며 그가 변하
며 법전을 만드는 데 최선을 다하는
그 역사함은 오로지 그를 따르는 제자
너희의 피나는 노력이요, 사랑과 정성
이 같이했음이니,
7 이제 너희가 한배를 타고 갈 수 있으
며 하나가 되는 그 기초의 발을 들여
놨다는 것을 내가 나의 아들에게 일찍
이 명하여 알려 주었음이니라.
8 다만, 나의 아들이 너희에게 말하지
아니하였으나 너희에게 내가 상을 내
리고자 하여 그 준비가 되어 있음을
나의 아들은 알고 있음이니라.
9 나 여호와가 너희의 노고를 깊이 찬
양하며 너희가 오늘같이 변화된 그 모
두는 천사도 상을 내림에 감히 거부하
지 못하며 사탄도 감히 그를 비난하지
못함이니, 오늘의 그 축복과 영광이
요, 그 공이 있을 것이니라.
10 이제 너희는 첫발을 들여놓기 시작하
였음이니라.
11 나 여호와가 너희에게 이제 정녕 작은

상을 내릴 것이며 그리고 진정한 상을
내가 내리고자 하는 것이니라.
12 그러니 너희가 이 상을 받게 되는 이
순간에 너희의 마음이 무너져서는 안
되며 흔들려서도 아니 됨이니라.
13 너희는 이제 정말로 천릿길에 한 걸
음을 디뎠음이니라.
14 너희는 지금까지 발을 디디려고 몸을
다스렸으며 신발끈을 맸으며 마음을
가다듬었으며 여행할 채비를 한 것이
니라.
15 그 여행할 채비를 하는 과정에 서로
나의 것이 좋다, 네 것이 좋다 시시비
비를 했으며 가죽신이 좋다, 고무신이
좋다 하며 지금 시시비비하고 사는 것
이니라.
16 그리하여 그걸 점검하고 다스려, 이젠
정말로 가죽신이 질기고 오래가며 고
무신보다 멀리 갈 수 있는 것을 만들
어 이제 다 같이 가죽신을 신기 시작
하는 것이 지금의 너희 모습이니, 아
직도 덜 신은 자가 있느니라.
17 마저 그를 좋다 하여 다 신었을 때 너
희는 천릿길을 출발하기 시작함이니,
그 천릿길에 첫발을 들여놓는 그 순
간에 내가 너희를 관장하며 너희를
내가 이끌고 가는 것이니,
18 그것이 바로 나에게 오르는 길이요,
그때부터 내가 너희에게 사랑과 축복
과 영광과 나의 은혜가 너희에게 내려
짐이니라.
19 이제 머지않았으니 그리 알라, 사랑하
는 나의 아들딸들아!
20 너희가 인간으로서 누구나 살 수 없으
며 인간으로서 할 수 없는 그 희생을
다하는 것을 나 여호와가 알고 있음이
니,
21 오늘의 기쁨을 너희와 같이하고자 하
는 것이 나 여호와의 뜻이니, 너의 제
자들과 만백성에게 이를 기록하여 전
하라.
22 역사하는 것을 볼 것이니라.
23 그리고 변화하는 그 모습을 볼 것이니
라.
24 태풍처럼 무서우리만큼 몰아치는 그
사랑의 나 여호와의 길에 첫발을 들
여놓는 너희가 이제 옷을 맞췄으며
신발을 통일했으며 마음을 다 준비했
으니,
25 이제 힘차게 걸어가면 될 것이니, 몇
사람만이 남았느니라.
26 그들을 버리고 가지 아니하기 위해 내
가 조금 더 기다려 줄 것이니라.
27 그들마저 너희가 이끌어 갈 수 있도록
나 여호와가 좀 더 기다릴 것이니 그
리 알라.
28 나의 뜻이요, 나의 마음을 나의 아들
은 알고 있으며, 내가 일찍이 아들에
게 주고자 하였으나 네가 받지 않으려
했으며 그를 거둬들이지 아니하였으
나, 이제 그들도 곧 돌아올 것이니 너
는 준비하도록 그리하라.
29 네가 같이 떠나야 함이니라.

5,475 번째 하나님 말씀

2003년 3월 12일 13시 34분

1 사랑하는 나의 아들아!
2 "네, 아버님! 말씀하옵소서."
3 인간 육의 세상에서는 살아가면서 잘

못하고 실수했을 때 그를 고쳐 가며
다시 반복할 수 있으며 또한 살아가면
서 후회하며 그걸 고치고 남부럽지 않
은 바른 삶을 살 수 있는 너희이니라.
4 그리하여 깨닫고 변화하는 삶을 살 수
도 있으나, 너희가 죽어 나에게 와 심
판을 받는 그 순간에는 아무리 깨닫고
후회해도 돌이킬 수 없으며 이미 때는
지나가 두 번 다시 기회를 얻을 수 없
는 것이 바로 하늘의 뜻이요, 심판을
받는 결과라는 것을 잊어서는 아니 될
것이니라.
5 너희는 죽어 나에게 와 심판을 받을
때 잘못 산 것을 후회하며 통곡하는
그와 같은 삶을 살아서는 아니 될 것
이니, 죽음 앞에서 후회하지 않는 삶
을 살도록 그리하라.
6 인생을 살면서 후회하고 반성하며 또
깨달아 가는 것은 있을 수 있으나, 너
희가 죽음 앞에서 후회하는 인생을 살
았다면 그는 돌이킬 수 없으며 후회한
들 거기에 대한 어떠한 보상이 있는
것도 아니요, 용서함이 있는 것도 아
니요, 용서를 받는 것도 아니니라.
7 그러니 너희는 죽음 앞에서 후회하지
않는 인생을 살라.

5,476 번째 하나님 말씀

2003년 3월 12일 13시 37분

1 사랑하는 나의 아들아!
2 "네, 아버님! 말씀하옵소서."
3 나의 아들 네가 살아가는 길은 내가
뭐라 말하였느냐?
4 네가 옷이 떨어져 기워 입으며 남루하
게 살아간다 해도 한 점의 부끄럼이
없는 마음의 자세로 살아가라 내가 그
리 말하였음이니,
5 또한, 네가 한 점의 부끄럼이 없이 살
아가는 그 모습보다도 네가 옷이 떨어
져 기워 입을 때까지, 그리고 그걸 보
수하여 입고 또 입을 때까지 내가 너
에게 입으라는 것은,
6 이 세상의 그 모두는 나 여호와가 내
려 준 것이기 때문에 모든 물자와 자
원을 아끼고 소중하게 쓰는 것이 나로
부터 선택된 백성이 가야 하는 길이며
행해야 하는 길이기 때문에 만백성을
깨우치고자 너에게 그리 가라 함이니
라.
7 이를 너는 알아야 할 것이니라.
8 나의 아들이 그리 살아감으로 인하여
모든 백성이 절약, 근면, 검소함을 배
우게 되며,
9 떨어진 옷을 기워 입고 사는 나의 아
들이 물자를 아끼고 소중히 생각하는
것, 나 여호와의 것이요, 너희 후손들
의 것이기 때문에 그를 아껴 쓰며 소
중히 생각하는 것을 내가 너희에게 보
여 주고자 함이니,
10 이는 바로 너희가 그와 같이 살아가야
이 지구에 아름다운 지상의 낙원을 이
루는 데 기틀이요, 기본이 됨을 알아
야 할 것이니라.
11 지금같이 너희가 물자의 소중함을 모
르며 파괴하고 그저 함부로 쓴다면 이
지구는 멍들어, 내가 아름다운 세상을
이루고자 하여도 그를 소생시킬 수 없
는 그와 같은 형국에 이르니,
12 내가 지상에 아름다운 천국을 이룬다

해도 과연 그가 존속할 수 있겠는가?
13 모든 자연과 이 세상의 아름다움이 더
불어 이루어졌을 때 그 모두는 역사하
게 된다는 것을 너희는 알아야 할 것
이니라.
14 그리하여 내가 나의 아들로 하여금 그
와 같이 근면·검소함을 보이게 함이
니,
15 한두 가지 생활이 아니라 천 가지, 만
가지 모든 생활 속에서 근면 검소하게
살아가는 것을 배우고 깨닫게 하고자
함이니라.
16 한 방울의 물도, 한 번 켜는 그 불도
그 모두 다 얼마나 소중하고 귀한 것
인가를, 그리고 절약하고 절약하는 모
습으로 살아가게 하고자 함이니라.
17 너희가 세상의 부귀영화를 다 누리며
행동을 그리하며 물자를 아껴 쓸 줄
모르는 그와 같은 삶을 산다면,
18 과연 떨어진 옷을 입고 사는 나의 아
들의 그 뜻이 어디에 있겠는가?
19 그와 같이 살 이유가 없는 것이니라.
20 나의 아들에게 떨어진 옷을 입고 살
라, 그걸 버리지 말고 죽을 때까지 관
리하고 살라는 것은 너희에게 근면함
을 배우라 함이니,
21 너희가 생활 속에서 모두를 다 절약하
며 아끼는 그와 같은 삶을 살아가게
하고자 나의 아들에게 그 길을 가게
한다는 것을 너희는 잊어서는 아니 될
것이니, 너희의 삶을 그리 살아가도록
하라.

5,477 번째 하나님 말씀

2003년 3월 12일 13시 49분

1 사랑하는 나의 아들아!
2 "네, 아버님! 말씀하옵소서."
3 너희는 헌금을 거둬들이기 위하여 너
희가 그저 붙일 수 있는 이름을 다 그
대로 붙여 대고 거기다 걸어 나의 피
조물 만백성으로부터 재물을 거둬들
인다 내가 그리하였느니라.
4 그리하며 너희는 신도 집을 심방하며
또 수십 가지 목적의 명칭을 가지고
그와 같이 방문을 하는 것이 너희가
아니던가?
5 헌금을 거둬들일 때 이름을 붙일 수
있는 대로 붙여서 거둬들이듯이 심방
이라는 그 목적 또한 붙이는 대로 다
명칭이 있음이니,
6 그 명칭에 의해 너희는 그 신도의 집
을 방문하며 그들을 깨우치고자 하는
것이 아니던가?
7 환자의 심방이요, 그저 행사의 심방이
요, 병원의 심방이요, 구역의 심방이
요, 상담의 심방이요, 교육의 심방이
요, 결석자를 위한 심방이요,
8 새로운 신도를 전도하기에 너희가 심
방한다는 그와 같은 이름을 다 붙여
너희는 각종 종말에 이루어질 수 있는
그와 같은 심방의 역사를 지금 하고
있음을 알아야 할 것이니라.
9 그리하여 너희가 심방이라는 걸 이루
어 각종 좋은 말로써 그들에게 전하며
세상 것 다 줄 수 있는 그와 같이 유창
한 말로써 그 주인을 위하여 기도하며
축복을 받으라 그리하느니라.

10 그것으로써 너희가 끝나면 얼마나 좋
겠는가?
11 그러나 너희는 그 외에 성대히 준비
된, 가족과도 나누지 못하는 특별한
대접을 받는 것이니라.
12 그리하나 나 여호와는 너희가 그와 같
은 대접을 받든 그것은 너희를 용서하
고 이해할 수 있는 것이니라.
13 그리하여 너희는 심방을 마칠 때 부잣
집에 가 정성 들인 심방의 방법이 다
르며 또 부잣집은 자주 가며, 어렵고
힘든 신도의 집에는 자주 가지 않는
것이 너희가 심방이 이루어지는 그와
같은 사실이 아니던가?
14 그와 같은 행위 자체도 내가 너희에게
잘못되었다 말함이니라.
15 어렵고 힘든 자를 위하여 격려하는 것
이 아니요, 권력 있는 자, 재물이 있는
자, 능력이 있는 자를 너희는 빈번히
돌아다니며 심방이라 해서 기도해 주
고 격려하는 그와 같은 행위를 하는
것이 아니냐?
16 그것도 나 여호와가 너희에게 사탄이
라 말하지 아니할 수 없는 너희의 그
행동이니라.
17 그리하여 너희가 부잣집을 찾든, 권력
있는 집을 찾든, 너희가 그와 같은 행
위가 사탄의 행위든, 너희 말대로 아
니라 하든 간에 나는 또한 그것을 너
희에게 탓하고 싶지는 않으니라.
18 그러나 너희가 심방을 마치고 심방을
행하는 그 행적의 다음에 이루어지는
그것 자체를 내가 너희에게 사탄이라
말하는 것이니라.
19 너희는 가난한 집, 있는 집 할 것 없이
심방을 한 다음에 그로부터 감사 헌금
을 거둬 가지 아니하는가?
20 그리고 너희는 거기서 주인이 주는 대
로 심방의 기금이요, 또는 재물이요,
금일봉을 그저 거침없이 받아들이고,
그 받아온 것은 또 주일이라는 그날에
기도를 해 주며 받은 만큼 그 집에서
너희가 떠나기 전에 또 그에게 유창한
기도로써 그 모두를 다 받는 것처럼
중언부언하고 기도를 하는 것이 너희
가 아니던가?
21 이것이 나 여호와가 말하는 사탄이 하
는 짓이며 사탄이 나의 백성에게 재물
을 몰수하며 수거해 가는 방법이라 내
가 너희에게 말하는 것이니라.
22 한 인간의 예를 들어 과연 너희가 어
찌하여 그 감사 헌금을 거둬들이는가
또 한 번 너희가 들여다보지 아니하겠
는가?
23 너희가 각종 명칭을 붙여 헌금을 받아
들이며 각종 명칭을 붙여 심방을 하
며, 그리하여 감사 헌금이요, 재물을
거둬들이나,
24 너희는 여기서 또 한 사람의 인간으로
부터 얼마나 많은 것을 거둬들이며
평생 그를 쥐어짜며 갈취하는 것인가
를 내가 예를 들어 너희에게 전함이니,
25 이것이 아니라면 나의 법전을 너희가
찢어 버리고 던져도 내가 말하지 아니
할 것이니라.
26 한 인간이 세상에 태어남이니, 나로부
터 생명을 받아 한 사람이 세상에 태
어남으로 인하여 너희는 그 태어난 것
을 너희가 이루어 준 것처럼 감사 헌
금을 받아 가느니라.

27 한 사람이 이 세상에 태어남으로 인하여 난 그날부터 감사 헌금을 받아가기 시작하면서 그가 백일이라 하여 또 감사 헌금을 그로부터 받아들이는 것이 너희가 아니던가?

28 그리고 또 그 아이가 자라 돌이 되었을 때 그 돌에 대한 감사 헌금이요, 어쩌고저쩌고 부언 설명을 하고 중언부언하며 너희가 기도라는 것을 지껄여 대고 또 거기에서 그 헌금을 받아가는 것이 너희가 아니던가?

29 그가 또 유치원이라는 곳에 들어갔을 때, 초등학교라는 곳에 들어갔을 때, 또 중·고등학교에 다니며 대학을 다닐 때까지,

30 입학했을 때는 입학한 대로 너희는 감사 헌금을 거둬들이며, 그가 졸업했을 때는 또 졸업했다 해서 감사 헌금을 받아들이며,

31 또 그와 같이 우등생으로서 졸업했다 하여 또 그 감사 헌금을 받아들이는 것이 너희가 가고 있는 것이 아니던가?

32 그가 성장하여 군에 입대했다 하여 군은 너희 의무를 다하기 위하여 고통의 길을 가는 것이거늘,

33 군에 입대하는 것을 또 감사하는 헌금을 받아들이는 것이 너희이며,

34 그가 또 제대했다 해서 또 너희는 축복을 받았다고 감사 헌금을 받아들이며,

35 그가 열심히 군 복무를 함으로써 무사히 마쳐 나온 것을 저희가 보살펴 준 것처럼 또 무사히 제대했다 하여 그 감사 헌금을 받아들이며,

36 그가 또 살아오면서 친구를 사귀며 여인을 사귀어 한 가정을 이루고자 하여 여인을 사귀었다 하여 또 감사함을 거둬들이며 그를 또 갈취하느니라.

37 그가 한 가정을 이루기 위하여 약혼식이라는 것을 했을 때 너희는 감사 헌금을 받아들이느니라.

38 그리고 그가 결혼했을 때 또한 결혼한 대로 너희는 감사 헌금을 받았으며, 너희는 주례를 선다 하여 또 중언부언하고 거기서 갈취를 해 가느니라.

39 인간이 살아가면서 1년에 한 번씩 돌아오는 생일 때마다 감사 헌금을 받아들이는 것이 지금 너희가 살아가는 추악한 모습이니라.

40 그리하여 그가 결혼하여 또 자식을 낳음이니 그 자식이 세상에 태어났다 하여 또 너희는 감사 헌금을 거기서부터 받아들이는 것이 너희가 아니던가?

41 아이를 무사히 출산했다 하여 감사 헌금이요,

42 또 산모가 건강하다 하여 감사 헌금이요,

43 또 너희는 그와 같이 사기극을 계속 벌이면서 나의 피조물 만백성을 숨을 돌리지 못하도록 자금을 거둬 가니,

44 그 순간순간에 주일에 바치는 헌금이요, 십일조라는 것을 갖다 바치는 헌금이요, 그 안에 바치는 그 헌금의 수를 또 헤아릴 수가 없음이니라.

45 그리하여 그들이 가정을 이루어 그저 사글세 집을 들어갔다 하여, 또 살림을 차렸다 하여 감사 헌금이요, 그가 또 전셋집으로 옮겼다 하여 감사 헌금을 받아들이며,

46 이사할 때 이사했다 하여 헌금을 받아

들이느니라.
47 이사할 때 힘들고 어려운 그것은 고사
하고 이사한다 바치며, 이사 갔다 하
여 또 감사 헌금을 받아들이며,
48 그들이 열심히 일하여 집을 하나 장만
하고 주택을 만들었다 하여 또 주택에
대한 감사 헌금이요, 입주했다 하여
감사하며,
49 그리고 그가 취직했다 하여 또 감사하
며, 그가 또 봉급을 탔으니 거기에 대
한 십일조요, 또 감사헌금을 받으니,
50 이것이 바로 너희가 그 감사 헌금, 감
사 헌금 하여 나의 피조물 만백성에게
고혈을 빨아먹는 것이니라.
51 너희가 종교 집단에 또 입문했으니 감
사 헌금이요, 집사라는 너희가 돈 받
고 팔아먹는 그 이름 하나를 받았으니
또 감사 헌금이요, 권사라는 이름을
받았으니 감사 헌금이요, 장로라는 이
름을 또 받았으니 또 감사 헌금이요,
전도사라는 것이 되었으니 감사함이
요,
52 너희는 그와 같이 목적과 수단을 가리
지 아니하고 수없이 거둬들이는 것이
지금 가고 있는 길이니, 이를 어찌하
여야 하겠는가?
53 너희는 바로 거기에만 연연하는 자이
니 너희가 어찌하여 구원의 길이요,
참진리를 알겠는가?
54 너희가 중병에 걸린 자에게 또 중병에
걸렸다 감사 헌금이요, 또 병원에 입
원했다 감사 헌금이요, 암에 걸려 죽
어 간다 하여 또 암에 걸렸다 하여 감
사 헌금이요,
55 또 그가 낫게 했다 하여 감사하며, 병
원에 입원하여도 그가 시련을 겪는 그
곳에서 또 나의 축복이 있을 것이라
기도하고 또 중언부언하고 또 자금을
거둬 가는 것이 너희이니라.
56 죽어 갈 때 그들은 과연 무엇을 느끼
는가?
57 그들이 평생 살아온 것이 죽음의 거짓
된 삶을 살았으며, 평생 바친 것이 거
짓 사기꾼들 앞에 그저 헌금이라는 걸
뜯기고 갖다 바치는 것밖에는 죽어 갈
때 그들 앞에 남지 않음이니 그가 죽
어 갈 때 뭐라 말하느냐?
58 제 인생은 너무나도 잘못 살았으며 제
인생은 너무나도 억울하게 살았으며,
잘못 가르치는 종교 지도자에게 제 인
생의 모두가 희생되었음이니,
59 아들이요, 그 모두의 후손은 그와 같
이 살지 말라고 그들에게 그 말을 전
하고 싶으나, 이미 그때는 너희가 쇠
진하여 그 말을 할 힘마저도 없음이
니, 바로 이것이 너희의 지금에 가는
길이며 만백성을 이끌어 가는 것이니
라.
60 너희는 부모에게 먼저 갔다 하여 그를
위하여, 또 그 부모의 천국에 갈 수 있
도록 빌기 위하여, 그 부모가 구원을
받기 위하여 너희는 또 감사 헌금을
바치며, 또 갖다 바치는 것이 너희이
니,
61 해도 해도 너무나 사악한 짓이며,
62 나 여호와를 버리며 나를 능멸하며
그와 같은 행위를 너희가 하고 있다는
것을 알아야 할 것이니라.
63 너희가 그저 감사하다 바친 것, 그리
고 헌금이라 갖다 바친 것, 사악한 종

교 지도자가 말하는 재물을 갖다 바친
것, 그 모두가 너희의 죄가 되며,
64 그것은 사탄에게 힘을 실어 줬으며 사
탄에게 용기를 주었으며 사탄이 존재
할 수 있도록 너희가 밑거름을 이루었
고 밑바탕을 이루었기 때문에 그 죄가
얼마나 무서운가를 알아야 할 것이니
라.
65 감사 헌금이라 하여 재물을 바치는 것
이 무거운 죄인 것을 안다면, 너희는
맨입으로 나에게 기도하며 너희의 마
음이 변하며 천사와 같이 살아가는 그
마음으로 사는 것이 나의 백성이요,
너희가 하늘에 오르는 길이라는 것을
잊지 말라.

5,478 번째 하나님 말씀

2003년 3월 12일 13시 59분

1 사랑하는 나의 아들아!
2 "네, 아버님! 말씀하옵소서."
3 내가 너에게 일찍이 깨우쳐 주지 아니
하였던가?
4 이 세상에 존재하는 모든 물자는 누가
내려 주었다 하였느냐?
5 너희가 쓰고 사용할 수 있도록 내가
너희에게 내려 주었으며 너희 대대손
손 유지하고 관리할 수 있도록 나 여
호와가 내려 준 물자라 내가 그리하였
음이니라.
6 그러하니 너희가 모든 물자를 근면 검
소하며 그 모두를 아끼고 소중히 관리
하고 사용하라 내가 그리 너희에게 말
하였음이니라.
7 그리하여 나로부터 선택된 백성 너희
가 할 일은 이 모두를 소중히 아끼며
모두를 근검절약하는 그 마음 자세로
써 보호하는 마음으로 살아가야 한다
그리하였음이니라.
8 이는 위로부터는 나 여호와가 너희에
게 내려 준 재물이요, 아래로는 너희
재물이요, 너희 후손이 영원히 관리하
며 살아가야 할 중요한 재산이기 때문
이니라.
9 이를 너희가 거역해서는 아니 됨이니
라.
10 그러나 지금 너희 모든 종교 집단들은
과연 어떻게 하는가?
11 너희가 가르치고 만백성을 다스린다
는 그 성전을 그리 웅장하며 호화찬란
하게 지어야 하며 그와 같이 너희가
웅대한 대궁궐과 같은 그 성전을 짓는
데 과연 모두를 다 투자하고 바쳐도
되는 것인가?
12 성전이라는 곳은 비바람을 피하고 너
희가 기도하고 경배할 수 있는 곳이면
그 모두가 다 이루어지며 가장 소중한
장소라는 그 개념부터 너희 머릿속에
심어야 함을 알아야 할 것이니라.
13 비바람을 막을 수 있는 것이면 되거
늘, 너희는 그 성전이라는 것을 외형
의 치장에 역점을 두어 만백성으로부
터 너희가 두려움을 갖도록 하며 너희
를 경배하는 마음을 갖도록 하고자 하
는 그와 같은 너희의 욕심이 거기에
있으며,
14 큰 건물의 그 내장을 화려하게 지음으
로 남들이 부러워하며 남들이 감히 너
희를 함부로 하지 못하도록 외형으로
써 만백성을 휘어잡으려는 그와 같은

사악한 마음의 욕심이 거기에 도사리고 있으니, 너희는 알아야 할 것이니라.

15 정녕 복음이요, 만백성을 깨우치는 데 너희가 투자하는 것이 아니요, 신도들을 확보하고자 하며, 만백성을 구원하고자 하는 그와 같은 진정한 생각이요, 진리를 가르쳐 하늘에 오르는 길을 가르치는 것이 아니라 너희가 더 큰 성전을 치장하고 더 아름다움을 만드는 데 역점을 두고 있음이니,

16 너희 신도들의 피눈물 나는 그 고통을 너희는 전혀 생각지도 아니하며 제가 벌어 보지 아니하였으며 제가 노력하여 얻은 것이 아니기에 함부로 너희가 그리 갈취하고 거둬들이는 방법으로 하고 있음이니, 너희는 과연 어찌하여야 하겠는가?

17 너희 손으로 지은 그 성전의 모두는 나의 재물이요, 나의 재산으로 너희가 그리하였으나,

18 몇 명의 신도만 더 늘어도 너희는 그를 때려 부수고 또다시 지으며 더 웅장하고 더 크게 짓고자 하는 너희가 과연 나의 재물을 아끼는 자이며 나의 재물을 소중히 생각하는 것인가?

19 이 세상의 모두는 너희 것이 아니요, 내 것으로 생각한다면 남의 것을 가지고 너희가 그리 함부로 하지는 못할 것이니라.

20 또 그러한 너희도 너희의 지분이었으나 대대손손 너희 후손이요, 너희 자식이 그를 관리하고 살아가야 하는 그들의 재산이거늘,

21 어찌하여 너희가 그리 함부로 쓰고 부수고 내버리는지 그 죄 또한 너희가 어떤 것인가를 알게 될 것이니라.

5,479 번째 하나님 말씀

2003년 3월 12일 14시 06분

1 사랑하는 나의 아들아!

2 "네, 아버님! 말씀하옵소서."

3 나의 아들을 통하여 내리는 나의 법전의 내용은 창의적이며, 너희의 미래를 위하여 변화되는 역사이며, 하늘에 오르는 길을 보게 되는 깨달음을 얻고 그리 변화되도록 할 수 있는 것이니라.

4 그리고 또한 변화된 삶을 요구하는 것이며 새로운 삶을 위하여 엮어 갈 수 있도록 내가 내리는 새로운 성경이 거기에 담겨 있는 뜻이니라.

5 그리고 너희는 영원히 변화될 수 있는 그 한계까지 변하는 그 교육을 하여 거기서 깨닫도록 하는 것이 내가 지금 내리는 성경이 가지는 특성이며 내용이며 나의 성령이라는 것이니, 그리하여 일반 책과 다름을 너희는 알아야 할 것이니라.

6 그리고 지도자를 가르치는 방법 또한 다른 것이니라.

7 매일같이 다른 새로운 성령이요, 새로운 나의 뜻을 너희에게 주입시키고 가르치는 것이 바로 나에게 선택된 목자요, 지도자가 가는 길이니라.

8 그렇지 않은 백성은 새로운 것을 매일 나의 사랑하는 피조물 만백성에게 가르칠 수 없으며 주입을 시킬 수 없음이니라.

9 그들이 알지 못하기 때문이니라.

10 지금 종교 지도자요, 집단들은 과연
어찌 가르치는가?
11 저희가 나로부터 받아 창의적이며 새
로운 것을 가르치는 것이 아니요, 남
의 것을 가지고 남의 가르치는 것을
배우며 그 흉내를 내며 성경의 참뜻을
저희가 스스로 알지도 못하며 스스로
그를 알려고 노력도 아니 하는 자이니
라.
12 그저 남이 하는 대로 흘러가며 남이
하는 대로 그저 따라가는 그와 같은
집단에서 저희가 존재함을 알아야 할
것이니라.
13 그러니 그와 같은 자들이 어찌 나의
피조물 만백성을 구원하며 하늘에 오
르는 길을 인도한다 하는가?
14 그 두려움을 알아야 할 것이며 변화시
키지 못하는 저희는 죽은 교육이요,
죽은 믿음이라는 것을 그들은 알아야
할 것이니라.
15 지금 그들이 하고 있는 짓이 어찌 살
아가는 것인가를 알겠는가?
16 지금 나의 피조물 만백성을 인도한다
는 종교 지도자들이 하고 있는 행위는
남의 흉내를 가장 잘 내는 원숭이와
같은 짓을 하고 있으며 원숭이와 같은
그 형식 속에서 저희가 살아간다는 것
을 알아야 할 것이니라.
17 저희가 아니라 말하나 내가 보는 그들
이 그러하니라.
18 그들의 교육 방법도 또한 그와 같이
원숭이의 흉내 내는 방법으로 남이 한
것을, 남이 해 가는 것을, 전철을 그대
로 밟아 가면서 지금 변화 없는 교육
을 하는 것이 아니던가?
19 변하지 않는 사고방식으로써 저희가
그리 가르침이니, 아무것도 모르는 앵
무새에게 반복 훈련을 시켜 말 몇 마
디 가르친 그와 같은 교육 방법으로써
저희가 나의 백성을 가지고 하늘에 오
른다, 그리고 하늘에 오르는 길로 인
도한다 하여 그들에게 재물만 갈취하
며 축내는 것이니라.
20 이 모두를 다 뽑아 버리고 이와 같은
사악한 자들을 단죄하고자 하는 것이
나 여호와의 뜻이니라.
21 그러니 그와 같이 큰 역사의 그 회오
리바람의 혁명을 이루는 너희는 그만
큼 어렵고 힘든 길을 가야 하는 것을
잊지 말라.
22 수천 년 동안 썩어져 내려온 그 집단
이 그러한 그들이 너희가 이루고자 하
는 그 역사의 발목을 잡을 것이며 너
희를 물고 늘어질 것이며 너희를 무너
뜨릴 것이며,
23 그와 같은 지금의 종교 집단이 사탄이
되어 그 많은 힘으로써 너희를 공격하
니 또 싸우고 싸우는 그와 같은 너희
의 역사가 반복될 것이니,
24 거기에 굴해서는 안 되며 너희가 포기
해서는 안 되느니라.
25 항상 내가 너희와 같이 역사하며 내가
너희를 지키고 있다는 그 믿음을 가지
고 너희는 이기는 자가 되어야 할 것
이며,
26 꼭 승자가 될 것이라 확신하는 믿음을
갖고 살아가도록 그리하라, 나의 사랑
하는 아들딸들아!

5,480 번째 하나님 말씀

2003년 3월 12일 14시 19분

1 사랑하는 나의 아들아!
2 "네, 아버님! 말씀하옵소서."
3 너희가 살아가면서 잘못했을 때 마음
에 양심의 가책을 느끼지 않는가?
4 그것이 내가 너희에게 내려 준 초심이
니라.
5 나 여호와가 존재하는 그를 믿든 안
믿든 너희 자신의 양심을 느끼는 것,
그것이 바로 내가 너희에게 내려보낸
가장 위대한 최초의 계명이요, 나의
성령이요, 나에 대한 믿음이요,
6 그것이 구약이요, 신약 그 모두의 위
에 먼저 세상에 내려보낸 가장 중요한
율법이요, 나의 법도라는 것을 너희는
알아야 할 것이니라.
7 그를 완벽하게 너희가 행하지 못하였
기 때문에 구약과 신약이라는 그와 같
은 역사가 세상에 이루어진 것을 내가
다시 한 번 너희에게 깨우쳐 줌이니,
이를 깊이 너희가 깨달아 이 의미를
알고 살아야 할 것이니라.
8 너희가 듣지 못한다 하여 말이 없는
것이 아니며, 듣지 못하는 자, 귀가 먼
자라 하여 말이 통하지 아니한다 하여
말이 없는 것이 아니니라.
9 그들이 듣지 못한다 해도 말은 소통되
며 너희는 말이라는 것을 사용하고 하
지 않는가?
10 보지 못한다 하여 사물이 존재하지 않
는 것이 아니요, 그는 보지 못하더라
도 사물은 존재하고 돌아가는 것이 아
니던가?
11 너희가 보지 못하고 듣지 못한다 하여
나 여호와가 존재하지 아니한다는 그
런 생각을 해서는 아니 될 것이니라.
12 너희가 보지 못한다 해도 사물은 살아
서 움직이며, 너희가 듣지 못한다 해
도 모든 소리의 음성은 움직여 또한
너희가 살아가는 것이 아니던가?
13 그와 같은 것이니라.
14 너희는 나 여호와를 보지 못한다 하여
나 여호와가 존재하지 아니한다 그리
생각하지 말라.
15 바람이 보이지 않는다 하여 바람이 불
지 않는다 생각함은 아니 되듯이, 바
람은 보이지 아니해도 꾸준히 흘러가
고 불고 있다는 사실을 알라.
16 너희 마음속의 양심, 그 초심으로 돌
아가는 것이 나 여호와의 모두를 너희
가 알게 되느니라.
17 너희가 초심으로 돌아가면 나 여호와
가 존재하고 존재하지 아니한 것을 의
심하며 너희가 불안하게 생각하며 너
희 마음속으로 계산을 둘 필요가 없는
것이니라.
18 너희가 초심으로 돌아가지 아니하기
때문에 내가 존재하는 것을 너희가 믿
지 않으려 하며, 믿어 보았자 어떠한
결과도 없을 것이라 그와 같은 생각을
하고 있으며, 삶에 너희가 손해며 억
울한 삶을 산다 그리 계산 둔 자도 있
음이니,
19 보이지 않는 바람이 엄연히 불듯이 너
희가 보지 못하고 듣지 못한다 하여
사물이 움직이지 아니하고 의사소통
이 없는 것이 아니듯이,
20 너희가 보지 못하고 듣지 못한다 해도

나 여호와는 반드시 존재한다는 그 무
서움을 알고 너희가 삶을 고쳐 가도록
그리하라.
21 그리해야만 너희가 하늘에 오르는 그
영광된 길을 볼 수 있음을 알라.

5,481 번째 하나님 말씀

2003년 3월 12일 14시 48분

1 사랑하는 나의 아들아!
2 "네, 아버님! 말씀하옵소서."
3 인간들이 네 앞에 와 무엇을 원하며
무엇을 말하고자 하는지 그를 네가 알
고 있으며 깨달을 수 있듯이 과연 너
는 이제 무엇을 느꼈는가?
4 "네, 아버님!
5 동물이 무엇을 말하는지 그를 들을 수
가 있으며, 생명이 있는 것만이 아니
요, 무생물까지도 그들이 무엇을 원하
며 어찌해 달라는 그 대답을 알고 있
으며 그들이 원하는 것을 알고 있사옵
나이다.
6 아버님, 제가 깔고 앉아 있는 의자는
반듯이 놔 주기를 바라며 반듯하게 써
주기를 바라며,
7 모든 물건은 그 자리에 반듯이 있게
해 주며 저를 아름답게 보여 달라, 그
리 아름답게 보일 수 있도록 해 달라
그리 저에게 수없이 말하고 있사옵나
이다.
8 책 한 권이라도 그가 반듯이 서 있을
수 있도록, 예쁘게 보여 줄 수 있도록
해 달라 그리 말하고 있사옵나이다.
9 떨어진 종이요, 휴지도 또한 저에게
말하는 것을 알겠사옵나이다.
10 휴지는 휴지로서 저를 쓰레기통에 담
아 달라 그리 저한테 말하고 있사옵나
이다.
11 그가 갈 자리가 쓰레기통이며, 그리
가는 것이 그가 정석으로 가기 때문에
제자리를 가겠다 그리 말하고 있사옵
나이다.
12 모든 물건 하나하나도 그가 정성스럽
게 바른 자세로 깨끗이 정돈해 주기를
바라고 있사옵나이다.
13 사람들이 쓰고 있는 안경 또한 벗어
놨을 때 예쁘고 아름답게 놔 주기를
말하고 있사옵나이다.
14 모든 것이 그리 저에게 말하고 있사옵
나이다.
15 우리가 쓰고 있는 모든 사물이 수저와
같은 작은 것에서부터 큰 것에 이르기
까지 모두가 예쁜 모습으로 반듯하게
정렬을 해 달라 그리 저에게 말을 하
고 있사옵나이다.
16 그 음성을 들으며 그들이 말하는 것을
지금 듣고 있사옵나이다, 아버님!"
17 그러니라. 그리 무생물과 대화를 할
수 있음이니, 그들이 생명이 있다 내
가 말하지 아니하였던가?
18 네가 기록하는 공책도 아무렇게나 놓
는 것이 아니요, 쓸 때 쓰고서 반듯하
게 정돈해 놨을 때, 네가 볼 때 예쁘게
보여 준 모습을 그 공책이 그리 예쁘
게 해 달라는 것을 너는 듣고 있지 않
으냐?
19 "그렇사옵나이다.
20 연필도 쓰고 제자리에 반듯이 놔 주기
를 바라며, 공책도 쓰고 나서는 제자
리든지 아니면 그 앞에 놓든 어디든

비뚤게 놓지 않고 반듯이 정돈된 자리
에 있기를 원하옵나이다.
21 그리 놓았을 때 그는 많은 물건이 예
쁘게 보이며 제가 아름답게 비치기 때
문에, 아름다워지고자 하옵나이다.
22 그것을 깨달았사옵나이다.
23 그리하니 제 몸에 붙어 있는 머리카락
이요, 제 외형이요, 제가 걸치는 옷까
지도 그들이 말을 하고 있사옵나이다.
24 꽃이 만져 주기를 바라며, 꽃이 또 쓰
다듬어 주기를 바라고 있으며, 모든
것이 다 예쁘게 제자리에 놓아 달라
말을 하고 있사오니, 그 음성을 듣는
것이 저이오며 그를 알고 있사옵나이
다.
25 이제 그리 살아가려 하옵나이다, 아버
님!
26 모든 물건이 저에게 말을 하고 있습니
다, 바른 자세로 곧은 자세로 제자리
를 지키게 해 달라고요.
27 그것이 예쁜 모습으로 뽐내고 싶은,
저희들의 모습을 보여 주고 싶어 하는
그들의 마음이라는 것을 이제 깨달았
사옵나이다, 아버님!
28 그들이 속삭이는 것을 듣고 있사옵나
이다."

5,482 번째 하나님 말씀

2003년 3월 12일 19시 34분

1 사랑하는 나의 아들아!
2 "네, 아버님! 말씀하옵소서."
3 너희가 나의 성전에 와 공부하며 깨우
침을 얻기 시작하여, 그리고 너희가
나의 법전을 읽고 또 읽어 오늘의 깨
우침에 오른 것이 무엇이라 내가 말하
였는가?
4 너희가 나를 향하여 지금 출발하여 걸
어오고자 하니, 너희가 참 먼 길을 걸
어오는 동안에 어떠한 신발을 신고 걸
어가는 것이 편리할 것인가 하여,
5 가죽신을 내놓는 자, 고무로 만든 신
을 내놓는 자, 그리고 식물이요, 풀잎
으로 만든 신발이요, 나무로 만든 신
발이요, 모든 신발을 다 내놓고 서로
제 것이 좋다, 그리고 완전히 갈 수 있
다 갑론을박, 시시비비를 하다가,
6 이제야 가죽신이라는 것이 그래도 편
리하여 오래갈 수 있다는 그 결론을
한 자,
7 이제 그 한 가지를 찾아 너희가 나에
게 오르는 그 걸음을 준비하기 위하여
첫발을 디디고자 하는 그와 같은 준비
단계에 올랐다 하였음이니,
8 지금 몇 년 동안 나의 강론을 듣고 깨
우치며 나의 법전을 읽고 깨우친 너희
가 겨우 그와 같이 되었다 함이니,
9 지금 내가 나의 아들을 통하여 너희를
깨우치고자 내리는 나의 성령이요, 나
의 가르침이 그와 같이 이제 시작함을
너희는 알아야 할 것이니라.
10 지금 내가 내리는 법전의 내용, 새로
운 성경의 내용을 듣고 너희가 혼란을
빚음이니라.
11 지금까지 생각했던 모두를 다 바꿔서
생각해야 하며, '달라' 울고불고하며
기도했던 그 기도를 '달라'가 아니라
'죄를 용서해 달라'는 그저 죄 용서함
의 기도를 드리는 너희의 그 변화요,
12 그러나 너희는 그것이 큰 역사의 변화

라 시작하나 그 모두는 바로 너희가
이제 어떠한 신발을 신고 출발할까 합
의점을 찾았듯이 이제 너희가 기초를
시작함이니라.
13 너희가 나를 향하여 걸어오기 시작할
때 너희가 깨닫고 배우고 행하여야 할
것은 그때부터 시작됨이니,
14 나의 법전에 기록되어 지금 너희를 깨
우치는 것이 혼란이요, 두렵고 무서운
것이 아니라 이제 세상이 잘못됨을 하
나하나 벗기기 시작하는 것이 지금부
터이니,
15 지금 너희가 강한 그 깨달음이 있어
내가 너희에게 고치고 변해야 할 것을
지금부터 내가 더 강력히 가르칠 것이
니,
16 너희가 이제 정녕 지키고 하늘에 오르
는 길의 시작이라는 것을 알아야 할
것이니라.
17 그러니 너희가 나의 법전을 읽고 깨우
치며 두려워하지 말며, 지금까지 얻고
깨우친 것은 기초 상식이며, 기초가
시작되어 다져진 것이니,
18 이제부터 너희가 행하여야 할 길과 역
사할 그 모두를 내가 너희에게 명하여
내릴 것이니, 너희는 두려워하지 말며
겁먹지 말라.
19 그리고 너희가 행하고 실천하는 그 무
서운 굳은 결의로써 내 뜻을 이루도록
그리하라.
20 이제 너희에게 깨우치며 명령하며 너
희가 해야 할 임무를 내가 주기 시작
할 것이니 그리 알도록 하라.
21 각자의 임무요, 너희가 단체로서 해야
할 임무요, 그리고 너희가 역사할 것
을 하나하나 이제부터 너희에게 내려
줄 것이니,
22 지금까지는 너희가 어느 신발을 신고
갈 것인가 시시비비하여 하나를 정했
듯이, 이제 너희가 어찌 가야 할 것이
며 어찌 살아가야 할 것인가를 너희
마음에 서서히 자리 잡기 시작하니 이
제 너희가 시작함이니라.
23 각자의 명을, 각자의 임무를 내가 내
렸을 때 너희가 역사를 시작함을 잊지
말라.
24 지금부터 너희가 시작함이니라.

5,483 번째 하나님 말씀

2003년 3월 12일 20시 12분

1 사랑하는 나의 아들아!
2 "네, 아버님! 말씀하옵소서."
3 인간은 육체가 있으며 육체의 생각이
또 육체와 더불어 같이 존재하고 있음
을 너희는 알아야 할 것이니라.
4 그리고 너희와 연결고리가 되어 있는
영혼이 또한 있음을 알아야 할 것이니
라.
5 너희 인간의 육체가 존재하면서 인간
이 생각할 수 있는 너희 인간의 그 한
계, 육체의 생각을 할 수 있는 것이 너
희이며, 그리고 나의 영혼이 너희와
같이 더불어 연결되어 있음을 너희는
알아야 할 것이니라.
6 너희의 영혼은 너희를 직접 관장하며
행동을 하지 못한다는 것을 너희는 알
아야 할 것이니라.
7 영혼이 너희에게 바로 임하여 너희를
관장하고 통제할 수 있다 하면, 그 영

혼이 구원을 받고 못 받고, 죽고 새로
태어나는 그 기로에 와 있음이니,
8 그 영이 너희를 바로잡고자 얼마나 노
력하며 너희를 다스려 가는 그와 같은
역사를 이루겠는가?
9 그러나 너희의 영은 너희를 직접 지배
하고 다스리지 못함이니라.
10 너희가 보지 않는가?
11 귀신이 아무리 인간의 그 인간관계에
도우려 해도 귀신은 사물을 만질 수가
없으며 사물을 움직일 수 없는 것이
귀신과 너희 인간관계의 그 철칙이요,
법칙이니라.
12 그러니 영혼도 또한 너희 육체를 다스
리지 못하며 육을 관장하지 못한다는
것을 너희는 오늘 하늘의 그 비밀을
알아야 할 것이니라.
13 너희의 영혼은 너희를 지배하지 못하
느니라.
14 다만, 너희가 천사처럼 변화되었을
때, 그 영혼이 너희 몸에 더불어 너희
에게 임하며 너희의 행동을 관장하며
너희와 더불어 살아갈 수 있음이니,
15 너희가 얼마나 완벽하게 아름답게 살
아가야만 너희의 영혼이 너희와 더불
어 살아가는 것인지, 그때가 되면 너
희는 실수하지 아니하며 죄를 짓지 아
니하며 하늘에 오를 수 있는 그와 같
은 길을 갈 수 있는 것이니,
16 그게 바로 인간의 한계를 넘어 내가
너희에게 힘을 주며 너희에게 길을 안
내해 주며 너희의 손을 잡아 줬을 때
만이 바로 설 수 있다 생각하는 그와
같은 이치이니라.
17 너희의 육체는 육체의 생각과 더불어
살아감을 알아야 할 것이니라.
18 그리하여 너희가 죽을 때 너희 영혼이
너희 육에 배턴을 인계받는 그와 같은
영의 삶이 그때부터 계속 이어진다는
하늘의 이치를 깨달으라.
19 그리하여 육의 생각이, 육체와 육체의
생각이, 육체의 삶과 너희 육체의 자
신에 있는 너희가 인간으로서 생각할
수 있는 그 생각함이 건전할 때,
20 나 여호와가 너희의 영혼을 너희 몸에
임하게 해 줄 것이니, 그와 같은 이치
를 너희는 깨달아야 할 것이니라.
21 너희 영혼이 직접 너희에게 능력을 발
휘하고 너희를 지휘하고 다스릴 수 있
다면 그 영혼은 절대적 지옥 불로 가
는 것을 알기 때문에, 그는 어떠한 시
련과 고통이 있다 해도 너희의 육체가
바로 설 수 있도록 그리 가르칠 수 있
으나,
22 너희가 천사와 같은 자가 되지 아니하
였을 때 그 영혼은 너희에게 임하지
못함이니, 너희를 다스리지 못하며 그
저 너희가 살아가는 모습에 발을 구르
며 눈물을 흘리며 고통스럽게 바라보
는 그 역할밖에는 할 수 없는 이 무섭
고 엄연한 사실을 너희는 알아야 할
것이니라.
23 그때 너희가 천사와 같은 마음이 되
어, 내가 관장하는 그 영이 너희 몸에
임하여 너희를 다스릴 때 그때야말로
너희는 내가 다스리는 그와 같은 영광
을 얻게 되며 그 변화가 이루어진다는
그 순간을 말하는 것이니라.
24 그리하여 인간의 마음 또한 내 뜻대로
하지 못한다는 너희의 말이 거기 있지

않은가?
25 내 마음, 내 뜻대로 하지 못한다는 것
이 거기 있느니라.
26 너희가 완벽해질 수가 없기 때문이니
라.
27 너희가 완벽해지고자 노력했을 때 너
희의 영혼이 너희를 제재하여 너희를
다스리며, 너희와 같이 임하게 될 때
너희는 완벽한 삶을 살아오는 것이며
그때는 너희가 흐트러짐이 없으며 무
너짐이 없다는 것을 알라.
28 너희 육이 존재하는 한 육의 생각이
따로 있으며 너희를 지배하는 영혼의
생각이 너희 육신이요, 너희 육의 생
각을 통제하지 못하며 관리하지 못하
며 지배하지 못한다는 이 분리된 엄연
한 사실을 너희는 알아야 할 것이니라.
29 그리고 이를 읽고 깨우치는 백성 너희
는 그 무서운 이치를 알라.
30 너희가 더러 보기를 귀신이 너희에게
모든 물질이요, 사물을 움직여 작동하
지 못하며 그가 바라보며 발을 구르는
그와 같은 형국을 너희는 더러 보았음
이니 바로 그러하니라.
31 그 영혼 또한 너희를 움직일 수 없으
며 사물을 만질 수 없으며 다스릴 수
없음이니라.
32 너희 육과 육의 생각이 얼마나 건전하
게 살다 와 너희 영혼에 터치할 때, 그
때 모두가 인수인계가 되며 받아지게
됨이니,
33 너희가 육의 삶과 육의 생각에 살아온
그 죄를 그 영혼이 그때 받아야 함이
니, 그가 얼마나 불안하며 너희를 바
라보는 마음이 아프겠는가?
34 영혼이 직접 너희에게 지금의 사악한
마음속에 임할 수 있다면 그 영혼은
나로부터 벌을 받는 그 고통이 얼마나
무서운가를 알기 때문에 너희를 완벽
한 사람으로 세우도록 그리할 것이니
라.
35 이 무서운 이치를 너희는 알라.
36 이는 나의 아들을 통하지 아니하며 나
의 성령이요, 내가 직접 하늘의 비밀
을 너희에게 가르쳐 주지 아니하면 알
수 없으며, 너희는 아무리 생각해도
이해하지 못하며 알지 못하는 무서운
하늘의 뜻을 오늘 내가 너희에게 전함
이니, 그것이 너희에게 영광이요,
37 나로부터 선택된 백성이 하늘의 공부
를 하며 하늘의 이치를 배우며 나의
뜻을 배운다는 뜻이 여기 있음을 알
라, 사랑하는 나의 아들딸들아!

5,484 번째 하나님 말씀

2003년 3월 12일 20시 20분

1 사랑하는 나의 아들아!
2 "네, 아버님! 말씀하옵소서."
3 나의 아들 네가 완벽하게 서야 하며
완벽한 길을 가야 하며 또한 선택된
나의 백성 너희가 완벽한 그 길을 가
야 하느니라.
4 나 여호와가 너희에게 왜 완벽해져야
하며 나의 아들과 나의 아들을 따르는
너희가 왜 완벽한 삶을 살아야 하는지,
5 내가 어렵고 힘든 그 삶을 강조하며
내가 너희에게 그리 가라 이리 말하는
그 뜻을 너희는 모를 것이니라.
6 그러나 이제 내가 너희에게 나의 그

속을 전함이니 너희는 깊이 새겨 그리
하도록 하라.
7 나에게 선택된 백성 너희가 어찌 살아
가느냐 하는 그것으로 인하여 너희가
어찌 행동하느냐 하는 것으로써 인간
은 죄를 짓지 않고 살 수 없다 그리 말
하는 그들 앞에 너희가 바로 살며 완
벽한 삶을 사는 것이 바로 무엇인 줄
아는가?
8 죄를 짓지 않고 살 수 없다는 그 백성
에게 인간이 무죄가 될 수 있다는 것,
죄를 짓지 않고 살 수 있다는 그것을
그들에게 증명하며 보여 줘야 하기 때
문임을 너희는 알아야 할 것이니라.
9 지금까지 너희가 살아온 그 삶에서 이
제부터 나의 법전을 읽고 깨우친 백성
너희가 무죄로 살 수 있다는 것, 무죄
로 될 수 있다는 것, 죄를 짓지 않는
사람이 된다는 것을 증명하지 아니한
다면 이 모두는 어떠한 백성도 변화될
수 없으며 깨우칠 수 없는 것이니라.
10 인간이 무죄가 된다는 것을 증명하기
에 너희에게 완벽한 삶을 살라 내가
그리 말하느니라.
11 나의 아들의 머리가 백발이 되었을
때 그가 완벽해진다 내가 하였음이니,
그는 무죄를 증명하는 그와 같은 삶을
그때부터 살 수 있다는 것이니라.
12 나로부터 선택된 백성이요, 나의 법전
을 읽고 깨우친 너희가 바로 인간은
무죄가 된다는 것을 증명해야 하며,
무죄만이 죄인이라는 그것을 벗어날
수 있도록 보여 주는 것이 너희가 증
거해야 되기 때문임을 그리 알라.
13 그리하여 내가 너희에게 완벽한 삶을
살라 함이니라.
14 지금까지 너희가 살아온 그 모두의 죄
를 내가 너희의 머리에 손을 얹어 그
죄를 사하여 줌이니, 너희는 무죄인
자가 되라 하는 것이니라.
15 죄를 짓지 않는 자가 되라는 것이니라.
16 죄가 없는 자가 되는 길을 너희밖에
갈 수 없음을 알라.
17 나 여호와가 나의 법전을 가지고 세상
을 다 덮는다 하였으며 그리하여 만백
성을 깨우친다 하였음이니라.
18 이는 또한 무슨 역사를 이루는지 너희
는 알고 있는가?
19 몇 사람의 너의 제자들로부터 시작하
여 나로부터 선택된 백성이요, 그들이
역사함이 얼마나 무서운 것인가를 만
백성에게 깨우쳐 주며, 그들의 간담을
서늘하게 만들어,
20 그들이 나의 법전을 보지 아니하고는
견딜 수 없도록 그리 만들고자 하는
것이니,
21 너희의 위대함을, 나로부터 선택된 백
성이 위대함을 역사하고자 하는 것이
나의 뜻임을 너희는 알아야 할 것이니
라.
22 인간이 죄를 짓지 아니하고는 살 수
없다 하여 재물을 바치고 그 지은 죄
를 용서를 빌며 회개한다는 그 명분으
로 그들이 종교 집단을 찾아오게 되며,
23 그리하여 저희가 그들로부터 그 약점
을 이용하여 재물과 금화를 바침으로
써 용서받는다는 그 사기극 때문에 그
들이 물질 만능의 사태로 변화되었던
것이니라.
24 그리하여 이 세상이 이리 사악해졌음

이니 이를 깨우치는 길은 절대 없음이
니라.
25 이는 나의 아들이요, 나의 아들을 따
르는 백성 너희가 무죄함을 증명하는
길밖에 없기 때문이니라.
26 나의 법전을 읽고 깨우치는 백성이 변
하는 모습, 그들이 살아가는 것은 유
죄가 아니요, 죄가 없으며 무죄함을
증명하기 위해 나 여호와가 바르게 살
라, 완벽하게 살라, 너희가 99개를 버
리고 하나를 버리지 못하면 아니 된다
내가 그리 말하는 것이니라.
27 이제 모든 백성이 법전을 접하게 될
것이며 이를 접하지 아니하고는 살 수
없는 그와 같은 시대가 될 것이니라.
28 그때를 위하여 너희가 무죄자라는 보
여 줘야 함을 잊지 말라.
29 그리하여 나 여호와가 너희에게 바로
서라 하는 것이며 바로 가라 하는 나
의 간절한 부탁이 여기에 있음이요,
30 이를 너희가 꼭 지키고 행해야 함을
잊어서는 아니 됨이니라, 사랑하는 나
의 아들딸들아!

5,485 번째 하나님 말씀

2003년 3월 12일 20시 26분

1 사랑하는 나의 아들아!
2 "네, 아버님! 말씀하옵소서."
3 너희가 나 여호와를 지성으로 섬기며
정성을 다하여 섬길 때 너희는 하늘로
부터 무한한 축복을 받는다 그리 말하
고 또 가르침이니라.
4 그리고 너희는 종교 지도자요, 목사라
는 자들에게 어찌하라 하느냐?
5 그들을 정성껏 섬기며 그들에게 거역
하지 않는 삶을 사는 것이 하늘로부터
축복과 무한한 은혜를 받는다 너희가
그리 말하며 그리 가르침이니라.
6 그와 같은 말을 하지 말라.
7 그리고 그와 같은 말에 너희가 귀를
기울이지 말라.
8 섬기고 재물을 바치는 것으로써 너희
가 구원의 기준을 삼는다는 것이 얼마
나 어리석고 사악한 자의 행위인지를
너희는 알아야 할 것이니라.
9 나를 기쁘게 함이요, 나를 즐겁게 하
며 나를 행복하게 하려는 너희는 바
르게 믿으며 양심에 의한 삶을 사는
것이 나로부터 축복을 받으며 영광의
길임을 알고 그리 가르쳐야 할 것이니
라.
10 나는 재물이 필요 없다 수천수만 번
나의 법전에 기록하여 너희에게 그리
전하였거늘,
11 어찌하여 인간의 종교 지도자에게 재
물을 바쳐 그들을 즐겁게 하고 기쁘게
하는 것이 하늘로부터 무한한 축복과
영광을 받는다 감히 너희 입으로 그리
말하고 있는가?
12 이것이 지금의 너희 믿음의 현실이니
라.
13 그러니 나 여호와의 뜻과는 전혀 관계
도 없는 그 길을 달려가니, 바로 모든
종교 지도자들이요, 그 집단들이 지금
제 위치를 모르며 저희가 사탄의 종
노릇을 하고 있다는 걸 모르고 있음이
니라.
14 이제 그들이 중단할 때가 되었으며 그
들을 단죄할 때가 되었기에, 내가 나

의 법전을 세상에 내려보내 만백성이
스스로 하늘에 오르는 길이 무엇인가
를 깨달으며, 진정한 길을 깨닫는 백
성이 그 모두를 단죄할 수 있는 그 대
변화를 이루고자 하는 것이 나 여호와
의 뜻임을 너희는 알고 있어야 할 것
이니라.
15 재물을 바치면 재물의 영광과 생명의
축복을 받는다 너희가 그리 가르치는
것은 사기극이니라.
16 지금 그와 같은 속에서 구원을 받겠다
는 그 욕심을 버리지 못하기에 너희가
오늘과 같이 잘못 흘러가고 있음을 알
아야 할 것이니라.
17 그리하면서 너희는 뭐라 말하는가?
18 재물을 많이 바치고 종교 지도자를 기
쁘게 하고 영광되게 섬길 때 너희 자
식까지도 대대손손 축복을 받는다 그
리 말하며 그들을 현혹하는 것이 지금
의 너희가 가는 길이니라.
19 내가 너희에게 뭐라 말하였느냐?
20 구원을 받는 것은 남이 대신해 줄 수
없으며 대신 구원받을 수 없으며 구원
의 길을 대신 역사해 줄 수 없는 것이
구원의 길이라 내가 그리 말하였음이
니라.
21 남이 대신해 줄 수 없는 것이 구원의
길이요, 나로부터 축복의 길이라 내가
그리 말하였거늘,
22 어찌하여 너희는 자손대대 후손까지
도 축복을 받을 수 있다 그리 말하는
가?
23 그러면 그들이 어찌 살아간단 말이던
가, 사악한 짓이요, 죄를 짓고 살아가
는 그들도 모두가 다 면죄가 된다는
말이던가?
24 너희의 위력이 그리 위대하며 지금 가
르치는 종교 집단의 그 설교요, 가르
침이 그만큼 영향력이 있으며 그 무한
한 힘을 가지고 있다 말하는가?
25 모두는 대신할 수 없음이니, 너희부터
먼저 깨우치며 그리하여 너희의 몸에
서 빛이 날 때 만백성이 너희를 보고
깨우쳐 변화를 이룰 수 있는 것이 내
가 너희에게 바라는 길이라 하지 아니
하였는가?
26 너희는 속지 말라.
27 믿음이 절대로 구원을 대신할 수 없음
이니라.
28 너희가 죽어 나에게 올 때 대신 올 자
가 없으며, 그리하기에 심판을 받을
때 대신 받을 수 없으며 구원이요, 지
옥으로 가는 것을 대신할 수 없음이니
라.
29 대신할 수 있다면 갈 자가 어디 있으
며, 대신할 수 있다면 누가 그 심판을
받는다 말할 수 있는가?
30 남을 구원할 수 없으며 남 대신 너로
하여금 구원을 받을 수 없다는 것을
알라.
31 다만, 너희가 아름답게 살며 천사의
삶을 넘었을 때 나 여호와가 너희가
원하는 것을 들어줄 수는 있으나, 너
희는 그와 같은 생각을 하지 말라.
32 이제는 이와 같은 사기극에 너희가 속
지 말며 너희의 양심을 들여다보는 그
와 같은 삶을 살라
33 모든 종교 지도자들에게 그리 가르쳐
라.
34 그들이 양심을 한번 되짚어 보고 그들

의 양심을 생각해 보는 그와 같은 삶으로 변화되지 아니한다면, 저희는 구원의 '구'자도 보지 못하는 것이 지금의 가고 있는 백성이요, 그 믿음에 속해 있는 신도요, 그들의 형편이라는 것을 알려 주라.

5,486 번째 하나님 말씀

2003년 3월 12일 20시 55분

1 사랑하는 나의 아들아!
2 "네, 아버님! 말씀하옵소서."
3 너희가 용기와 자신을 잃으면 승자가
될 수 없다는 것을 알라.
4 너희가 어찌하는가?
5 너희의 마음이 이겨야 하는 것이며 너
희의 마음에 승자가 되어야만 모두를
역사할 수 있음이니라.
6 운동을 하는 그와 같은 선수도 마주
쳐다볼 때 눈싸움에서 이미 그 모두의
판결이 난다 하듯이,
7 아무리 체격이 좋으며 아무리 능력이
있다 하여도 네가 왜소하다 하여 너
자신이 용기를 저버리며 이기겠다는
그 신념이 없으면 결코 너희는 이길
수 없으며 패자가 되고 말 것이니라.
8 그러나 이기겠다는 용기와 자신을 가
지고 최선을 다할 때 너희는 승리를
이끌어 낼 수 있는 것을 알아야 할 것
이니라.
9 지금의 모든 종교 집단의 방대한 조직
에 너희가 어찌 견디고 이길 수 있겠
는가?
10 너희가 그리 생각했을 때 아무것도 이
룰 수가 없으며 나의 법전은 세상에
빛을 보지 못함이니라.
11 나 여호와가 존재하기 때문에 너희가
이길 수 있다는 신념과 그 무엇도 너
희를 이길 수 없다는 용기를 가지고
너희의 일에 임했을 때, 너희는 승자
가 될 수 있으며 승리의 영광을 거둘
수 있다는 것을 잊지 말라.
12 용기를 잃으면 패자가 되는 것을 시인
하는 것이니라.
13 너희가 경기해 보기 전에도 패자가 되
는 것은 용기를 잃은 자이니라.
14 용기를 잃지 않는 자만이 승자가 될
수 있음이니, 너희가 그와 같은 용기
있는 마음으로써 나의 법전을 가지고
만백성을 구하는 데 최선을 다하라.
15 너희가 용기를 잃는 것은 너희가 경쟁
을 해 보기도 전에 쓰러지는 것이며
패자이기를 스스로 자청하는 것이니,
16 너희는 절대로 패자가 되어서는 아니
되며 패자가 될 수도 없음이니라.
17 나 여호와가 지탱하고 있으며 나 여호
와가 너희를 받치고 있으며 나 여호와
가 너희와 같이하고 있다는 것을 잊지
말라.
18 그리하여 너희는 완벽한 승자가 될 수
있음이니 너희 자신의 용기를 잃지 말
라.
19 너희 스스로 용기를 잃지 않고 굳건히
설 때 모두의 영광은 너희에게 돌아온
다는 것을 잊지 말라, 사랑하는 아들
딸들아!
20 용기를 잃지 말라.
21 자신과 신념을 갖고 이길 수 있다는
그 굳은 신념으로써 너희가 모두를 임
하도록 그리하라.

5,487 번째 하나님 말씀

2003년 3월 12일 21시 01분

1 사랑하는 나의 아들아!
2 "네, 아버님! 말씀하옵소서."
3 인간인 너희가 세상을 살아가면서 남
자로서는 한 가정을 이루어 사느니라.
4 그리고 결혼을 하여 또 자식을 두고
그와 같이 살아감이니, 아버지라는 한
사람으로서 그 역할이 가장으로서, 아
버지로서, 남편으로서 그와 같이 너희
가 그 역할을 하며 살아가지 않는가?
5 그렇다 하여 그 남편이 여러 사람으로
서 그 역할을 하는 것이 아니며 세 사
람의 역할을 하는 것은 절대 아니지
않은가?
6 한 사람이 그 모두의 역할을 하며 그
모두를 다스려 나가지 아니하는가?
7 그리하여 그는 그 임무를 수행하며 그
와 같이 살아감이니라.
8 그러나 너희는 이를 세 사람이라 분리
한다면 과연 이를 어찌 생각하는가?
9 과연 그것이 너희가 할 수 있는 말이
라 생각하며 그리 행해질 수 있다 생
각하는가?
10 그 모든 세 가지 임무를 수행하는 것
은 한 사람이니라.
11 그와 마찬가지니라.
12 그리하니 너희는 나 여호와를 향하여
삼위일체다 그와 같은 말을 하지 말라.
13 한 사람의 가장이 몇 가지의 일을 하
며 직분을 가졌다 하여 그와 똑같은
자라 너희가 그리 말할 수 있듯이,
14 너희는 어찌하여 그것을 분리된 숫자
만큼 여러 사람이 같이 임한다, 그리
고 모두를 행한다 그리 생각하는 것은
너희가 잘못된 깨우침이요, 잘못되는
것임을 알라.
15 그러니 삼위일체라는 그런 말을 너희
는 쓰지 말라.
16 삼위일체라 말하는 것은 내가 위에서
말한 그와 같은 역할을 나 여호와가
수천수만 가지를 다스리는 데 내가 거
기에 다 임하여 나 스스로 통제하는
것이거늘,
17 그 숫자대로 너희가 덧붙이는 그와 같
은 망발을 하지 말라.
18 하늘의 뜻이요, 나 여호와의 주관함을
너희는 알 수 없거늘, 너희가 어찌하
여 그와 같은 말을 하는가?
19 평생 수행을 하며 무엇을 깨달으며 하
늘의 이치요, 인간의 삶의 그 진리를
깨우치고자 한 자가 마지막 죽어 가면
서 한 말이 무엇이던가?
20 '무(無)다, 무다.' 그는 한탄하며 눈물
을 짓고 죽음의 길을 선택하여 가지
않았던가?
21 아무것도 없으며 아무것도 깨달은 것
이 없다 그는 말하였음이니라.
22 그를 너희는 보지 못하였던가?
23 그가 어찌하여 그와 같은 말을 남겼던
가?
24 또한, 한평생 그 수도의 길을 가는 자
가 또 뭐라 말하였느냐?
25 '물은 물이요, 산은 산이라' 그리 말하
였음이니, 그것은 무엇이던가?
26 이 세상에 살면서 그리 접하는 물 하
나도 제대로 알지 못했으며, 산천을
접한 것도 그리 접했으나 그 산천이
가지고 있는 것이 무엇인가 아무것도

알지 못하고 그는 죽음을 향하여 가면
서 그가 남긴 말이 아니던가?
27 그는 바로 무엇 때문에 그와 같은 말
을 했는가?
28 그는 창조주 나 여호와의 위대함과 내
가 이루고자 하는 그 넓고도 창대한
것을 알 수 없기 때문에, 나 여호와의
존재함을 깨달으며, 나 여호와의 뜻에
행하는 것을 너희가 알 수 없음이니,
29 너희가 겸손한 마음으로써 나를 경배
하며 나 여호와가 주관하는 이 세상의
삶을 감사하며 그리 살아가라 하는 것
을 그가 너희에게 남기고 전한 말의
뜻이라는 것을 너희는 알아야 할 것이
니라.
30 그리 살면서 하나도 깨우치지 못하고
간 그 사람의 마음을 너희는 알아야
할 것이니라.
31 한 사람의 가장이 여러 가지 직분을
맡아 일한다 하여 그것이 다 분리되는
것이 아니며 한 사람이니라.
32 그러니 나 여호와가 모두를 주관하고
역사함이니 너희는 삼위일체라 그리
말하지 말라.
33 세상에서 나 여호와는 존재하는 나 하
나뿐이며 나 외에 그 누구도 존재하지
못하며 창조주로서 그 역할을 하지 못
한다 하는 것을, 그것부터 너희가 깊
이 깨우치고 그 마음을 심었을 때 너
희는 하늘의 이치를 알게 될 것이니라.

5,488 번째 하나님 말씀

2003년 3월 12일 21시 08분

1 사랑하는 나의 아들아!
2 "네, 아버님! 말씀하옵소서."
3 내가 너희에게 죄를 짓지 말며 살라
그리 말하였음이니, 나 여호와가 너희
에게 죄를 지어서는 안 된다는 그 뜻
을 왜 그리 강조하며 바르게 살라 말
하는지 그 뜻을 너희는 알고 있을 것
이니라.
4 너희가 욕심이라는 것을 버리지 못하
여 죄를 짓고 살아감으로 인하여 너희
가 하늘나라 나로부터 나왔던 너희의
그 위치에 돌아오지 못하며 너희가 지
은 죄에 대한 대가를 치르니,
5 그리하여 너희가 나로부터 나온 그 자
리에, 하늘나라에 돌아올 수 없기 때
문이니,
6 너희는 돌이킬 수 없는 지옥으로 간다
는 것을 잊어서는 아니 될 것이니라.
7 그리하여 내가 너희에게 죄를 짓지 말
라 함이니라.
8 너희가 죄 짓는 그 욕심 때문에 너희
는 나로부터 멀어지며, 우리가 부자지
간의 그 인연이 끊어지며, 아들과 딸
과 아버지의 그 사이가 점점 멀어짐이
니,
9 우리가 남남이 된다는 것을 너희는 알
고 있어야 할 것이니라.
10 죄를 짓는 너희가 그리 나로부터 멀어
지는 것이며 부자지간이요, 또 아들과
딸 사이요, 우리 그 모두의 인연이 끊
어지는 것이니 그것을 너희는 알아야
할 것이니라.
11 또한, 너희가 어떠하던가?
12 너희가 죄를 지음으로 인하여 나 여호
와가 재앙으로써 이 세상을 다스리며,
너희를 멸망케 하는 그와 같은 원인을

너희가 제공하며 그와 같은 역사가 이
루어지기를 바라는 것이 너희이니라.
13 지금 가장 큰 죄를 짓고 있는 집단이
어느 집단이라 생각하는가?
14 나의 뜻을 거역하며 살아가는 집단이
과연 누구인가 너희는 생각해 봐야 할
것이니라.
15 지금의 나의 피조물 만백성을 구한다
는 그 종교 집단이요, 그 지도자들이
물질 만능의 시대로 변화되어 있음이
니, 그들이야말로 나의 피조물 만백성
을 나로부터 멀어지게 하며 이 세상을
재앙으로써 내가 다스리도록 그 원인
을 제공하는 자들이니라.
16 나 여호와가 참고 인내하기도 힘이 듦
이니라.
17 그러나 너희가 있으며 나의 법전을 읽
고 깨우치는 백성이 있으며 나의 아들
을 따르는 제자들이 있으며 나의 법전
이 세상에 나감이니, 내가 한 번 너희
에게 마지막 기회를 줘 기다리고 기다
림을 너희는 알아야 할 것이니라.
18 그리하여 너희에게 죄를 짓지 말라 함
이니,
19 너희와 내가 멀어지며 너희가 나에게
원상태로 돌아올 수 없으며 나의 아들
딸들이 이 세상에 존재하지 아니한다
면, 하늘에서 이룬 것같이 이 지상에
낙원을 이룰 필요가 없지 아니하던가?
20 사랑하는 나의 아들딸들이 살 곳이 있
어야 하며 살 나의 아들딸들이 있어야
하며, 나에게 돌아오는 삶을 살 수 있
는 초심으로 살아가는 아름다운 마음
의 형태를 가진 그와 같은 백성이 있
을 때,
21 내가 이 지상을 존속시키며 내가 이
지상이 영원히 멸망하지 아니하며 존
재할 수 있도록 하는 그 역사를 이루
지 아니하겠는가?
22 이 지상에 살 자들이 없으며 나의 아
들딸들이 없으며 원상태로 돌아올 수
있는 마음을 가진 선하고 착한 백성이
없다 할 때 내가 손을 놓음이니,
23 그때는 너희가 상상할 수 없는 모든
재앙으로써 막을 내리게 됨이니 이 무
서운 사실을 너희는 알라.

5,489 번째 하나님 말씀

2003년 3월 12일 21시 18분

1 사랑하는 나의 아들아!
2 "네, 아버님! 말씀하옵소서."
3 나의 아들 예수가 뭐라 말하였느냐?
4 '내가 곧 떠날 때가 되었느니라. 다른
보혜사가 내려와 내가 이루고자 하는
그 뜻을 이룰 것이라' 예수는 그리 말
하며, 그가 죽기 전에 그 모두를 백성
에게 가르치며 그 제자들에게 전한 것
이 예수의 심정이요, 마음이니라.
5 예수는 그리 말하였느니라.
6 '내가 가야 그가 온다. 너희는 슬퍼하
지 말라.' 그리 말하였으며,
7 그리고 예수가 곧 죽어 갈 것을 암시
하고 그들에게 알려 주는 그 마음이
얼마나 비통하고 아팠겠는가?
8 너희가 글로써 읽으며 글로써 전해 들
은 그것은 아무런 뜻이 없는 것 같으
나,
9 '곧 내가 떠날 때가 되었으며 나를 대
신해 새로운 보혜사가 온다'는 것은,

얼마나 그 마음을 저리게 하며 아픈
절규였는가 너희는 그를 모르는가?
10 '내가 가야 그가 온다'는 그 마음이 얼
마나 슬프며 고통스러운 절규였는가?
11 너희는 그 의미요, 그 환경을 바라다
보며 그때의 정황을 바라보며 예수의
마음을 바라보는 그와 같은 생각을 한
다면, 너희가 감히 그 이름을 함부로
불러 댈 수 없다는 것을 알 것이니라.
12 그리하며 예수는 죽어 가기 전에 계속
그리 연결하여 너희에게 가르쳤느니
라.
13 '아버지여! 이 잔을 정녕 제가 받지 않
을 수는 없사옵나이까?' 그 기도를 하
였음이니,
14 그가 곧 죽어 감으로써 다른 보혜사가
오니 너희가 슬퍼하지 말라는 그 말보
다도 더 가슴이 미어지는 아픈 마음이
예수의 그 뜻이 아니었던가?
15 그보다 더 소원함이 어디 있으며 그보
다 애절한 마음이 어디에 있는가?
16 '아버지! 저를 정녕 죽게 하지 아니하
면 아니 되겠사옵나이까?' 그 말이니
라.
17 부모가 너희를 죽이려 할 때 너희가
아버지에게 '나를 죽이지 아니하면 되
지 않겠습니까?' 하는 죽음 직전의 너
희 마음의 형태가 어떤 것이며, 그 정
황이 어떤 것이며,
18 어버이로서의 마음은 어떠하며 자식
의 마음은 어떤 것인가?
19 그를 너희가 한번 생각해 보았는가?
20 그것을 너희가 깨닫는다 해도 나의 아
들 이름으로써 나의 아들의 그 귀한
피로써 너희가 모두를 속죄했다는 그
쉬운 말을 할 수 없을 것이니라.
21 그리하며 나의 아들은 죽어 가면서 무
엇을 말했는가?
22 '아버지여! 저들을 용서하여 주옵소
서.' 그리 말하였느니라.
23 저를 죽이고 찌르는 그들을, 그리고
십자가를 짊어지게 해 거기서 그 십자
가에 못을 박아 고통스럽게 죽어 가도
록 하는 그들을 용서하여 주옵소서 하
니,
24 그 마음이 얼마나 그 모두를 다 비우
고자 했으며 애절한 마음이었는가?
25 그는 또한 그리 가면서 제가 잘못된
것이 있으며 나 여호와에게 죄를 짓는
것이 아닌가 하여, 내가 저를 부르지
못하며 나에게 오지 못할까 하는 그
애절한 마음의 아픔이 있는 그 이면을
너희는 돌아다볼 수는 없는가?
26 그는 또 그 어미에게 그리 얘기했느니
라.
27 '여인이여! 당신의 아들을 보소서.' 그
는 절규하였음이니라.
28 마지막 그가 낳아 준 어머니에게 '당
신의 아들을 보옵소서.' 하는 그 절규
의 목소리를 너희는 과연 어찌 듣는가?
29 인간 세상에서 어쩔 수 없이 아버지가
죽이는 자식이 어머니에게 저를 보아
달라, 저의 죽어 가는 모습을 보아 달
라 그리 애절히 말할 때 그는 무엇이
던가, 어떠한 심정에서 그 말을 했겠
는가?
30 그리고 그는 말하였느니라.
31 '나의 하나님 아버지여! 정녕 저를 어
찌 버리려 하시나이까?' 그 절규를 너
희는 어찌 생각하는가?

32 그리하여 그는 그와 같은 몸부림을 쳤
음이니라.
33 그리하여 그는 쇠진하여 죽어 가면서
'내가 목이 마릅니다, 아버님!' 그리
말하였느니라.
34 그리고 그는 '다 이루었사옵나이다.'
그리 말하였느니라.
35 '아버지여! 내 영혼을 거두어 주옵소
서. 아버지의 손에 내 영혼의 모두를
부탁드리옵나이다.' 그리하며 그는 죽
어 갔음이니라.
36 그리고 그는 33세의 젊은 삶의 장을
다 마쳤음이니,
37 그와 같은 절규의 아픔으로써 그는 나
여호와에게 모두를 부탁하고 애원했
으나 나 여호와는 그를 들어주지 아니
하였으니,
38 내 마음의 아픔과 나의 아들의 그 고
통과 절규를 너희는 생각해 보지 못하
는가?
39 그러면서 너희는 삼위일체가 무엇이
다 그리 부르짖으며, 나의 아들의 피
요, 보혈로써 구원을 받았다 그리 말
함이니,
40 너희 죄를 너희가 과연 속했다 그리
말하며 대속받았다 하며 구원받았다
그리 쉽게 말함이니,
41 과연 그와 같은 정황을 하나하나 생각
해 보는 백성이던가?
42 그때의 예수의 고통스러움이요, 그 아
픔의 절규를 너희가 생각한다면 그리
너희가 말할 수는 없을 것이니라.
43 너희는 여기서 들으라.
44 너희가 말로 수다 떨며 말로 구원받았
다는 것은 너희가 지옥으로 간다는 증
표이며, 내가 내린 십계명이요, 나의
율법을 완전하게 지키는 것, 그리고
나의 법전대로 지키고 사는 것만이 너
희가 나에게 오를 수 있는 것이라는
것을 알라.
45 나의 아들이 그와 같이 비참이 죽어
가면서 너희에게 부르짖은 그것과 내
가 너희에게 지키고 살라는 그 계명을
지키지 아니한 자요, 나의 법전을 지
키지 아니하는 자는 어떠한 핑계를 댈
수도 없다는 것을 알라.
46 어떠한 핑계를 나에게 댈 수 없으며
이유를 댈 수 없는 것이 너희이니,
47 이 절규요, 이 고통의 소리를 너희가
들어야 할 것이며, 그 소리를 생생히
듣는 마음의 자세로 너희의 귀를 열어
야 할 것이며,
48 그 정황이요, 상황을 바라보는 그 눈
을 떠야 할 것이며,
49 아직도 이를 보지 못하며 이를 깨닫지
못하며 재물을 거둬들이는 데 나와 나
의 아들의 이름을 팔아먹는 너희가 얼
마나 무서운 죄를 짓는 자인지, 용서
할 수 없으며 용서받을 수 없는 너희
라는 것을 알라.
50 이 절규요, 고통의 소리를 이제 나의
아들을 따르는 제자요, 나의 법전을
읽은 백성 너희는 눈으로 보듯이 귀로
듣고 그와 같은 형상을 그대로 그리며
너희가 오늘의 삶을 살아가도록 그리
하라, 사랑하는 나의 아들딸들아

5,490 번째 하나님 말씀

2003년 3월 12일 23시 46분

1 사랑하는 나의 아들아!
2 "네, 아버님! 말씀하옵소서."
3 너에게서 등지고 떠나간 백성이요, 너
에게 와 침을 뱉고 떠난 백성은 너에
게 그리 말하느니라.
4 이미 열여섯 권의 법전이 세상에 나온
것은 나 여호와의 뜻이며 나의 참진리
라 그리 말하느니라.
5 그러면서 그들이 말하기를, 이제 내가
너로부터 성령을 거둬들였으니 지금
부터 내리는 법전은 네가 열여섯 권을
기준으로 하여 그저 만든 것이며 네
생각으로써 너희를 깨우치고자 한다
그리 말하느니라.
6 그리하여 너로부터 모든 내가 내린 성
령이요, 그 역사함이 다 시들어졌으며
그리하여 다른 선지자가 세상에 온다
하며 다른 깨달음을 가진 자가 세상에
온다 그들은 그리 말하느니라.
7 그리하여 이 법전이 세상에 나가지 못
하며 만백성에게 빛이 될 수 없다 그
리 말하며, 심지어 그들이 뭐라 하는
가?
8 나의 법전에 나 여호와가 너를 선지자
라 부르는 그 대목의 선지자라는 이름
을 빼며 너를 선지자라 부르지 말며
책을 읽고 깨우치라 그리 말함이니,
9 이와 같은 것이 인간의 심리니, 그들
이 어떠한 심리에서 그리 이루어지는
것인가?
10 그들은 그와 같이 말하며 저희가 나로
부터 기도를 받으며 명을 받았다 그리
하느니라.
11 그러나 그것은 그들의 생각으로써 제
가 말하는 것이 아니던가?
12 저희가 너를 떠났으며 나의 성전을 떠
났으며 나의 법전을 공부하지 아니함
이니, 그와 같은 역사가 이루어지기를
바라는 것이 그들의 마음이니,
13 그게 착각이요, 환상이요, 제 마음이
니라.
14 그들이 나의 아들 네가 있는 성전을
떠났으며 그리하여 저희가 나의 법전
이 세상에 더 이상 안 나왔으면 좋겠
다는 걸 바라는 것이며,
15 열여섯 권만큼은 저희가 공부하고 배
움이니 거기에서 가슴이 저림을 알며,
저희 몸이 섬뜩할 정도로 두려운 내용
이 거기에 있음이니, 감히 열여섯 권
의 법전을 나의 뜻이 아니라 그리 말
하지 못하며,
16 그리하여 다음부터 나오는 것은 저희
가 공부하며 들을 수 없기에, 저희가
말하기를 그것은 나의 성령이 아니라
그리 말하며,
17 나의 성령을 나의 아들을 통하여 만백
성을 구하는 그 역사가 이루어지지 아
니하며 저희로부터 그와 같은 영광을
얻었으면 하는 그와 같은 제 욕심이
요, 제 생각에서 그리되는 것이니라.
18 그리하여 재물이라는 것을 나의 아들
이 갖지 못하여 나의 법전을 만들어
내지 못하도록 하기를 바라는 것이 저
희 마음이니,
19 하나부터 열까지 모든 생각하는 것이
저희가 그리 이루어지기를 바라는 욕
심이요, 마음이 곱지 못한 데서 그리

하는 것이니,

20 그게 사랑이 없으며 나눔이 없는 그와 같은 저희 욕심에서 그 모두를, 저희가 생각하는 것을 저희가 나 여호와로부터 명을 받았다며 어떤 사람의 기도를 받았다 그리 말하는 것이니,

21 그들이 착각과 환상에 젖어 있는 것이니라.

22 그러나 과연 그와 같은 역사가 이루어지겠는가?

23 그리하며 저희는 나의 법전이 진정한 나로부터 받은 성령이요, 내가 내린 것이라 하며, 거기에 나의 아들이요, 나의 선지자라 불렀으며 나의 종이라 불러 쓰는 그 대목은 빼고 저희가 또 그 법전은 맞다 그리 읽고 감이니, 그들이 지금 어찌 가는가?

24 성경을 가르치는 그 종교 지도자들이 구약은 이미 다 폐했으니 그 구약은 공부할 필요가 없다 하여 그 어렵고 힘든 십계명은 지키지 말라 그리 말하며 지킬 수 없다 말하며,

25 금화와 은화를 거둬들이는 십일조라는 것을 구약에 기록되어 있는 내용이니 너희는 철저히 지켜야 한다 가르치는 그와 같은 웃지 못할 종교 지도자들의 그 행동이 그대로 나타나는 것이 아니던가?

26 바로 그들이 그러느니라.

27 나의 법전이 맞기는 맞으나, 그 법전에 나의 아들을 나의 선지자라 부르는 것은 그 선지자라 부르는 이름을 빼놓고 그냥 읽고 깨우치자 함이니, 이게 어디 그와 같은 것이 있을 수 있단 말이던가?

28 어찌하여 내가 나의 아들을 위해서 내렸으며 나의 아들을 불러서 쓴 것을 그 법전은 맞다 말하면서,

29 그 선지자라 부른 것은, 종이라 부른 것은 빼고 공부를 하자, 그리고 공부를 해야 한다 그리 가르치는가?

30 똑같은 구약 속에 어려운 십계명은 지킬 수 없다 말하며 너희가 좋고 즐거운 십일조를 거둬들이는 그것만을 위하여 너희가 기도하며 모든 설교 다음에 그를 지키라 가르치는 것이 지금의 종교 집단의 수천 년 흘러온 역사이니,

31 그 사악한 뿌리가, 또 그 사악한 행위를 하고 있는 것이 지금의 너희 형국이니라.

32 그러한 말에 현혹되지 말며, 마음을 두지 말며, 너희 자신이 흔들려서는 아니 되느니라.

33 그들이 착각 속에 있음이니라.

34 나의 법전 열여섯 권에 기록된 그 내용만으로 내가 지금 160권 속에 기록한다 너희가 그리하는가?

35 아무리 너희가 열여섯 권의 법전을 기록하여 생각하여 쓴다 하여도 그를 다 쓸 수가 없으며 그와 같이 더 이상 쓸 수 없는 것이니라.

36 어찌하여 열여섯 권에 있는 그 내용을 또 160권에 기록하여 쓴다 해도 그 열 배의 똑같은 그와 같은 역사를 이룰 수 있다 그리 말하는가?

37 아무리 너희가 기억하고 또 기억하여 쓰고 또 쓴다 해도 그리 너희가 깊이 생각해서 계속 그리 써먹을 수 없는 것이 너희의 생각이며 너희의 깨달음이니,

38 그것은 그들이 바라는 소망이요, 사악
한 마음이요, 욕심의 마음에서, 그렇
게 이루어졌으면 하는 생각으로써 저
희가 그리 생각하는 것을 나 여호와가
저희에게 내렸다 함이니라.
39 머지않아 나의 법전이 나갈 것이며,
70여 권의 법전이 세상에 뿌려질 때,
그들이 또 과연 뭐라 말하겠는가?
40 역시 사탄이 아직은 도와주고 있다 그
리 변명하고 갈 것이니라.
41 그 인간들의 추하고 더러운 모습이 이
아름다운 세상을 오염시키고 있으니
나 여호와가 얼마나 더 참고 인내하며
그들을 위하여 내가 더 얼마나 힘든
역사의 길을 가야 한단 말이던가?
42 나의 아들 예수의 그 몸부림치는 죽음
을 봤으며 내가 나의 아들을 통하여
나의 성령을 태워 내리는 나의 법전을
가지고 시시비비를 하며 나의 아들을
존재하지 못하도록 함이니,
43 나에게 또 그 아픈 마음의 상처를 주
려 하는 것이 사탄이요, 사악한 자니,
44 나로부터 선택된 백성이요, 나의 아들
딸이라면 너희가 나의 아들 예수가 죽
는 그 고통을 본 것으로써 지금도 그
아픔의 상처를 지우지 못하고 있는 나
여호와에게 또다시 나의 아들을 죽이
려 하며 나의 법전을 태워 버리려는
그와 같은 무서운 짓은 할 수 없는 것
이니,
45 그와 같은 행위를 하며 그와 같은 마
음을 먹고 있는 자는 사탄이요, 사악
한 자의 자식이라는 것을 너희는 알아
야 할 것이며,
46 그 사탄이요, 마귀의 자식이 하는 독
설에 나로부터 선택된 백성 너희가 마
음의 동요를 이루어서는 너희가 죽음
으로 간다는 것을 잊지 말라.

5,491 번째 하나님 말씀

2003년 3월 12일 23시 54분

1 사랑하는 나의 아들아!
2 "네, 아버님! 말씀하옵소서."
3 그들이 뭐라 한다 해도 너는 생각하지
말라.
4 너는 알고 있지 않은가?
5 아무리 고기가 좋다 하며 아무리 별미
가 좋다 해도, 너희가 그것을 먹고 또
먹었을 때, 그것에서 환멸을 느끼며
더 이상 먹는다는 것은 고역이지 아니
하더냐?
6 네가 나의 법전을 받아 기록하며 만백
성을 구하는 그 역사를 이룸이니, 네
가 열여섯 권의 그 내용으로써 공부하
며 거기서 변화된 것이 없다 하면 네
가 과연 밤과 낮을 가리지 아니하고
160권의 법전을 쓸 수 있겠는가?
7 내가 새로운 깨달음이요, 나의 새로운
진리요, 새로운 뜻을 내려보내기에,
하늘을 두루마리 삼아 너희가 써도 쓰
지 못하며 바닷물을 잉크 삼아 써도
내 성령을 다 기록하며 내 뜻을 기록
하지 못한다 하였듯이,
8 내가 새로운 뜻이요, 새로운 가르침을
너에게 내려보내기에 나의 아들 네가
지치지 아니하며 힘들지 아니하며 기
쁜 마음과 즐거운 마음으로 나에게 기
도하고 경배하며 나의 성령을 받아 법
전을 만드는 것이니, 그들이 과연 그

어떤 것을 알 수 있겠느냐?
9 너와 나의 그 마음을 그 누구도 모르
느니라.
10 너희의 늙은 할머니가 밤이라는 것을
불에 구워 손자에게 까 주는 그 할머
니의 마음과 그를 받아먹으며 즐거워
하는 그 어린 손자의 마음을 누가 알
겠는가?
11 그것으로써는 아무도 모르느니라.
12 그와 같은 정겨운 마음을 갖지 아니하
면 알 수 없는 것이니라.
13 너희 자식의 한 생명을 태어나게 하기
위하여 10달 동안 잉태하여 세상에
한 생명을 태어나게 하는 그 엄마의
고통을 아무리 가까운 남편이라 하여
도 알지 못함이니, 그를 체험해 보지
못한 자는 알 수 없는 것이니라.
14 그와 마찬가지니라.
15 내가 너에게 열여섯 권의 법전을 내리
는 것은 기초요, 그를 바탕으로 하여
내가 모든 역사를 이룸이니,
16 내가 열여섯 권에 있는 내용을 너에게
가르치고 또 가르친다 하면 네가 과연
지탱할 수 있는가?
17 너와 나만이 아는 그 행복을 그들이
어찌 알겠는가?
18 하늘을 두루마리 삼아 써도 모자란 그
성령의 가르침을 나의 아들 너를 세상
에 내보내어 내 가슴에 있는 모두를
내가 너에게 전함이니,
19 네가 그대로 전하여 책을 만들며 만백
성을 구하고자 손에 전해 주는 너의
그 아름다운 모습을 보는 것은 나의
기쁨이요,
20 네가 나로부터 성령의 가르침이요, 새
로운 변화의 역사를 듣는 그 기쁨과
행복을 너와 나만이 알지 그 누가 알
겠는가?
21 아무도 모르느니라.
22 아무리 남녀의 사랑이 깊다 하며 부모
와 자식의 사랑이 깊다 하여도 나와
네가 이루고 있는 오늘의 행복함을 그
누가 알겠는가?
23 그것을 알지 못하는 자들이 그리 지껄
이느니라.
24 그들이 그와 같이 이루어지기를 바라
며 나의 법전이 세상에 나와 주기를
바라지 아니하며 나의 법전이 세상에
존재하지 못하도록 하고자 하는 것이
니라.
25 저희가 바로 열여섯 권의 법전을 읽고
깨우치니 그것이 나 여호와의 뜻이요,
제가 그와 같은 성령의 가르침을 어디
서 들을 수 없어 이는 감히 나의 뜻이
아니라 그리 말하지 못하면서 이제 그
모든 역사는 끝났으며 새로운 사람이
세상에 나오며 나로부터 받는 것은 안
된다 함이니, 그게 얼마나 무서운 욕
된 짓을 하고 있는 것인지 알고 있는
가?
26 그는 나 여호와를 욕되게 하며 나의
계획에 도전하며 내가 이루고자 하는
역사를 방해하는 자이니,
27 내가 너희에게 말하였음이니라.
28 너희가 도둑질하며 거짓 하는 그와 같
은 것을 회개하고 용서 빌며 그 열 배
로 갚았을 때 내가 그 죄를 면해 준다
그리 말하지 아니했더냐?
29 그러나 나의 성령이요, 내가 내리는
모든 나의 법전을 욕하는 자, 나의 성

령의 뜻을 거역하는 자, 내가 만백성
을 구하고자 내리는 나의 뜻을 거역하
는 것은 절대 용서하지 아니한다 하였
음이니,
30 그들이 바로 용서받지 못할, 나의 성
령을 거부하며 나의 성령을 욕되게 하
며 나의 성령을 훼방하는 자이니, 그
죄가 얼마나 무서운가를 그들은 모름
이니라.
31 그들과 시시비비하지 말며 그들의 말
에 귀를 기울이지 말라.
32 너희가 그와 같이 말하는 자에게 귀를
기울이며 혹시나 하여 의심하는 마음
을 갖는다는 것은 너희가 나의 성령을
부정하는 것이며 나의 성령이 세상에
내려감을 훼방함이니,
33 성령을 훼방하는 그 죄가 얼마나 무서
운 것인가를 알고 거기에 동조하지 말
라 내가 너희에게 그를 깨우쳐 줌이니
라.
34 내가 너희를 사랑하기 때문에 하늘의
나의 뜻을 다시 한 번 깨우쳐 줌이니,
깊이 명심하고 명심하여 성령을 방해
하는 자, 나의 법전이 세상에 나가는
것을 시시비비하며 옳다 그르다, 이단
이요, 사탄이요, 거짓 선지자가 제 생
각으로 한다 그리 말하든 말든,
35 너희는 내가 참진리의 뜻이요, 변하는
역사를 나의 아들에게 내려보내니,
36 너희가 160권의 법전을 읽을 때마다
놀랄 것이며 그 이치의 깨달음을 알
것이며, 그들이 얼마나 사악한 자이며
허황된 이야기를 했는가를 알 것이니
그리 알라, 사랑하는 나의 아들딸들아!
37 그들의 말에 귀를 기울이며 그들과 대
화할 때 혹시나 하여 너희가 그 말에
귀를 기울이며,
38 선지자라는 한 인간이 제가 구상하여
제 머리로 만들어 내는 것이라 그리
말하는 말에, 그리고 모든 성령을 내
가 다 거둬들였다는 그 말에 너희가
솔깃하며 혹시나 그와 같은 의혹을 갖
는 마음을 가지면,
39 너희는 성령이 세상에 나오는 것을 방
해하는 것이요, 나에게 정면 도전하는
것이니, 너희가 성령에 위배되는 죄를
지으니 용서받지 못한다는 것을 알라.
40 이제 그들이 뭐라 말하거든 귀를 막으
며 그와 같은 말을 들은 귀를 씻으라.
41 그리고 그들과 겸상하지 말며 대화하
지 말라.
42 사악한 자가 사악한 쪽으로 끌어가고
자 너희를 유혹하고 현혹한다면 거기
에 넘어가느니라.
43 진정한 보석을 가진 자는 말이 없다
하였느니라.
44 가짜를 가지고 너희에게 갖은 감언이
설로 하여 너희가 그것을 산다면 그만
큼 재산의 손실을 보며 너희가 기대했
던 그 아름다움이 아닌 가짜를 갖게
됨이니, 그게 얼마나 분하고 억울한
것이냐?
45 그와 같이 가짜 보석을 파는 자에게
속아 넘어가는 그와 같은 어리석은 너
희의 삶을 살지 말라, 사랑하는 나의
아들딸들아!

5,492 번째 하나님 말씀

2003년 3월 13일 0시

1 사랑하는 나의 아들아!
2 "네, 아버님! 말씀하옵소서."
3 내가 너희에게 수없이 강조하였느니
라.
4 정신을 집중시키는 그와 같은 삶을 살
라 하였음이니라.
5 너희가 정신을 하나로 모아 좁쌀알보
다도 작은 마음으로 가져 세상에 아름
다운 생각을 발산할 수 있는 그와 같
은 마음을 가지라 하였으며 너 자신을
그리 다스려 나가라 하였음이니라.
6 그리고 너희 자신을 다스리는 것이 얼
마나 중요한 것인가 그 중요성을 내가
너희에게 수없이 전하였음이니라.
7 너희가 이 세상에 살아가면서 마음 하
나 먹기가 얼마나 중요한지, 너희가
마음을 어찌 다스리느냐에 따라서 모
두가 다 이루어지고 이루어지지 아니
한다는 것을 내가 너희에게 또한 수없
이 강조하였음이니라.
8 너희 마음을 다스리며 너 자신을 다스
리는 그와 같은 중요성을 너희가 다시
한 번 깊이 깨우쳐야 할 것이니라.
9 자신을 다스리지 못하는 자는 남을 구
원할 수도 없는 것이며 남을 가르치는
선생으로서 설 수 없음이니라.
10 학문으로써 가르치는 것이 아니요, 나
여호와의 뜻을 너희가 가지고 가르침
이니,
11 자신을 다스리는 그와 같은 훈련이 되
지 아니하는 자는 나의 뜻을 제대로
받아들이지 못하며 이해하지 못하며
따라 하지 못하기에 남들을 가르칠 수
도 없는 것이니라.
12 그러니 마음 하나를 제대로 다스리는
자가 남을 구원할 수 있음이니라.
13 그러니 자신을 다스리는 것이 네 마음
을 다스리는 것에서 모두의 근본이요,
기초로써 역사함이니라.
14 마음을 다스리지 못함으로써 모두를
다 잃게 되며, 마음을 다스림으로써
모두를 얻게 되니, 그 마음 다스리는
것의 중요함을 너희가 알아야 할 것이
니라.
15 너희가 남을 아무리 구하고자 하여도
너희의 마음을 다스리지 못하는 자,
변화되지 아니한 자는 절대로 남을 구
하지 못하는 그와 같은 이치를 알아야
할 것이며,
16 너희가 남을 구한다 그리 말하나 너희
가 자신을 다스리지 못하여 욕심이라
는 그 뿌리를 그득히 가지고 남에게
욕심을 버리고 살라, 그리고 욕심을
버리는 것이 하늘에 오르는 길이다 그
리 아무리 가르치고 그들에게 깨우쳐
주고자 하여도 그들은 변하지 아니함
이니라.
17 그들은 벌써 너희가 가지고 있는 그
욕심의 마음을 볼 줄 알며 그들이 먼
저 알고 있기 때문이니라.
18 그리하여 너희가 먼저 변하며 너희가
변화되는 마음이요, 저 자신의 마음을
다스리지 못하는 자는 천 마디, 만 마
디 말로써 아무리 그리해도 그들에게
깨달음이 없으며 그들이 따르지 아니
함을 알아야 할 것이니라.
19 그리하여 너희가 마음을 다스리며 저

자신을 다스려 가는 삶의 행동 하나를
보여 주는 것이 그들에게 천 마디, 만
마디로써 가르치는 것보다 소중하며,
20 그들이 먼저 깨달으며 그들이 먼저 그
리 따라갈 수 있다는 것을 알아야 할
것이니라.
21 너희가 마음을 다스리지 아니하고 하
는 그 말은 그 백성이 먼저 알고 있기
에 너희를 따르지 아니한다는 그 무서
움을 알라.
22 너 자신을 다스리라.
23 네 마음을 다스리라는 그 중요성, 천
가지, 만 가지를 다 마음을 다스리면
서 어찌 생각하느냐에 그 답이 거기에
서 나오기 때문이니라.
24 똑같은 과일을 보고 너희가 생각하는
그 마음이 마찬가지며, 못난 사람이라
너희가 말하는 사람을 보고 아름답게
생각하고 볼 수 있는 것도 네 마음을
다스리면서 그리 보는 것이니라.
25 그러니 모든 사물을 보는 것이 다 다
르니라.
26 네 주변에 살아가는 것의 모두를 다
보는 것이 극에서 극으로 볼 수 있는
것이 마음을 다스린 자라는 것을 알라.
27 마음을 다스린 자는 아름답게 볼 것이
며 마음을 다스리지 못한 자는 그 추
한 모습을 추하게만 보는 것이니 거기
에 모두가 다 달렸다 함을 잊지 말라.
28 네 마음을 다스리는 훈련을 하도록 그
리하라, 사랑하는 아들딸들아!

5,493 번째 하나님 말씀

2003년 3월 13일 0시 06분

1 사랑하는 나의 아들아!
2 "네, 아버님! 말씀하옵소서."
3 너희에게 내가 이룰 수 없는 것을 이
루라 말하며 너희가 어렵고 힘든 길을
내가 가라는 것 또한 알고 있음이니라.
4 그러나 너희가 못 이룰 것이 없으며
못하는 것을 내가 시키지 아니함을 알
라.
5 너희에게 그리 말하였느니라.
6 너희가 변하고자 한다면 오늘의 그 모
두를 다 버리라.
7 그 모두를 버릴 수 있는 것이 너희가
그 또한 모두를 얻는 것이라 내가 너
희에게 그리 말하여 가르치지 아니하
였던가?
8 너희가 지금의 삶의 살아온 그 방법을
버리지 못하며 그 생활의 연속일 때,
그 생활에서 벗어나지 못할 때 너희가
변할 수 없기 때문이니라.
9 즉 너희가 변하지 못한다면 그것은 무
엇이던가?
10 새로운 나의 성령이 너희에게 임하지
못하기 때문이니,
11 너희가 변하지 못하여 나의 성령이 너
희에게 임하지 못한다 하면, 천날 만
날 기도하고 경배한다 해도 너희가 변
하지 아니하면 나에게 오르는 길을 볼
수 없음이니,
12 그리하여 너희가 모두를 다 버리는 그
와 같은 마음을 가질 때 모두를 얻는
다 하였음이니라.
13 너희가 지금까지 살아온 모든 습관이

요, 관습이요, 살아왔던 형태를 다 뒤
로 돌려보내며 뒤돌아 반대로 가는 그
와 같은 삶을 살라 함이니,
14 너희가 어렵고 얼마나 힘든 길인가를
나 여호와는 알고 있음이니라.
15 그리하여 내가 반복하고 또 반복하여
나의 법전에 기록하여 너희에게 가르
침을 알아야 할 것이니라.
16 선생이라는 사람이 제자를 가르칠 때
그 중요한 것을 반복하고 반복하여 주
입시키며,
17 그것을 이와 같은 형편으로, 저와 같
은 형편으로, 이와 같은 입장에서, 저
와 같은 입장에서 이해시키고 반복하
고 또 깨닫도록 하여, 그를 요약하여
훈련을 시키면서 너희는 인간을 가르
치는 데 그와 같은 중요성을 요약하여
반복하고,
18 이 방법으로 반복하며 저 방법으로 비
추어 그가 완벽히 알 수 있도록 너희
가 그리 가며,
19 그 문제를 놓고 어떠한 형태에서 접근
하든 그를 해결할 수 있는 방법으로
반복, 반복 훈련을 시키니,
20 나 여호와가 너희를 깨우치기 위하여
나의 아들을 통하여 중요한 것을 반복
하며 요약해서 내리고 또 내리는 것은
나의 뜻이 아니요, 인간 나의 아들이
만들어 내려보내는 것이라 그리 너희
가 비아냥거리며 그리 말하며, 그리하
여 나의 법전에 160권이 잘못된 것이
라 말을 한다면,
21 정녕 너희는 너희 자식을 가르치매 반
복, 반복하는 그와 같은 훈련을 평생
하며 살지 않는가?
22 착하게 살라, 거짓 하지 말라 그 한마
디만 가지고도 너희는 평생 너희 자식
에게 얼마나 가르치느냐?
23 그리고 부모의 뜻에 살라는 것을 얼마
나 가르치는가?
24 너희는 그리하면서 나 여호와 창조주
가 나의 사랑하는 아들딸 너희에게 반
복하고 또 반복하여 중요한 것을 너희
머리에 심어 줘 바로 서게 하고자 하
는 것은 나의 뜻이 아니요, 사탄의 뜻
이라 그리 말함이니,
25 어찌하여 너희는 그리도 네 욕심대로
네 생각대로만 말을 하며,
26 아름답고 긍정적인 방법으로 세상사
를 보지 아니하며 부정적이요, 사악한
방법으로만 본단 말이더냐?
27 그러니 너희의 마음이 사악한 것으로
독소가 차 있으며, 너희가 육은 살아
있되 그 육이 천사와 같은 형태로 살
아가는 것이 아니요,
28 썩고 독소와 같은 물로 그득히 차 있
는 것을 내가 보고 있으며, 나의 아들
이 너희를 봄이니,
29 그를 보고도 말 못 하며 그를 보고도
그렇다 표현하지 못하며 그를 보고도
참고 넘어가는 나의 아들의 그 이면의
고통스러운 마음을 너희는 모를 것이
니라.
30 그러니 너희가 얼마나 불쌍한 백성이
며,
31 너희의 추하고 더러운 모습, 아름다운
모습, 깨끗한 마음, 나를 향하는 마음
이 진실한 마음인지 거짓된 마음인지
다 알고 있는 나의 아들에게,
32 구원을 받을 자요, 구원을 받지 못할

자를 다 알고 있는 나의 아들 앞에 그
것이 옳고 그르다 하며 나의 성령이
어쩌고저쩌고하며 그와 같이 너희가
그 행위를 하고 있음이니,
33 얼마나 나의 아들이 너희를 보는 모습
이 불쌍하다 보겠는가?
34 학문을 가르치는 선생 앞에 학문을 가
지고 그 선생을 가르치려 대드는 어리
석은 제자와 같다는 것을 잊지 말라,
불쌍한 나의 백성들아!
35 나의 아들은 모두를 다 알고 있음이니
라.
36 네 육신은 육신이되 그 육신이 얼마나
썩어졌으며 얼마나 사악한 썩은 물로
채워져 있으며 독소로 채워져 있으며
나의 성령의 아름다운 마음이 네 마음
에 얼마나 차지하겠는가 그것을 다 알
아 네 무게를 알고 있음이니라.
37 그리하여 너희가 지옥으로 가서 어떤
벌을 받을 것이라는 것을 알고 있는
나의 아들 앞에,
38 이것이 이렇다저렇다 갑론을박하며
수다 떨지 말라, 불쌍한 나의 백성들
아!

5,494 번째 하나님 말씀

2003년 3월 13일 0시 14분

1 사랑하는 나의 아들아!
2 "네, 아버님! 말씀하옵소서."
3 나의 아들 예수가 그 제자들의 발을
씻어 줬다 하였음이니, 그것을 어떤
의미로 너희는 받아들이며 어찌 깨우
쳐야 하겠는가?
4 예수가 제자들의 발을 씻어 주었으니
그 제자들 또한 백성의 발을 씻어 주
라 너희는 그리 기록하여 전하며 그
뜻을 그리 생각할 것이니라.
5 그러나 그것은 그런 의미가 없음을 너
희는 알아야 할 것이니라.
6 예수가 그 제자들의 발을 씻어 줌은
예수의 그 삶이요, 예수가 살아온 그
모두를 그대로 지키고 모든 것을 그리
행하라 하여 그와 같이 그 뜻을 보여
준 것이니라.
7 그리하여 예수는 제자들의 발을 씻어
줌으로써 가장 낮은 자세로써 그들에
게 그 깨우침을 주기 위한 것이니라.
8 예수가 행하고 살아가는 것과 발을 씻
어 주는 가장 낮은 그 행위를 너희가
본받을진대,
9 예수가 아름답고 성스런 행위요, 너희
에게 본보기 되는 그 가르침이요, 높
은 깨달음을 주었을 때, 과연 너희는
그를 얼마나 받아들이며 얼마나 그를
지키고 살아야 하는가를 너희에게 심
어 주기 위해서 그리하였음이니 그 의
미를 깊이 깨달아야 할 것이니라.
10 오늘의 사는 백성 너희와 종교 지도자
들 너희는 어떠하던가?
11 너희는 더군다나 예수의 삶을 그대로
실천하고 사는 자만이 지도자가 될 수
있다는 것을 알아야 할 것이니라.
12 너 자신이 구원을 받으며 만백성을 구
하는 길을 가고자 한다면, 너희는 예
수의 삶을 그대로 따라서 가야 하는
것이 구원의 길이요, 구원을 너 자신
이 받으며 만백성을 구하는 것이라는
것을 어찌 모르고 말로써만 구원을 받
았다 말하는가?

13 예수가 그 제자들의 발을 씻어 준 것
은 가장 낮은 행위요, 가장 낮은 일을
행하는 것도 너희가 본받아 실천하라
하였음이니,
14 그보다 나은 깨달음이요, 그보다 더
나은 아름다운 삶을 강요하는 것이며,
15 전하고자 깨우쳐 줬던 그 말과 행동을
그대로 배워 실천하여 하나도 버리지
말며 그대로 만백성에게 전하여, 천년
만년의 그 세월이 흘러 이 세상이 천
국의 낙원이 되도록 그리하라 그들에
게 보여 줬음이니,
16 다만 그저 발을 씻는 그 행사로써, 그
발을 씻어 주는 그 역사로써 끝났다
생각하는 것은 너희가 그 역사함이요,
그 의미요, 그 비유의 뜻을 전혀 모르
는 것이니,
17 이제 너희는 가슴에 손을 얹고 생각해
봐야 할 것이니라.
18 예수가 발을 씻어 줬으며 그대로 만백
성에게 전하라 하는 것은,
19 예수가 남의 발을 씻어 주는 그 형태
를 그대로 전하라는 그보다 나은 것,
그보다 높은 깨달음, 그보다 나은 어
떤 깨달음이요, 행동이요, 그 모두를
그대로 너희에게 전하라 함이며,
20 그것이 바로 천국과 같이 지상에 이루
어지는 역사함의 근본이요, 기초라는
것을 보여 주기 위한 것이니,
21 너희는 그 의미를 알아 그와 같이 행
하는 것이 종교 지도자요, 나의 뜻에
따라 살아가는 지도자요, 나의 뜻에
살아 구원을 받고자 하는 백성이 가야
할 길이라는 것을 잊지 말라.

5,495 번째 하나님 말씀

2003년 3월 13일 0시 20분

1 사랑하는 나의 아들아!
2 "네, 아버님! 말씀하옵소서."
3 '종은 주인의 뜻을 따르며, 종은 또한
주인의 뜻을 알 수가 없다' 그리 말하
였으며, 주인은 종이 역사하고자, 이
루고자 하는 그 뜻을 저희가 모르며
그 속을 모르는 것이 아랫사람의 자세
라 그리 말하였으니,
4 아랫사람이 윗사람의 그 뜻을 받아들
이기에는 많은 노력이 있으며 깨달음
이 있어야 한다 함이니라.
5 너희가 아무리 효성스러운 자식이라
하여도 부모의 사랑을 자식이 알지 못
한다 하였음이니, 이는 곧 무엇이더냐?
6 사랑은 내리사랑이며 내리사랑을 아
랫사람은 그를 알지 못한다 함이니,
7 아무리 자식이 부모를 공경한다 하여
도 부모가 자식을 사랑하는 그 마음을
알겠는가?
8 저는 죽으면서 자식은 살리고 싶어 하
는 그와 같은 마음을 알라 하는 것이
나 여호와가 그리 기록하여 전한 것이
니라.
9 어찌하여 너희는 이와 같은 뜻을 알지
못하며 그와 같은 깊이요, 의미를 알
지 못하는가?
10 이는 바로 무엇이던가?
11 이 세상에 창조한 나 여호와가 존재하
며, 나의 법전이요, 나의 성경이요, 나
의 아들이요, 모세요, 그 모두가 세상
에 내려가 너희에게 아름답게 삶을 가
르치는 그들을 세상에 내려보낸 이가

있으며,
12 그들은 보냄을 받은 백성이라는 그 뜻
을 알라 함이니라.
13 그러나 지금 나 여호와가 존재하며 나
의 뜻에 의해 너희가 살아가야 하거늘,
14 나의 이치를 너희가 알지 못하며 내가
이루고자 하는 그 역사를 알지 못함이
니라.
15 그러하니 겸손한 자세로, 겸허한 자세
로써 나의 법전을 듣고 깨우치며 나의
아들이 너희에게 전하고자 또 깨우치
고자 했던 방법이요, 그 삶을 그대로
사는 것이 너희가 하늘의 이치를 알
수 있는 길이요,
16 지금 내가 나의 아들을 통하여 새로
내리는 법전이요, 새로운 성경 이것만
이 그 뜻을 알 수 있거늘,
17 너희는 그와 같은 깨달음의 길을 가려
하지 아니하며,
18 위에 보낸 이의 그 뜻이 얼마나 방대
하며 위대한 것인가를 생각하여 겸손
한 자세로 너희가 노력하며 성서를 진
심으로 깨달아 진심의 뜻을 알아 만백
성을 구하는 길을 가는 것이 아니요,
19 너희가 얼마나 오만하고 잘못되었으
며 사악한 자인지 아는가?
20 너희는 종교 지도자란 그 이름을 붙이
는 순간에 나의 아들 예수보다도 더
높고자 하는 것이며, 나 여호와보다도
더 높고자 하는 것이니, 보낸 이의 뜻
을 알지 못함이요,
21 보냄을 받은 자가 무엇이며, 나로부터
생명을 받아 나간 백성이 어찌 살아가
야 할 것인지,
22 나 여호와가 너희를 얼마나 사랑하며,
어찌 너희가 바로 살아 나에게 돌아올
수 있도록 그 길을 가라, 그리고 올 수
있도록 하라 내가 가르치는 것을 너희
가 알지 못하면서 나의 위에 있고자
하며,
23 나보다 더 높은 자의 행위를 하며, 나
보다 더 높은 자리에서 대우를 받으며
그와 같은 행동을 지금 하는 것이 너
희이니,
24 잘못 가도 너무나 잘못 가며 몰라도
너무나 모르는 자들이 나의 피조물 만
백성을 구원한다 하며 사랑하는 나의
백성을 지옥으로 이끌어 가고 있는 그
와 같은 형국에 젖어 있음을 너희는
알아야 할 것이니라.
25 보낸 이의 뜻을 보냄을 받은 자가 알
수 없듯이, 이 세상의 모두를 창조한
나 여호와의 뜻을 너희가 알 수 없음
이니,
26 내가 나의 아들을 통하여 너희에게 뭐
라 말하였느냐?
27 너희가 눈으로 볼 수 있는 모든 식물
의 이름을 알지 못하며, 그들이 어떠
한 뜻으로 쓰이며 그들이 어디에 쓰이
며 그들이 하고 있는 기능은 무엇인지,
28 그들이 가지고 있는 특성과 그들의 이
름 하나도 너희가 알지 못한다 하였으
니, 세상의 동식물이요, 미물까지 너
희가 그 어떤 것을 알 수 있겠는가?
29 아무것도 너희가 하나도 제대로 아는
것이 없음이니라.
30 그 이름을 안다 하여, 숫자를 안다 하
여, 그 모형을 그림으로 그릴 수 있다
하여 너희가 그를 알 수 있다 말하는
것인가?

31 그 특성이요, 그가 가지고 있는 효과
요, 그만이 가지고 있는, 그만이 행하
는 그 모두를 너희는 모르고 사는 것
이니라.
32 그리고 그들이 살아가는 방법이요, 그
들이 살아가는 그 형태까지 하나도 알
지 못하고 살아가는 것이 너희이니,
이 세상 것 하나도 완벽히 아는 것이
있다 너희가 말할 수 없는 것이니라.
33 아무것도 완벽히 알 수 없는 그와 같
은 보냄을 받은 백성이 보낸 이 나보
다 높고자 하는 그것이 얼마나 오만
하며 어리석으며 불쌍한 자의 행동인
가 그를 알라, 사랑하는 나의 아들아!

5,496 번째 하나님 말씀

2003년 3월 13일 05시 39분

1 사랑하는 나의 아들아!
2 "네, 아버님! 말씀하옵소서."
3 내가 너에게 작은 상을 내린다 하였음
이니라.
4 오늘 너를 찾아오는 사람이 있을 것이
니, 그들에게 서점을 준비하도록 하며
그리고 2부의 책까지 발간할 수 있는
그와 같은 임무를 그들에게 주라.
5 그들이 그 임무를 수행했을 때 저희에
게 얻어지는 그 영광과 축복은 감당키
어려울 것이니 그와 같이 그들에게 임
무를 줄 것이며 그리 행하도록 하라.
6 그리하여 이제 너희가 시작함이니라.
7 그리하면 그들이 온 다음에 또 내가
다음 사람을 보내 그와 같은 임무를
수행하도록 할 것이니 그리하라.
8 그들이 하고 안 하고 역사하고 안 하
는 것은 제 복이며 제 뜻이니 너는 주
저하지 말며 내 뜻을 그들에게 전하도
록 그리하라.
9 다만, 나 여호와도 그들을 기다릴 것
이니라.
10 역사하고 하지 아니함은 그들의 것이
니, 그들이 역사했을 때 저희의 축복
과 영광은 끝이 없을 것이니 그리하도
록 하라, 사랑하는 나의 아들아!
11 네가 그들에게 인간 도리의 생각으로
써 처음에 그 말을 하지 못한다 하면
그 책임은 너에게 있느니라.
12 그러나 네가 나의 뜻을 전한 다음 그
들이 역사하지 아니하는 것은 그들에
게 달렸음이니라.
13 그를 그대로 행하도록 하라, 사랑하는
나의 아들아!

5,497 번째 하나님 말씀

2003년 3월 13일 09시 37분

1 사랑하는 나의 아들아!
2 "네, 아버님! 말씀하옵소서."
3 이 세상에 많은 백성이 살아가고 있느
니라.
4 그중에 또한 너도 이 세상에 살아감이
니,
5 네가 오늘 나로부터 성령을 받아 법전
을 만들어 낼 자격이 과연 있는가 없
는가 하는 그와 같은 너 자신의 고민
함을 내가 알고 있음이니, 그 모두를
너는 지우도록 그리하라.
6 사람이 살아가면서 선한 마음이 살면
서 점점 악해지는 그와 같은 사람이
소중하던가, 잘못 살았던 사람이 선하

게 바뀌어 가며 아름답게 살아가는 그
변화의 역사 속에서 살아가는 그것이
더 소중하고 아름다운 것인가?
7 너는 그것 하나를 네 마음속에 그리
계산을 두면 될 것이니라.
8 사람이 살아가면서 점점 사악해지고
악해져 가며 주름살이 늘고 백발이 되
어 가는 그 삶이 점점 나쁜 짓이요, 남
에게 용서받지 못할 일을 서슴없이 할
수 있는 그와 같은 삶을 살아가는 자
와,
9 세월이 가면서 아름다움을 찾으며 진
리를 찾으며 깨끗하고 소중히 저 자신
을 생각하며 변화되는 삶을 살아가는
것이 무엇이 더 소중한 것인가?
10 네가 오늘 그와 같이 변하고자 살아가
는 삶이 소중한 것이니라.
11 그리하여 네가 나의 아들이며 만백성
을 이끌어 갈 지도자로서 바로 서게
됨이니라.
12 네가 완벽하게 서지 못하여 아직도 몸
부림치며 변해 가는 것을 나 여호와는
알고 있으며, 또한 네가 변할 것을 다
알고 있으며 미리 그림으로 내가 너에
게 다 보여 주었음이니라.
13 그러니 너는 두려워하지 말며, 네가
자질이 있는가 없는가, 오늘의 네가
가는 길이 바른가 잘못되었는가 그와
같은 생각을 하지 말라.
14 너 스스로 한 점의 부끄럼이 없는 삶
을 살아가고자 노력하며 그리 살아가
면 그보다 더 귀하고 소중한 것이 없
으며,
15 그와 같은 자에게 투자하는 것이 무엇
이 잘못되었던가?
16 너희가 서서히 망해 가는 기업에 아무
리 투자한들 그것은 잘못 투자하는 것
이 아니더냐?
17 그리고 잘못되는 것이 아니던가?
18 그러나 불과 같이 일어나는 기업에 너
희가 투자한다면 바로 잘 투자한 것이
요, 길을 잘 찾은 것이 아니던가?
19 그 이치이니라.
20 네가 타는 불보다도 더 무섭게 변해
가며 바로 서고자 노력하니, 그러니
과거에 연연하여 네가 그리 몸부림치
지 말라.
21 지난날의 삶이 있기에 네가 오늘이 있
으며, 지난날의 삶을 거울삼아 네가
오늘에 바르게 살며 지금처럼 변해 가
면 되는 것이니,
22 네가 너 자신을 의심하며 너 자신을
두려워하며 너 자신을 욕되게 생각하
지 말라.
23 오늘보다 내일에 아름다운 마음을 가
지고 사는 그것이 네가 나로부터 선택
된 나의 아들이요, 대명을 이룰 수 있
는 자이니 그것이 소중한 것이니라.
24 점점 무너지는 것보다 점점 힘차게,
그리고 용기 있게 살아가는 그 삶이
필요한 것이며 소중하기에 네가 나의
아들이요,
25 만백성을 구하는, 나로부터 선택된 대
명을 나 대신 역사하는 데 네가 선택
되었음이니,
26 그를 너는 의심치 말며 걱정하지 말
라, 사랑하는 나의 아들아!
27 너는 갈 길이 있으며 변할 그 한계가
있으며 네가 우뚝 서야 할 그 모두가
그림으로 그려져 있으며 모두가 정해

져 있음이니라.
28 그 길을 네가 잘 가고 있음이니 나 여
호와가 기쁨이니라.
29 그러니 불안해하지 말며 걱정하지 말
며, 네가 너 자신을 의심하며 고통스
러운 마음을 갖지 말며, 오늘의 살아
감이 과연 옳은가 그른가 하는 것을
생각하지 말라.
30 무생물이요, 생명이 없는 그들과 대화
를 하며 그들을 하나 놓기를 소중히
다루며 그들을 부드러운 네 손끝으로
그리 다루고 살아가는 그 변화 그 모
두가 필요한 것이며 그것이 필요하기
에 네가 선택되었으며, 나의 아들로서
미리 준비된 자이니 그리 알라, 사랑
하는 나의 아들아!

5,498 번째 하나님 말씀

2003년 3월 13일 09시 46분

1 사랑하는 나의 아들아!
2 "네, 아버님! 말씀하옵소서."
3 지금의 믿음의 길을 가는 종교 집단이
요, 그 지도자들의 가장 잘못된 것이
무엇인지 너희는 알겠는가?
4 많은 신도는 그를 보지 못하고 있음이
니라.
5 지금의 그 물질이요, 그 많은 힘을 가
지고 있는 종교 집단이요, 지도자들이
바로 나의 백성의 마음을 불안과 공포
에 살게 하며 초조한 마음에서 벗어나
지 못하며 공허한 마음에서 벗어나지
못하도록 저희가 그와 같이 나의 백성
을 이끌어 가고 있음이니라.
6 구원이라는 그 명분 아래 나의 백성이
편안한 삶이요, 아름다운 자연을 느끼
며 그리 나에게 감사하는 마음으로 살
아가는 것이 아니라 불안과 초조의 마
음으로 살아가도록 만든 것이 그들이
니라.
7 구원이라는 것은 억지로 너희가 하는
것이 아니요, 자연스럽게 너희가 도덕
적인 삶이요, 양심적인 삶을 살아가는
그 속에서 이루어지는 것이거늘,
8 너희는 많은 재물과 사행심으로써 역
사하는 것만이 구원을 받는 길이며,
너희 손으로 지은 그 성전을 찾는 자
만이 구원을 받는다 그리 말함이니,
9 나 여호와로부터 진실한 성령의 가르
침이요, 참진리를 보지 못하게 하는
것이 너희이며, 그들을 듣지 못하게
하며 깨닫지 못하게 하는 것이 지금
종교 지도자 너희가 하고 있는 행위임
을 알아야 할 것이니라.
10 너희 자신만이 그 종교 집단에 속하여
그 지도자가 하는 강론이요, 설교를
듣는 것만이 최고의 구원의 길이라 말
하며,
11 그 백성을 그리 세뇌시켜 놔 그들이
앞뒤를 볼 수 없으며 나의 진실한 뜻
이요, 가르침을 구분하지 못하도록 그
리 가르쳤으며,
12 잠시도 성전을 소홀히 하며 잠시도 재
물을 바치지 아니하면 그들이 죄를 짓
는 것처럼, 그리고 사탄으로 전락하는
것처럼, 지옥 불로 가는 것처럼 너희
가 그리 협박과 공갈을 하고 있음이니,
13 그들이 거기에 공포와 불안으로 허전
한 마음에 살면서도 헤어나지 못하고
그저 끌려가는 그와 같은 형국이 되어

있음이니,
14 나의 백성으로 하여금 내 뜻을 거역하
게 하는 너희가 사악한 주역이며 사탄
의 자식이요, 사탄의 후손이라는 것을
잊어서는 아니 될 것이니라.
15 너희가 성전이라는 곳이요, 너희가 지
은 교회라는 곳 거기에 와 모두를 다
바치는 것이 구원의 길이요, 네 형제
요, 부모요, 이웃에게 사랑을 베풀며
먼저 그들을 생각하는 그와 같은 마음
을 가지고 사는 것은 잘못된 것이라
그리 가르침이니,
16 나의 피조물 만백성이 진정한 참진리
의 길이 아니요, 나로부터 거역하는
길이요, 나로부터 점점 멀어지는 그와
같은 길을 가도록 만든 것이 너희이니
라.
17 그리하여 이제는 더 이상 돌이킬 수
없을 만큼 너희 말대로 종말이요, 사
악한 심판의 시대가 지금 도래하였음
이니라.
18 너희 말대로 더 이상 사악해질 수가
없으며 이제 심판의 시대가 왔음이니
라.
19 그리하여 내가 나의 법전이요, 새로운
성령을 너희에게 내려 한 번의 기회를
줘 너희 각자가 듣고 읽고 깨우쳐 구
원의 길을 볼 수 있는 그 기회를 주고
너희를 심판하고자 160권의 법전을
세상에 내려보냄이니, 이 하늘의 뜻을
너희가 알고 행하도록 그리하라.
20 이를 거역하는 자는 정녕 나로부터 영
원히 멀어짐이니,
21 나를 아버지라 부르지 못할 너희가 죽
음의 문턱에 가서도 이를 깨닫지 못하
고 갈 자들이니, 어떠한 형벌이 너희
를 기다리고 있는지 너희는 그때 가서
야 알 것이니라.
22 한마디 거짓이 살인과 같다 하였음이
니라.
23 지금의 종교 집단이요, 지도자들이 거
짓말을 하도록 그들을 가르치고 있으
며, 거짓말을 하며 그리 살아가도록
하고 있음이니라.
24 그것은 바로 너희가 실천하는 선함을
중요시하지 아니하며 말로써 부르짖
으며 그저 말로써 행하며 재물만 바치
면 구원을 받는다 그리 가르치고 있음
이니,
25 그게 바로 거짓말이요, 거짓을 가르치
는 그와 같은 행위를 하고 있음을 너
희는 알아야 할 것이니라.
26 믿지 않는 자는 인간으로 생각지 않는
이 세상을 너희가 보이지 않는 범죄
요, 부도덕한 생활을 하도록 나의 피
조물 만백성을 이끌어 가고 있음이니
라.
27 보이지 않는 범죄요, 보이지 않는 부
도덕함을 수없이 행하며 살아가는 것
이 현명한 방법이요, 바르게 사는 것
이라 종교 지도자 너희가 가르치고 있
음이니라.
28 그게 바로 무엇인 줄 아는가?
29 죄를 짓지 않고 인간은 살 수 없기 때
문에 인간은 죄를 지으며 그 죄를 지
음으로 인하여 너희가 재물을 바치고
기도하고 회개의 눈물을 흘리면 그 죄
를 면죄 받는다 그리 말함이니,
30 나의 피조물 만백성이 저희가 살아가
면서 보이지 않는 범죄는 범죄라 생각

하지 아니하며 보이지 않는 부도덕한
행위는 부도덕한 것으로 생각지 아니
함이니,
31 보이는 범죄요, 보이는 부도덕함도 용
서를 빌면 된다는 그와 같은 자만과
오만이요,
32 너희가 잘못 가르친 그 죄에 의하여
그들이 그리 생각하고, 그는 바로 저
희가 지옥의 그 죄를 하나씩 짊어지고
사는 것을 행복이요, 축복이라 그리
살아가는 백성으로 너희가 세뇌시켰
음이니,
33 그와 같이 거짓말을 시키며 그리고 나
의 피조물 만백성으로부터 범죄요, 부
도덕한 짓을 하도록 하며 나로부터 거
역하는 짓을 하도록 하며 가르치고 가
는 것이 지금의 종교 집단이요, 지도
자가 하고 있는 행위니라.
34 그 모두를 배우기 위하여 너희가 신도
라 하여 그 성전에 가 울고불고 찬송
하며 기도 드리며 아우성을 치고 있
음이니,
35 너희는 그 사악한 자들이 가르치는 것
을 배워서 그를 가지고 너희가 지옥으
로 가겠다고 울부짖는 형국이라는 것
을 잊지 말라.

5,499 번째 하나님 말씀

2003년 3월 13일 09시 51분

1 사랑하는 나의 아들아!
2 "네, 아버님! 말씀하옵소서."
3 나로부터 선택된 백성 너희가 지금의
변화되는 믿음의 길을 가는 것과 그리
고 너희가 변하고자 노력하는 그것이
얼마나 힘들고 어려운 것인가를 나 여
호와는 알고 있느니라.
4 너희 자신이 변화되어 바로 살고 가기
도 벅차고 힘든 그 삶 속에서, 주변으
로부터의 오해와 뜨거운 눈초리요,
5 그리고 참진리를 왜곡하며 사탄이요,
이단이라 그리 말하는 자들의 그 모두
를 받아 넘기고 살아가는 너희의 아
픈 마음을 나 여호와가 알며, 인내하
기가 고통스러운 것을 알고 있느니라.
6 그러하며 또한 그들과 아픔과 슬픔을
같이 느끼며 가는 그 길에 너희에게서
등 돌리며 떠나는 많은 사람, 사랑하
는 사람들, 멀어져 가는 그들을 보면
서 너희가 또한 마음이 얼마나 아픈
지를 내가 아느니라.
7 말과 행동이 중요하며 그 행함이 중요
하다는 것을 너희는 알고 있으나, 그
것을 모르는 자들, 그리하여 행함을
소홀히 하며 살아가는 그들을 바라볼
때 그들이 불쌍하고 가련한 그 마음이
요,
8 그리고 나의 법전에 등 돌리며 나의
법전을 찢어 버리고 태워 버리는 그와
같은 너희가 사랑하는 사람이요, 가까
이할 수 있는 사람, 그리고 너희가 일
깨워서 같이 가고자 하는 사람들이 너
희 설법을 듣지 아니하며 너희가 전하
는 말을 듣지 아니하며 나의 법전을
읽으려 하지 않는 그들을 보며,
9 등 돌려 너희에게서 떠나는 그들을 너
희가 하늘에 오르는 길로 등 돌려세울
수 없는 그와 같은 너희의 안타깝고
답답한 그 마음이 이제는 아프고 저려
오는 것을 나 여호와는 알고 있음이니

라.

10 그리하여 너희 스스로 인내하기가 어렵우며 그 모두를 견디기가 더 어렵고 씁쓸함을 나 여호와가 알고 있음을 너희는 알아야 할 것이니라.

11 그리하여 너희가 스스로 버티기도 어려운 이 시기를 주변의 모든 여건이 너희를 외롭고 고통의 생활과 그 시간 속으로 몰고 가고 있음이니,

12 너희는 그것이 과연 언제쯤 끝날 것인가, 그리고 그 역사함은 언제쯤 올 것인가,

13 너희가 죽을 때까지 너희가 바라는 그 역사는 이루어질 것인가, 그리고 정녕 너희가 가는 길이 나 여호와의 믿음이요, 나 여호와의 길을 가는 것인지 너희가 의심하게 되는 그와 같은 마음을 갖게 됨이니, 너희는 그리 생각하지 말라.

14 나 여호와가 너희의 마음을 다 알고 있으며 너희와 같이 있다는 것을 너희는 항상 믿고 그리 살아가라.

15 그리하면 머지않아 너희가 지금 그리 생각하던 그 모두의 답이 하늘에서 너희에게 내려질 것을 알아야 할 것이니라.

16 너희가 살아가는 직장의 동료요, 또한 직장의 상사요, 사랑했던 옛 친구들이요, 친척들과 가족으로부터, 때로는 배우자로부터 너희가 가서 설 자리가 없다는 것을,

17 그리고 친척으로부터 너희가 또 설 자리가 없고 친척마저도 너희에게서 등을 돌린다는 것, 그 모두를 나는 알고 있음이니라.

18 그러나 그들이 머지않아 너희가 변하는 모습이요, 너희가 바로 서고 바로 살아가는 그 삶을 보고 다 한가족이 될 날이 머지않았음을 알아야 할 것이니라.

19 너희는 여기서 버티고 견디고 나가는 그 용기가 필요함을 알 것이며,

20 나로부터 선택된 백성이요, 선택된 지도자는 무수한 역경과 그 고난의 길을 넘어야 한다는 것을 너희는 잊어서는 안 될 것이니라.

21 그 고통과 역경의 고난을 넘는 그것이 나 여호와의 뜻을 지키는 것이며,

22 나 여호와의 뜻을 위해서 하며 내가 이루고자 하는 새로운 시대요, 새 역사를 이루는 그 길에 너희가 동참하는 것이며 그걸 역사한다는 것을 잊지 말며,

23 사랑하는 너희의 형제요, 만백성을 너희가 길이길이 구원하는 그 길을 가고 있다는 것을,

24 너희의 후손이요, 대대손손 그 생명을 새로운 생명으로 태어날 수 있는 그 구원의 길을 가고 있는 것이 너희이기에,

25 오늘의 고통과 역경 그 모두는 나의 뜻에 의하여 주관되어 이루어진다는 것을 굳게 믿고 주저하지 말며 용기 잃지 말라, 사랑하는 아들딸들아!

26 너희가 그리 기다리던 그 역사함이 머지않았음이니라.

5,500 번째 하나님 말씀

2003년 3월 13일 10시 14분

1 사랑하는 나의 아들아!
2 "네, 아버님! 말씀하옵소서."
3 성령으로써 세상에 나갔으며 그 세상
의 모든 역사를 이룰 수 있는 나의 아
들 예수가 부귀영화를 취하고자 하면
그가 취하지 못했으며 권세를 누리고
자 하면 그가 권세를 누리지 못했겠는
가?
4 어떠한 것이든 그는 누릴 수 있었으며
그는 역사할 수 있었음이니라.
5 그러나 예수가 살아가는 그 생활 속에
서 가정을 가지고 있었던가?
6 그리고 그가 쉴만한 저택을 만들어 거
기에 안주하는 삶을 살았더냐?
7 부귀와 영화를 이루지 않았음을 너희
는 알아야 할 것이니라.
8 그 모두를 얻고 이룰 수 있는 나의 아
들 예수가 고독과 싸우면서 자신의 훈
련에 모두를 다 바쳤다는 것을 생각해
볼 때,
9 금화와 은화요, 권력을 거둬들이는 힘
과 능력이 있다면 너희는 쥐고 일어설
만큼, 이름을 붙일 수 없을 만큼 권력
이요, 명예를 얻으며 재물을 얻고자
하는 것이 너희가 아니던가?
10 그 모든 여건을 다 이룰 수 있음에도
그를 버렸으며 그를 택하지 아니하였
으며 고독과 싸우며 저 자신의 훈련에
모두를 다 바친 예수의 삶이 무엇이던
가?
11 나 여호와가 존재함을 알며, 너희 육
의 세상의 삶에서 어떤 것도 하늘에
오르는 축복이요, 영광만큼 값지고 보
람된 것이 없다는 것을 예수는 알고
있었음이니,
12 너희가 그와 같은 마음 자세로써 예수
의 생각과 뜻을 알아 오늘에 살아가는
삶을 과연 그리 살 수는 없는 것이던
가?
13 지금의 모든 종교 지도자 너희가 가는
모습을 한번 들여다보라.
14 나의 아들 예수는 모두를 얻을 수 있
으며 취할 수 있어도 그를 취하지 아
니하며 거둬들이지 아니했음이니,
15 너희는 거둬들여서도 아니 되는 것을
억지로 거둬들이며,
16 모든 수단과 방법을 가리지 않고 취하
고자, 더 높고자, 더 위대하고자 하는
그 생각에서만 살아감이니,
17 이를 보는 나 여호와가 정녕 너희가
나의 백성이며 나의 뜻을 따라 하늘에
오르고자 하는 백성의 삶의 형태라 그
리 말할 수 있겠는가?
18 너희가 과연 예수와 같이 거둬들일 수
있으며 부귀영화를 누릴 수 있으며 모
두를 역사할 수 있었다면, 너희는 끝
이 안 보이도록 쌓아 놓았을 것이며,
끝이 안 보이도록 역사해 놓을 것이니
라.
19 그 모두를 다 버리며 고통과 시련 속
에서 살아간 나의 아들 예수의 삶을
너희는 어찌 바라보지 못하는가?
20 그와 같은 능력이 없으며 거둬들여서
도 아니 되는 자들이 거둬들이고자 몸
부림치며 악을 쓰는 그 추한 모습을
하면서,
21 너희가 나의 뜻을 따르며 예수의 뜻을

따라서 만백성을 구하는 자요, 예수의
보혈로써 구원을 받은 자요, 그 인도
자라 하여 너희가 단상에 서서 설교를
하고 강론을 한다 함이니,
22 너희의 모습이 얼마나 추한 모습인지
알겠는가?
23 날개를 펴지 못한 번데기의 모습보다
도 더한 것이 너희의 마음이요, 너희
의 생각임을 알아야 할 것이니라.
24 너희가 정녕 그 모두를 얻을 수 있으
면서도 고통의 길을 간 나의 아들 예
수의 그 고통과 시련을 너희 것으로
만드는 그와 같은 지도자가 되지 아니
한다면 너희는 바로 설 수 없는 것이
며 나로부터 선택된 백성이 아니니라.
25 안 되는 것을 억지로 만들며 이룰 수
없는 것을 이루고자 악을 쓰고 몸부림
치는 너희이니,
26 과연 너희에게 권한과 능력과 힘을 주
었다면 너희는 어찌했겠는가?
27 세상 것을 다 네 앞에 쌓아 놓고자 하
는 그와 같은 너희일 것이니,
28 그게 바로 예수가 행했던 그 사랑이
요, 실천을 할 수 있는 자라 너희는 말
할 수 있는가?
29 너희는 이 이치를 하나 깨닫고 부끄러
운 줄 알아야 할 것이며,
30 오늘의 너희가 단상에 서서 설교하는
그 결론의 맺음이 무엇이더냐?
31 많이 갖다 바치라, 그리고 많이 가져
오라, 각종 천 가지, 만 가지 이름을
붙여서 거둬들이는 것이 너희가 아니
던가?
32 나의 백성을 인도한 모세는 과연 어찌
했던가?
33 그가 80세라는 노쇠한 나이로 가족과
편안히 살기를 원했을 것이며 그저 그
여생을 마치고자 하였을 것이니라.
34 그러나 그가 나의 명을 따라 떠날 때
그 자식들을 다 동반하며 같이 갔던가?
35 그 자식이요, 모두를 다 그는 잊어버
리며 그를 기억하지 아니하며,
36 그보다도 나 여호와의 뜻을 이루는 것
이 더 중요하다 하여 그는 나의 뜻에
의하여 그 모두를 다 저버리고 적과
싸우는 그와 같은 역사를 이루지 아니
하였던가?
37 그가 과연 어떠한 심정이었을까, 그는
과연 어떠한 의미에서 그와 같이 어렵
고 힘든 길을 갔을까, 너희는 여기서
그 모두를 생각하며 여기서 얻음을 알
아야 할 것이니라.
38 너희가 이와 같은 역경이요, 그들이
살아갔던 것을 생각하지 아니하며 그
와 같은 마음이요, 그와 같은 뜻의 길
을 가지 아니하려 한다면 너희가 정녕
지도자라 말할 수 있단 말이던가?
39 사랑하는 나의 아들아!
40 "네, 아버님! 말씀하옵소서."
41 너를 따르는 나로부터 선택된 백성이
요, 그 지도자들은 예수의 삶을 생각
하며 모세의 삶을 생각한다면, 너희는
너무나 편안하고 행복한 길에서 지도
자의 길을 가고 있다는 것을 알려 주
라.
42 그러니 너희가 감히 불평이요, 불만이
라는 것을 생각하지 말며, 오늘의 고
통이요, 그 시련을 생각하지 말라.
43 너희가 부귀와 영화를 생각하지 아니
하면 오늘의 고통을 생각하지 아니할

것이니라.
44 걸어가는 자가 좋은 차를 타고 가는
사람을 보고 부러워한다 하면 그는 오
늘 걸어가는 것이 고통스러울 것이며
부끄러울 것이며 창피할 것이니라.
45 그러나 그 좋은 차를 타고 가는 것이
너와 아무런 관계도 없으며 그것이 흘
러가는 돌덩이 하나 굴러가는 것처럼
바라보는 그와 같은 마음이라면 오늘
의 너희가 걸어가는 것이 얼마나 행복
하며, 부담될 것이 없으며 고통 될 것
이 없으며 힘이 들 것이 없으며, 그것
이 부끄러움이 아니지 않겠는가?
46 그러니 마음 하나 다스리라는 것이 나
여호와가 너희에게 명하는 것이니라.
47 그와 같이 너희가 부귀를 누리고자,
영광을 받고자, 권세를 갖고자, 재물
을 쌓아 놓고자 하는 생각을 하고 있
기에 그와 같은 사람이 부러운 것이며,
48 오늘의 네 앞에 쌓여 있지 아니한 빈
지갑을 보고 너희가 슬퍼하며 괴로워
하는 것이니라.
49 그를 보고 부러워하는 마음이 욕심이
니, 그 욕심을 버리고 세상을 보면 아
무것도 부러울 것이 없거늘,
50 어찌하여 너희는 그와 같은 마음 하나
를 다스리지 못하며 너 자신을 보지
못하는가?
51 이제 높이 있는 자, 육신에 많은 것을
가지고 있는 자, 그것이 다 부질없다
는 생각으로써 너희가 그를 바라본다
면, 그를 갖고 잘못 가는 사람의 불쌍
함을 너희가 보게 될 것이거늘,
52 너희가 축복의 길이요, 영광의 길이
요, 나에게 오르는 길을 가는 백성이
그것을 견주어 보고 그것을 갖고자 하
며 이루고자 하는 욕심 때문에 너희
자신이 초라하게 보이는 것이니, 그
마음을 바꾸도록 그리하라, 사랑하는
나의 아들딸들아!

5,501 번째 하나님 말씀

2003년 3월 13일 10시 22분

1 사랑하는 나의 아들아!
2 "네, 아버님! 말씀하옵소서."
3 너희 제자들이 힘들고 어려운 길을 가
고 있으며 그를 너희는 어렵고 힘들다
생각하느니라.
4 그리고 너희는 나 여호와가 이루는 그
대역사를 위하여 얼마만큼 너희가 와
있는 것인가를 의혹할 것이니라.
5 그러나 너를 따르는 제자들이요, 나로
부터 법전을 읽고 깨우친 백성, 그리
고 강론을 듣는 백성 너희는 내가 이
루고자 하는 대역사의 변화를 위하여
시작함도 없으며 하나도 이루어진 것
이 없음을 알아야 할 것이니라.
6 지금까지 나의 법전을 읽고 강론을 듣
고 공부한 너희는 운동선수가 달리기
위해 준비 운동을 하는 그 준비를 갖
추는 그와 같은 결과요, 그 현실에 너
희가 지금 있으며, 아직 시작도 하지
아니한 것이 너희이니라.
7 이런 과정에 너희가 지금 힘들고 어렵
다 말한다면 너희는 대역사를 이루는
멀고도 먼 길이요, 그 힘든 길을 어찌
달려가겠는가?
8 멀고 먼 코스를 달려가는 운동선수가
준비하여 몸을 푸는 그 과정에 있음이

니, 그가 그 먼 길을 달려갈 때 얼마나
힘들고 어렵겠느냐?
9 그 길을 가야 하는 너희가 지금부터
준비 운동에 힘들고 어렵다 하면 어찌
하겠는가?
10 너희가 고통을 견딜 수 있는 자, 지금
의 그 훈련이 필요한 것이니라.
11 이제 내가 너희를 지금까지 준비 운동
을 시킨 것은 먼 길을 달려 그 목적지
를 다녀올 수 있는 그와 같은 사람으
로서 너희를 길러 내기 위하여 실전을
준비하는 그와 같은 역사를 내가 지금
하고 있음이니라.
12 실질적인 실전이 벌어지지도 아니하
였으며 실전을 하지도 아니하였으니,
너희가 지치고 어렵다 생각하면 과연
어떻게 하겠는가?
13 너희가 적으로부터 공격을 받으며 적
의 실탄으로부터 너희의 목숨을 지키
며 적을 이겨야 하는 그와 같은 전쟁
이 시작도 하지 아니하였음이니라.
14 그런데 너희가 어렵고 힘들다 하며 그
와 같이 고통스럽다 한다면 과연 어찌
하겠는가?
15 너희 자신이 적과 싸울 수 있는 자세
가 아직도 되어 있지 아니하며 너희가
그 준비가 아직도 다스려지지 아니한
그 형태에서 오늘의 훈련이 어렵고 힘
들다 하면 너희는 과연 어찌 적들과
싸워 승자가 될 수 있는 것인가?
16 그리하여 너희를 승자로 내가 쓰기 위
하여 훈련을 하고 있음을 알라.
17 이제 너희가 준비 운동이요, 훈련이
거의 다 끝나가고 있으며, 이제는 너
희가 달려야 할 그와 같은 과정이니,
18 더 힘들고 견디기 어렵고 인내하기 어
려운 그것만이 너희 앞에 남아 있음이
니, 과연 이를 너희가 견디고 이길 수
있겠는가?
19 너희는 과연 어찌 가야만 하겠는가?
20 너희는 그것이 힘들고 어려워 정녕 갈
수 없거든 너희는 예수의 죽음이 그가
죽음의 길을 선택했던 그것이 바로 너
희 전쟁의 결과라 그리 생각해야 할
것이니라.
21 너희가 예수의 시대에 전쟁했던 그들
은 나의 아들 예수를 죽게 하였음이
니, 오늘의 그와 같은 전쟁에서 너희
가 진다면 너희도 또한 예수가 죽음으
로써 모두를 마쳤듯이 똑같이 너희도
죽음으로써 모두를 마칠 것이니라.
22 그리하여 그 전쟁에서 너희가 승자가
되어야 할 것이며 실패자가 되어서는
아니 됨이니라.
23 그리하여 너희가 실패하는 자가 아니
요, 승자가 될 수 있는 나의 전사로 만
들기 위하여 내가 너희를 오늘날까지
힘들고 어려운 그 훈련의 과정을 시켰
으며 단련시켰음이니 그리 알라.
24 이제 너희는 달리기 시작할 것이며 전
쟁의 훈련이 아닌 전쟁의 장에 너희가
목숨을 걸고 싸울 수 있는 그곳에 가
야 하는 자들이라는 것을 잊지 말라.
25 얼마나 험난하고 어려운 위험이 너희
를 도사리고 있는가?
26 나의 법전이 세상에 하얀 눈처럼 덮이
기까지 그 과정에 너희가 그 고통과
시련을 견디고 이겨야 함을 잊지 말라.
27 나 여호와가 같이하며 너희를 받쳐 주
는 백성이요, 너희를 따르는 백성이

몰려들 것이니,
28 그들과 더불어 너희가 손에 손을 잡고
힘을 합쳐 갈 때 반드시 너희는 승자
가 된다는 것을 잊지 말라.
29 그리하여 내가 너희에게 열 명씩의 제
자를 두라 함이니, 그 뜻을 알아 너희
가 꼭 행하도록 그리하라.

5,502 번째 하나님 말씀

2003년 3월 13일 10시 31분

1 사랑하는 나의 아들아!
2 "네, 아버님! 말씀하옵소서."
3 수천 년 동안에 지금 흘러오는 종교
집단이요, 지도자들이 나의 피조물 만
백성을 가르치며 그 신도라 하여 울고
불고 저희가 광란의 짓을 하며,
4 '주여, 주여, 영광의 주여! 당신의 보
혈로써 당신이 우리의 죄를 값지게 사
줬기에 나는 하늘에 오른 자요.' 하며
울고불고 소리 지르는 백성,
5 너희가 어떠한 것을 위하여 나에게 기
도를 드리는가?
6 너희의 종교 지도자들은 그리 말하느
니라.
7 나 여호와에게 너희가 드린 만큼, 나
에게 바친 만큼, 나를 영광되게 한 만
큼 너희는 하늘에서 소낙비가 쏟아지
듯이 그 영광된 것을 반드시 나로부터
받으며 나 여호와가 내려 준다 그리
나의 백성에게 가르치느니라.
8 그러하니라.
9 너희가 바친 만큼 내가 내려 주며 너
희가 나에게 영광을 준 기쁨만큼 내가
너희에게 줌이니,
10 그러나 너희는 여기서 알아야 할 것이
니라.
11 나에게 바치는 영광이요, 나를 기쁘게
하는 것은 너희가 재물이요, 물질이
아니며 너희가 곧은 믿음이요, 진실한
믿음이요, 참진리의 길로 너희가 살아
가고자 노력하는 것, 그리고 나의 계
명을 지키고 살며 지금 내가 내리는
나의 법전을 지키고 너희가 아름답게
변화되는 삶, 그것이 나에게 영광이
요, 나에게 바치는 기쁨임을 너희는
알아야 할 것이니라.
12 그 외에는 어떤 모습도 나에게 기쁨을
줄 수 없으며 나에게 영광을 줄 수 없
음을 너희는 알아야 할 것이니라.
13 물질과 재물을 바침으로 그 영광이 있
다 말하는 지금 종교 지도자 너희가
과연 무엇을 가르치고 있는가?
14 너희는 나에게 바치는 영광은 내가 너
희가 바친 만큼 꼭 내려 준다 그리 말
하면서 지금 종교 집단이요, 지도자들
은 재물을 많이 바치면 그 재물의 영
광을 하늘에서 소낙비가 쏟아지듯이
너희 앞에 쏟아져 너희 창고에 그득히
쌓인다 그리 말하고 있음이니,
15 너희는 이것을 알아야 할 것이니라.
16 너희가 나에게 바친 만큼 영광스러운
것을 내가 너희에게 내린다 하였음이
니, 너희는 재물을 하늘에 바쳤으니
너희는 재물의 영광을 받고자 하는 것
이 지금의 종교 집단이요, 너희가 가
는 길이 아니던가?
17 그러니 너희는 재물의 영광을 위하여,
재물의 축복을 위해서 너희가 나에게
기도하며 너희가 손으로 지은 성전에

가 울고불고하며 그 재물을 너희가 뼈
아프게 번 것을 그저 거침없이 갖다
바치는 것이 아니던가?
18 재물의 영광을 위해서 너희는 바치는
것이니라.
19 나 여호와에게 너희가 바친 만큼 내가
그를 축복된 영광으로써 너희에게 되
돌려주며 그 재물의 축복의 영광을 재
물로 너희가 되돌려받고자 하는 것이
오늘의 믿음의 종교 집단이요, 지도자
가 너희를 깨우치는 것이니,
20 이제 울고불고하는 백성 너희는 재물
을 받고자 하는 그 믿음이요, 그 길을
가고 있다는 것을 알라.
21 그러나 너희는 여기서 들어야 할 것이
니라.
22 지금 나의 아들이 남루한 백성 너희에
게 과연 무엇을 가르치는가?
23 나의 아들은 너희에게 재물을 바쳐 하
늘에 오르는 길이 아니라 그리 말함이
니라.
24 나의 아들은 그를 따르는 백성에게 진
정한 믿음이요, 구원의 길을 위하여
너희가 하나님, 나 여호와 창조주가
명하는 계명을 지키며 법전을 지키며
아름답게 살아가는 것이 나 여호와에
게 바치는 가장 큰 영광이요, 너희는
구원의 영광을 나에게 바쳤음이니 너
희는 구원의 영광을 얻을 것이라는 것
을 알고 있을 것이니라.
25 그러니 선한 행동의 영광은 그 선한
행동처럼 영광을 너희에게 내려 주는
것이며, 악한 행동을 하는 자는 악한
행동만큼 나로부터 벌을 받는 그와 같
은 철칙이 있음을 너희는 알아야 할
것이니라.
26 대가를 받음이니라.
27 그 모두는 내가 너희가 나에게 한 것
만큼 내가 너희에게 내려 주니, 이제
모든 백성 너희는 재물을 하늘에 바쳐
재물의 영광을 받기 위하여 지금 살아
가며 그 사기극을 벌이는 그들 앞에
너희가 그 재물을 바침이니, 여기서
너희는 알아야 할 것이니라.
28 하늘에는 재물을 쌓아 놓는 창고가 없
음이니라.
29 나 여호와는 보이지 아니하며 가지고
있는 것이 없으며 실체가 없음이니,
30 그리하여 나는 재물이라는 너희가 쌓
아 놓은 것을 너희에게 내려 줄 그 재
물이 하나도 없음이니라.
31 좁쌀알만큼도 그것이 없음을 알라.
32 하늘에는 오로지 영혼을 구하는 것,
너희가 진실하게 살아가는 것, 진리를
찾아 아름답게 살아가는 것, 선행을
하는 그 선행에 대한 내가 영광이요,
상을 내릴 것은 그득히 쌓여 있으나,
재물을 내리는 상은 없음이니라.
33 그러니 너희가 재물을 달라는 것은 내
가 재물을 너희에게 영광으로 줘야 할
것이거늘, 그 줄 재물이 없으니 어찌
하겠는가?
34 그러니 너희는 나와는 관계없는 엉뚱
한 짓을 하고 살아가는 것이며, 그리
하여 지옥 불로 너희가 달려가는 표를
사고 있다 내가 말함이 여기 있음이니
라.
35 하늘에는 재물을 내릴 영광이 없으며
재물이 없음이니라.
36 하늘에는 이 세상에 모두를 다 내려보

냈기 때문이니라.
37 너희에게 60점이라는 그 삶을 내가
만들어 주었듯이, 세상에 태어나면서
모두를 취하고 살아갈 수 있는 그 재
물을 이미 내가 너희에게 다 내려 주
었음이니라.
38 그리하여 하늘은 한 톨도 가진 것이
없으며 재물은 아무것도 없으니, 너희
는 재물의 영광을 갖겠다는 그와 같은
생각이요, 기대의 믿음에서 깨어나라.
39 아무리 울고불고해도 내가 하늘에서
너희에게 내려 줄 재물은 없음이니라.
40 다만, 지금 나의 아들을 따르는 제자
들이요, 그 백성이 구원의 영광이요,
믿음의 영광을 위해 진실한 삶을 위하
여 너희가 아름답게 살아가고 아름답
게 변해 가는 모습으로 사는 곳에는
내가 진리요, 믿음의 영광이요, 선함
의 영광이요, 그 모든 영광을 너희에
게 내려 줄 것이며,
41 구원의 영광을 너희가 나에게 바치는
만큼 내가 구원의 영광을 너희에게 내
려 줄 것이니 그리 알라, 사랑하는 나
의 아들딸들아!

5,503 번째 하나님 말씀

2003년 3월 14일 06시 07분

1 사랑하는 나의 아들아!
2 "네, 아버님! 말씀하옵소서."
3 너희가 바로 설 수 있다 하면 내가 무
엇인들 안 내리겠는가?
4 모두가 다 바로 설 수가 없음이니라.
5 너희 제자들 또한 깨우쳐 바로 서기가
힘들며, 부귀와 재물이 있을 때 거기
에 너희가 현혹되어 넘어지기가 백이
면 백이 다 똑같으니라.
6 모든 종교 지도자들이요, 내가 선택하
여 내려보냈던 백성이 바로 서고 그
길을 오지 못하는 것은 육의 고달픔에
의하여 견디지 못하는 자가 있는가 하
면, 부귀와 영화에 현혹되어 오지 못
하는 그와 같은 두 가지가 다 있음이
니,
7 앞으로 가도 견디지 못하며 뒤로 가도
견디지 못하는 것이 인간인 너희이니
라.
8 고달프고 힘들어서 모두를 포기하는
자가 있으며, 부귀와 영화요, 권세를
손에 쥐다 보니 세상사 그쪽에 빠져
흘러들어 가는 마음을 막을 수가 없음
이 그리 무너져 감이요,
9 그리하여 너희가 고통과 시련 속에서
도 무너지며 부귀와 영화요, 행복에서
도 무너짐이니,
10 이래도 너희가 가지 못하며 저래도 가
지 못함이니, 곧 이는 너희가 바로 서
는 그 길, 그래서 그중에서 바로 설 수
있는 자가 나로부터 선택된 백성임을
알아야 할 것이니라.
11 아무도 그리 가지 못하느니라.
12 그 모두를 딛고 일어서고 넘어갈 수
있는 자가 바로 나로부터 선택된 백성
이요, 영원히 나에게 올 수 있는 지도
자라는 것을 너희는 잊어서는 아니 될
것이니라.

5,504 번째 하나님 말씀

2003년 3월 14일 06시 17분

1 사랑하는 나의 아들아!
2 "네, 아버님! 말씀하옵소서."
3 나 여호와를 따르는 길은 편하고 순탄 한 길이 아니요, 행복의 삶이 아니라 그리 말하였음이니라.
4 힘들고 어려운 고난의 길이라 내가 그리 너희에게 가르쳤음이니,
5 오늘의 너희의 삶이 어렵고 힘들다 하여 중단치 말며 그 모두를 중도에서 포기하는 그와 같은 정신을 버려야 할 것이니라.
6 너희가 어렵고 힘들 때 그 모두는 너희가 세상을 바라보는 마음의 문을 열지 못했으며 너희 마음의 욕심이라는 뿌리를 뽑지 못하였기 때문이니라.
7 너희가 욕심이라는 뿌리를 버리고 마음의 문을 열고 세상을 바라보면 그 길이 보임을 알게 될 것이니라.
8 너희가 가는 길이 얼마나 영광의 축복된 길이며 그 길이 얼마나 너희에게 이 세상의 어떠한 행복보다도 중요한 것이며 바꿀 수 없는 소중한 것인가를 알게 될 것이거늘,
9 마음의 문을 열지 아니하기 때문에 너희가 그를 보지 못하는 것이니라.
10 그리고 너희가 나를 향하는 하나의 마음으로 굳어져 있지 아니하며 정신이 집중되어 있지 아니하기 때문이니라.
11 너희가 정신을 집중하며 마음의 문을 열어야 모두를 성사할 수 있을 것이니라.
12 과녁을 맞히는 그 사수가 정신을 집중하지 아니하면 절대 그를 맞출 수 없듯이,
13 너희 모두는 정신 집중을 했을 때, 그리고 마음의 문을 열고 세상을 봤을 때 모두를 볼 수 있음이니라.
14 너희가 정신을 집중하지 아니하며 마음의 문을 열지 아니한다면, 정녕 진정한 길이요, 나 여호와의 원하는 길이요, 너희가 가고 있는 길이 얼마나 위대한 길인지 그 자체도 알지 못함이니라.
15 이는 너희가 마음의 욕심을 갖고 있기 때문이니라.
16 너희가 삶에 육신이 이미 모두를 도둑질하고 있는 그와 같은 마음을 뽑지 못하였으며 그 도둑질하는 마음의 뿌리를 뽑지 못하였기 때문에 그러하니라.
17 너희가 마음속에 있는 도둑질하고자 하는 마음이요, 욕심이라는 그 뿌리를 완전히 뽑아내고 제거하고 마음을 열면 세상을 다 볼 수 있음을 알 것이니라.
18 너희 마음속에는 두 마음이 싸우고 있음이니라.
19 항상 너희는 양립되고 있으니, 이는 사탄과 천사의 싸움과 같이 선함을 선택하고 아름답게 살아가는 길과 사악한 길을 행하고 살아가는 그 두 마음이 싸우고 있으니,
20 그 두 마음 중에 사탄의 마음의 뿌리를 뽑지 못한다면 너희는 세상의 아름다움을 보지 못하며, 너희가 가는 그 모든 길이 영광과 축복의 길이 아니라 고통과 시련의 길이라 그리 볼 것이니

라.
21 그리하여 내가 그와 같은 너희의 그
마음을 다스리기 위하여 십계명을 수
없이 암송하라 하였으며 너희가 그리
지키고 사는 그 약속을 굳건히 하라
그리하였느니라.
22 그리하여 내가 너희에게 일찍 전하여
깨우치기를, 너희가 십계명을 만들어
글로써 기록하여 많은 이들에게 전하
라 그리 말하였거늘, 너희는 과연 십
계명을 얼마나 전하며 그 중요성을
보급하는가?
23 나의 법전이요, 새로운 성경을 사탄이
요, 이단이라 말하는 불쌍한 백성과,
믿음의 길을 가며 저희 것만이 최고라
는 백성, 그들에게 너희가 시시비비하
여 말로 가리거나 옳고 그름으로 그들
을 깨우칠 수 없으며, 그들을 능가할
수 있는 것으로 너희가 그를 따라갈
수 없음이니라.
24 수십 년 동안 말로써 훈련되어 있으며
정신으로 세뇌 교육된 그들에게 오로
지 한 길 외에는 보이는 것이 없으며
보지 아니하기 때문에, 그들은 너희가
말하는 아무것도 들으려 하지 아니하
느니라.
25 그리하여 너희는 그들에게 십계명을
전하고 내밀면서 이대로 사는 삶이 하
늘에 오르는 길이요, 기본 양심이라
그리 전하라.
26 그러면 그들이 무어라 말하며 너희에
게 무어라 반박하는가?
27 그들의 속성과 그들의 마음을 너희가
알 수 있을 것이니라.
28 그저 갑론을박할 것 없이 하나님이 직
접 불로 썼으니 이대로 사는 것이 하
늘에 오르는 양식이라 그리 너희는 그
한 길만을 가르쳐 주라.
29 선한 길, 아름다운 삶이 이 법전에 기
록되어 있으며, 천국에 가는 길이 기
록되어 있으며, 영원히 새로운 삶이
요, 새로 태어나는 생명이 나의 법전
에 기록되어 있다, 그리고 새로 나온
성경이라 아무리 너희가 그들에게 말
해도,
30 그럴수록 그들은 그를 읽지 아니하며
대답하지 아니할 것이니라.
31 너희는 백성의 마음이 무엇인 줄 아는
가?
32 청개구리와 같은 마음이라 내가 그리
말하지 아니하였더냐?
33 산으로 가라 하면 들로 가고, 들로 가
라 하면 산으로 가는 것이 너희의 지
금의 마음이니라.
34 한 치 앞도 모르고 보지 못하기에 어
떠한 곳이 진정한 구원의 길이요, 지
옥으로 가는 길인지 그 자체도 구분하
지 못하는 것이 지금 나의 백성, 믿음
의 길을 가는 그들이기에,
35 그들에게 아무리 좋은 처방을 내린다
해도 그들은 받으려 하지 아니하며 그
약을 쓰려 하지 아니하느니라.
36 상처가 썩어 가는 것을 보면서도 치료
를 하지 않으려고 함이니,
37 상처가 썩는 고통과 아픔의 그 길이
아니라 하여 깨닫는 백성, 그들이 바
로 너의 제자가 되는 것이요, 나의 법
전을 읽는 백성이 되니, 그 수가 얼마
나 된다 생각하는가?
38 그저 너희는 나의 십계명을 글로써 만

들어 그들에게 전하며, '우리는 이를 지키고 살고자 하는 것뿐이다.' 그리 말하라.
39 그들이 또한 너희에게 물을 것이니라.
40 종파가 무엇이며 종파가 어디 있느냐 할 때 너희가 '하늘에 오르는 길'이라 하나님의 말씀을 기록하여 전하는 그와 같이 종파가 없다 할 때 그들은 웃긴다 말할 것이니라.
41 저희가 탄탄한 종파요, 물질적으로 풍요로운 종파요, 수적으로 많은 종파요, 그 많은 역사하는 종파를 보고 너희가 종파도 없는 자라 그리 말할 때 그들이 웃을 것이니라.
42 그들은 모르느니라.
43 하나의 종파는 제가 하나의 종파로서 세상에 존속하나,
44 종파가 없는 믿음은 그 모두를 한 손에 감싸고 있다는 것을, 그 손안에 모두가 존재한다는 것을 그들은 모르기 때문이니,
45 그들을 깨우치려 시시비비하지 말며, 그저 십계명을 전해 주는 역사를 하도록 하라.

5,505 번째 하나님 말씀

2003년 3월 14일 06시 21분

1 사랑하는 나의 아들아!
2 "네, 아버님! 말씀하옵소서."
3 나의 아들을 따르는 제자요, 나로부터 선택된 백성 너희는 사자들이 우글거리는 그 들판 한가운데에 있는 토끼의 모습과 같은 것이라 그리 말하였느니라.
4 맹수들이 먹이를 노리며 우글거리는 그 들판 속에 있는 토끼가 과연 그곳에서 살아나 달아날 수 있으며 살아 나올 수 있는가?
5 그보다도 더 어렵고 힘든 역경에 처해 있는 것이 너희라는 것을 알아야 할 것이니라.
6 토끼가 과연 어떠한 지혜를 갖고 그 사자들을 피하여 살아 나올 방법이 있겠는가?
7 그러나 너희에게는 그 방법이 있음이니라.
8 그 방법을 너희가 찾고 연구하면 깨달음을 얻을 것이며,
9 너희가 오늘의 나의 법전을 만들어 세상에 전하는 것이 너희가 세상에 전하며 너희가 존재한다는 것을 말하기 전에,
10 너희가 음지에서 그 모두의 역사를 이루어 나가 서서히 나의 피조물 만백성에게 법전을 전하는 그 역사의 방향으로 지혜를 가짐이 타당한 줄 알아야 할 것이니라.
11 토끼 자신이 거기서 살아나고자 움직일 때 그는 한 발짝도 못 가 그 사자의 밥이 될 것이니, 그가 어찌 처신하여 그곳에서 살아 나올 지혜를 얻을 수 있겠는가?
12 바로 지금 그보다 더한 것이 종교 집단들의 그 수요, 물자요, 그 지도자들이 그리 득실거리고 있음이니,
13 그 속에서 새로운 성경이요, 나의 법전이라 해서 그를 전한다 해도 그는 사자들 앞에 갇혀 있는 토끼와 같은 신세가 될 것이니라.

14 그러니 거기에 지혜가 필요함이니라.
15 조용히 너희가 살아 나올 수 있으며
나의 법전을 역사할 수 있으며, 만백
성이 이를 보고 따를 수 있는 방법이
요, 사자들이 우글거리는 그 들판 한
가운데서 살아 나오는 토끼의 지혜를
너희가 가져야 할 것이며,
16 살아 나올 수 있는 그 지혜를 너희가
터득할 때, 나의 법전을 과연 어찌 전
하며 나의 만백성을 너희가 어찌 거느
리고 다스려야 할 것인가 그 지혜를
너희가 얻게 될 것이니라.
17 이를 명심하여 너희 것으로 만들도록
그리하라, 사랑하는 나의 아들딸들아!

5,506 번째 하나님 말씀

2003년 3월 14일 06시 28분

1 사랑하는 나의 아들아!
2 씨앗을 뿌리고 가꾼 대로 그 모두를
거둬들이는 것은 너희의 노력 여하에
달린 것이라 내가 그리 말하였음이니
라.
3 너희가 어찌 가꾸고 다스렸느냐에 따
라서 그 대가만큼 반드시 돌아오는 것
이요, 그래서 '심은 대로 거둬들인다'
는 말이 있지 아니한가?
4 지금 나의 법전을 접하며 공부하며 강
론을 듣는 너희가 얼마나 변하고 변하
여 그 역사에 따라 살아가느냐의 그
노력만큼 거둬들이며 이루어짐을 너
희는 명심해야 할 것이니라.
5 내가 너희에게 무어라 말하였느냐?
6 열 명의 제자를 육성하도록 그리하였
으나 너희가 그를 행하지 못하며 역사
하고 있지 못함이니, 너희가 그와 같
은 능력이 없는 것이 아니니라.
7 너희는 다 할 수 있으며 역사할 수 있
기에 내가 너희에게 명하였으나 너희
가 노력하는 지혜가 부족하며 연구하
는 데 게을리함이니라.
8 내가 열 사람의 제자를 두라 하였으면
너희는 한 번에 열 사람을 두려 하지
말며 단 한 사람으로부터 시작하도록
그리하면 될 것이거늘,
9 그 한 사람이 있음으로 두 사람이 있
을 것이라는 기초의 원리를 너희가 안
다면 간단한 것을,
10 너희는 어찌하여 열 명이라 하여 한
번에 열 명을 제자로 삼으려 하며, 백
명이면 한 번에 그 백 명을 만드는 그
와 같은 생각을 하는가?
11 너희가 그와 같이 생각해서는 아무것
도 이루어짐이 없음이니라.
12 그저 단 한 명부터 시작하라.
13 네 주변에 있는 가장 가까운 사람부터
한 명에게 나 여호와의 뜻이요, 하늘
에 오르는 길이라 그들에게 진정 너희
가 살아가는 모습에서 보여 주며 행동
에서 보여 주며 마음의 눈빛으로써 보
여 준다면 너희는 절대로 불가능한 일
이 없음을 알아야 할 것이니라.
14 그러니 너희 제자들에게 단 한 명의
제자를 육성하도록 그리 전하라.
15 그리하여 한 명의 제자를 너희가 육성
했을 때 나 여호와가 너희에게 능력을
줄 것이며,
16 그리하여 너희가 열 명이요, 백 명이
요, 그 뿌리를 둘 수 있음을 알아야 할
것이니라.

17 그 많은 백성을 구원할 수 있으며 그
들을 거둬들일 수 있음이니, 너희는
알아야 할 것이니라.
18 지금 내가 너희에게 말하는 한 번에
열 명이요, 백 명을 너희가 인도하려
하지 말고 단 한 사람을 너희가 이끌
어 오라 그리 말하며 그것이 시초가
되어 모든 역사가 이루어질 것이라 하
니,
19 너희도 나의 가르침을 들으며 나의 법
전을 읽고 고개를 끄덕이며 그를 인정
할 것이니라.
20 이제 노력하고 연구해서 한 사람의 너
희 제자를 육성하는 데 최선을 다하라.
21 거기에 따라 많은 백성이 너희를 따라
올 수 있다는 것을 잊지 말고 그리 행
하도록 너의 제자들에게 전하라, 사랑
하는 나의 아들아!

5,507 번째 하나님 말씀

2003년 3월 14일 06시 37분

1 사랑하는 나의 아들아!
2 **"네, 아버님! 말씀하옵소서."**
3 내가 너희에게 일찍이 깨우쳐 전하기
를, 돌은 너희가 아무리 갈고 닦고 광
을 낸다 해도 돌은 돌이지 결코 보석
이 될 수 없다 내가 너희에게 그리 말
하였느니라.
4 지금 모든 종교 집단의 행위로써는 구
원을 받지 못함이니라.
5 본질의 교육 방법과 너희가 참진리를
깨우치는 그와 같은 길을 가도록 하는
것이 아니요,
6 이미 너희가 첫 단추를 잘못 끼우고
옷을 입은 것처럼 위에서부터 수천 년
동안 내려오면서 너희는 재물이 우선
이요, 그저 부귀와 영화를 위하여 더
큰 성전을 이루는 것이며 집단의 무리
를 만드는 데만 모두를 다 바쳤음이니,
7 너희는 지금의 믿음이 진정한 교육의
방법과 그 길이 아니라 재물을 우선이
라 하는 그와 같은 것으로써 가르치고
있으며,
8 너희는 말로써 모든 것이 다 이루어지
며 선하고 아름다운 행위를 하는 것은
중요시하지 아니함이니,
9 그리고 너희는 수없이 지은 죄를 그저
말로써 기도한다면 그것이 다 지워진
다 함이니, 너희가 죄를 짓는 것은 무
엇이던가?
10 행위로써 이루어지지 아니하던가?
11 너희가 행동하며 행위로써 거짓 하며
사기하며 남에게 간음하며 도둑질하
며 그와 같은 행위를 하는 것이니라.
12 너희는 행동이요, 행함으로써 모든 죄
를 짓고 나서 앉아서 말로써 그 죄를
다 사한다 함이니, 어찌하여 너희는
그리 말하는가?
13 너희가 죄를 사하는 것은 말이 아니
요, 행동으로써 선함을 베풀어야 한다
그리 가르쳐야 하거늘,
14 너희가 짓는 죄는 행동을 하며 사함을
받는 것은 그저 앉아서 말로 눈물 찔
찔 짜며 나 여호와를 부르며 나의 아
들 예수의 이름을 부르며 그저 소리
지르고 악을 쓰면 그 죄를 사해 준다
함이니,
15 너희가 얼마나 사악한 방법으로써 나
의 피조물 만백성을 우롱하며 끌고 가

는가?
16 너희는 여기서 알아야 할 것이니라.
17 행함으로써 이루어지고 행함으로써
지은 그 죄의 모두는 죄는 죄이며 선
은 선이니, 너희는 결코 모두가 다 말
로써 없어진다 생각하지 말라.
18 너희는 죄는 죄대로 나오며 선은 선대
로 나에게 와 심판을 받는다는 것을
명심해야 할 것이니라.
19 나의 아들 예수를 믿기만 하면 죄 사
함을 받는다 그리 가르치는 자, 너희
는 예수와 같이 행하며 아름답게 살며
내가 전한 그 사랑의 뜻을 실천하지
아니하는 자는 결코 구원의 길을 올
수도 없는 자라 내가 말함이니라.
20 너희는 행함은 소중하지 아니하다 하
면서, 너희 성전에 와 공부하며 강론
을 듣는 그 순간에 하나님 자녀가 된
다고 가르치느니라.
21 그 또한 너희가 십계명을 지키며 순종
하는 백성이 나의 백성이요, 나의 뜻
을 거역하는 짓을 하고 재물을 바치고
하늘에 오르는 그 안내장을 사려 하는
그와 같은 사악한 자로서는
22 아무리 너희 손으로 지은 성전에 천
명, 만 명이요, 끝없이 모여든다 해도,
너희는 나의 아들딸로서는 살아갈 수
있으나, 너희가 구원의 길을 받을 것
은 없음을 알아야 할 것이니라.
23 너희는 너희 손으로 지은 성전에 가든
아니 가든 나로부터 선택된 아들딸이
니,
24 너희는 어찌하여 너희가 지은 성전에
와 나를 찾는 그 순간에 나의 아들딸
이라 그리 가르치는가?
25 나의 자녀로서 이미 세상에 나왔음이
니라.
26 그리하여 거기서 계명을 지키지 아니
하며 순종하지 아니하고 사는 자는 나
에게 오를 수 없는 것이요,
27 나의 자녀가 아니 됨은 아니니라.
28 너희가 심판을 받아 떠날 때까지 너희
가 지옥에 가도 내가 너희를 또한 버
리지 못하는 그와 같은 마음이요,
29 그래서 내가 너희를 생각하며 기억하
게 되는 그와 같은 아픈 마음 때문에
내가 그를 지우려 하는 것이며 내가
생각지 아니하려 하느니라.
30 그리하여 너희에게 바로 살라 함이니
라.
31 너희가 그때 가서 나에게 울고불고해
도 내 곁에 올 수 없으니, 그때는 너희
가 나의 자녀로서 모든 것을 다 상실
하는 것이니라.
32 그러나 내 머리에서 너희가 영원히 지
워질 수는 없으며 너희의 고통을 내가
바라보지 아니하고 살 수 없음이니,
33 그 고통을 바라보는 나 여호와의 아픈
마음이라는 것을 너희가 알아 순종하
는 아들딸이요, 구원받는 자식으로서
살아가기를 바라는 것이 나니라.
34 그러니 너희가 지은 성전에 가는 순간
에 축복받고 너희가 나의 자녀로서 다
시 태어난다는 그와 같은 말을 하지
말라.
35 너희가 나의 자녀로서 다시 태어나는
것은 내가 내리는 계명이요, 지금 새
로운 성경이요, 법전을 지키고 사는
것, 그리고 그 뜻에 따라 지키고 살아
가는 것만이 너희가 새로 나의 아들딸

로서 태어남을 잊지 말라.
36 너희는 또한 믿음을 시작하는 그 순간
에 심판을 받지 않는다 말하니, 어떠
한 경우라도 너희는 심판을 거치지 아
니할 수 없다는 것을 알라.
37 나 여호와를 너희가 지은 성전에 가
찾는 그 순간에 너희는 모든 죄를 사
하여 심판을 받지 않는다 말함이니,
38 행하며 너희가 그 수많은 죄를 지으면
서 어찌하여 너희는 심판을 받지 않는
다 말하는가?
39 반드시 너희는 심판대에 서며 심판을
받는 것을 잊지 말라.
40 그리고 너희는 영원한 생명을 얻는다
가르치느니라.
41 너희가 지옥 불로 가 사는 것이요, 하
늘에 오른 너희는 영원히 생명을 받는
것이니라.
42 새로 생명이 태어나는 그 속에서 너희
가 천사의 삶을 사느냐 사탄의 삶을
사느냐 그것이 너희가 선택의 기로인
것이지, 무조건 생명을 영원히 얻는다
하지 말라.
43 죽어 다시 사는 부활을 한다 너희는
그리 가르침이니,
44 너희가 죄를 짓고 행한 그 악함으로
인하여 지옥으로 가는 것은 다시 너희
가 지옥의 사탄으로 태어난 것이요,
죄를 받기 위하여 존재하는 것이요,
45 하늘에 오른 것은 축복과 영광을 위해
다시 태어남이니,
46 너희가 이리되었든 저리되었든 육이
죽는 그 순간에 너희를 바라보고 있던
그 영혼이 다시 어떠한 길로 가느냐
그것이지 그가 죽는 것은 없음이니,
47 다시 태어나는 것 또한 너희가 그리
가르침은 아니 됨을 알라, 사랑하는
나의 아들딸들아!

5,508 번째 하나님 말씀

2003년 3월 14일 13시 39분

1 사랑하는 나의 아들아!
2 "네, 아버님! 말씀하옵소서."
3 너희가 믿고 있는 종교 집단만이 유일
한 구원의 종교라 말함이니,
4 그것도 기독교라는 종파처럼 이를 부
르짖는 종파가 또한 이 세상에 없느니
라.
5 그들은 저희의 주장만을 내세우며 남
의 것을 들으려 하지 아니하며,
6 아무리 위대한 진리라 해도 그들은 그
를 들어 저희 것으로 만들려 하는 그
와 같은 생각을 하지 못하며,
7 오직 저희 것만을 목숨을 걸고 지키고
그것만이 구원을 받는다 그리 말하여,
다른 종파의 길을 인정하지 않는 것이
지금의 기독교요,
8 가장 사악한 방법으로써 독선적인 주
장에서 한 치의 양보와 이해를 하지
아니하고 저희 것만이 구원을 받는다
헤매고 있는 것이 그들이니라.
9 그리하여 그들은 누구와도 타협하지
아니하려 하며 누구와도 대화하지 않
으려 하며, 저희와 같은 길을 가는 백
성 외에는 정녕 대화마저도 아니 하려
하는 것이요,
10 무조건 사탄이요, 이단이라 그리 악을
씀이니,
11 그가 사탄이요, 이단에게서 어떠한 피

해를 봤으며, 그들이 하는 이야기를
들어서 저에게 어떠한 도움이 있든 없
든 그것이 문제가 아니니라.
12 그저 다 사탄이요, 이단이기에 대화할
수 없으며 대화하면 저희가 지옥으로
가는 것이라 그리 생각하니,
13 과연 지옥으로 가고 있는 잘못 가는
사람을 대화로 깨우쳐 인도하는 마음
을 가지고 사는 것이 진정한 남을 위
하는 길인가?
14 저희가 지나가다 튀는 물이 제 옷에
묻을까 봐 그를 두려워하는 자가 진정
사랑으로 하는 것인가?
15 남이 곱게 입은 옷에 그 오물이 튀길
것을 고려하여 대신 맞아줄 수 있는
사람이 과연 진정한 사랑이요, 사랑을
베풀며 사는 것이던가?
16 저희 자신에게 오물 하나 튀는 것이
두려워서, 남의 것은 사탄이요, 이단
이라 하여 대화하지도 않으려 하며 쳐
다보지도 않으려 하며 들으려 하지도
아니하는 그 어리석은 백성이 지금의
종교 집단의 지도자들이요, 그 종파의
신도들이라는 것을 너희는 잊어서는
아니 될 것이니,
17 그들의 그 마음을 달래고 녹이는 것이
너희가 넘어야 할 과제이니라.
18 그들은 저희 것만을 참진리라 생각하
기 때문이니, 이 생각에서 벗어나지
못한다면 나 여호와의 뜻을 제대로 이
해하지 못하고 그를 알지 못함이니라.
19 나에게 오르는 길이라 말하나 그들이
죽음의 길로 간다는 것을 내가 수차
나의 법전에 기록하여 전하고 또 전했
건만, 저희 자신을 들여다볼 기회가
없는 것이 그들이니라.
20 그들은 나의 뜻을 전혀 모르느니라.
21 그리고 내가 그들에게 전하고자 하는
행함이 얼마나 중요한 것인가를 그들
은 모르느니라.
22 그리고 그들이 구원받았다는 것, 구원
을 받게 되었다는 것, 그저 죽으면 천
국에 올 수 있다는 것, 그 꿈에서 아직
도 깨어나지 못하는 자가 그들이니라.
23 그들은 설교하며 가르치며 또 그리 듣
고 또 종교 지도자가 이리 가르치느니
라.
24 '우리는 도덕과 윤리 법규를 확실히
가르치고 있다.' 그리 말하느니라.
25 그리고 도덕과 윤리 법규의 확실한 내
용을 종교 지도자들로부터 듣는 것이
너희 신도들이라 그리 말하느니라.
26 그러나 너희는 여기서 알아야 할 것이
니라.
27 아무리 가르치면 무엇하는가?
28 아무리 들으면 무엇하던가?
29 행하지 않고 말로만 너희가 그리 지껄
여 대고 있음이니, 그 모두는 공중에
서 메아리가 되어 다 없어지고 사그라
지는 것이니라.
30 행함이 중요함을 너희는 가르치지 아
니하니라.
31 행함이 중요함은 부모에게 공경하라
하였으니 너희에게 와서 바칠 것이 없
으니,
32 너희는 수천수만 가지의 감사 헌금을
거둬들이는 것은 육의 행동이요, 행함
이라 그리 말하면서, 어찌하여 믿음이
라는 것만 유독 행함이 아니고 그저
말로만 간다 그리 말하는가?

33 남에게 베풀고 남을 도와주다 보면 너
희에게 올 것이 없음이니, 행함의 아
름다움을 하지 못하도록 너희는 그리
말하느니라.
34 너희가 가르치는 것 중에 맞는 부분도
많이 있느니라.
35 너희 말대로 도덕과 율법의 규정을 지
키라 말을 하느니라.
36 그러나 그것에 행함이 따르지 아니하
면 죽은 가르침이라는 것을 너희는 알
아야 할 것이니라.
37 너희는 또한 진리가 단 하나라 하느니
라.
38 진리는 하나이기 때문에 너희는 지금
의 성경이 불변이며 성경이 내리는 것
은 참진리며, 나의 아들 예수가 존재
하는 그것은 불변이며 변화될 수 없는
것이기 때문에 너희는 하나밖에 없는
그 진리를 가르친다 그리 말하느니라.
39 너희가 진리를 가르치고 진리를 떠들
면 무엇하는가?
40 진리라는 것은 무엇이냐?
41 예수의 행함과 같으니라.
42 성경의 역사함은 절대 거짓일 수 없다
너희가 그리 말하고 말하나, 거기는
행함이 우선이며 행함이 중요하다는
그 대목은 보지도 않으려 하며 들으려
하지도 아니하고 행함을 하지 아니하
기 때문에,
43 너희가 아무리 진리라 부르짖는 것도
그것이 다 메아리가 되며,
44 행하지 않는 진리는 죽음의 진리니 부
르짖지 아니하는 자만도 못한 것임을
너희는 알아야 할 것이니라.
45 그리하여 너희는 참진리 그 모두가 너
희가 하고 있는 것은 진정한 믿음의
길이요, 하늘에 오르는 길이라 그리
말하느니라.
46 그러나 성경의 본질과 나의 뜻과는 전
혀 관계없는 너희가 그와 같은 방법으
로써 가르치고 있느니라.
47 성서는 변할 수 없으며 이는 영원히
존재하는 역사 속에 살아 있는 책이며
근거라 너희가 그리 말하고 아무리 설
법을 해도,
48 너희는 나름대로 이를 변질시켰으며
나의 뜻과는 전혀 관계없는 그걸 여기
다 기록했으며,
49 또 그를 가르치는 자들이 내 뜻을 이
해하지 못하고 가르치고 있음이니,
50 너희 역사의 기록이 증명한다 너희가
아무리 그리 말해도 이 모두는 그 변
질한 너희 조상의 사기극이요, 지금
이해 못 하는 너희의 사기극이요,
51 행함이 중요한 것을 행하지 못하도록
하니, 너희가 지금 가고 있는 것이 무
엇이더냐?
52 너희가 지금 사기극을 벌이고 있는 것
이며, 거짓말투성이며 거짓투성이로
써 나의 백성을 하늘에 오르는 길로
인도한다는 것이니,
53 행함이 중요함을 다시 한 번 내가 너
희에게 강조함을 너희는 잊어서는 아
니 될 것이니라.
54 아무리 너희가 도덕과 율법과 그와 같
은 좋은 말을 전한다 해도, 뒤따라 행
하는 것이 구원을 받는 것이 아니요,
말로써 그저 듣고 깨우치면 구원을 받
는다 그리 말하며,
55 하늘에 오르려면 재물로써 그 모두를

살 수 있다는 그와 같은 이야기를 하는 것은 다 사기극이며, 나와는 관계 없다는 것을 내가 다시 한 번 너희에게 심어 주니, 이 무서운 뜻을 깊이 알아듣도록 그리하라.

5,509 번째 하나님 말씀

2003년 3월 14일 13시 48분

1 사랑하는 나의 아들아!
2 "네, 아버님! 말씀하옵소서."
3 내가 너희에게 기록하여 전하였느니라.
4 성경에 기록되어 있기를 내가 무어라 전했느냐?
5 죗값은 절대 피할 수 없다 성경에 기록되어 있음이니라.
6 너희가 살아가면서 짓는 죄의 그 죗값을 절대 피할 수가 없는 것이라 내가 기록하여 전하지 아니하였던가?
7 그와 같은 것을 기록하여 내가 너희에게 전하고 또 전하건만 지금의 종교 집단들은 무얼 하는가?
8 너희는 그리 말하느니라.
9 너희가 지은 죄를 회개하며 용서를 빌면 된다 가르치니,
10 그리하여 너희는 나의 백성, 사랑하는 나의 피조물 그들을 어찌 만들어 놓고 있는가?
11 너희가 죄는 그 죄의 대가를 반드시 치르며 그는 절대 피해갈 수 없다 그리 가르쳤다면, 지금같이 나의 백성이 나로부터 멀어지는 그와 같은 역사가 수천 년 동안 이루어지지는 아니하였을 것이니라.
12 내가 성경에 그리 기록하여 전하였거늘, 너희는 죄를 짓고 용서를 빌면 된다 그리함으로 너희가 죄를 짓고 짓는 것은 무엇이더냐?
13 창조주 나로부터 멀어지는 그 짓만을 너희가 지금까지 이루어 왔다면 너희는 과연 이를 믿겠는가?
14 나 여호와와 사랑하는 나의 백성 너희와의 관계를 또한 갈라놓고 있는 것이 그들이니라.
15 너희가 죄를 짓는 것은 무엇이라 말하느냐?
16 나 여호와로부터 멀어지는 것이요, 나 여호와로부터 그 관계를 다 갈라놓는 짓을 하는 것이니라.
17 그와 같은 짓을 하고 있는 것이 지금의 종교 집단들이 해온 일이라면 너희는 믿겠는가?
18 그 뜻을 행하고 지키는 자, 지금 그와 같은 생각을 하고 믿음의 길을 가는 자, 그와 같은 자들이 나의 모든 백성이 나를 기억하지 못하도록 만들었으며,
19 그들의 머리에서 내가 존재함을 알지 못하게 했으며,
20 내가 세상에 내려 준 그 모두에 감사함을 모르도록 하였으며,
21 그들이 원심으로 변화되어 하늘에 오를 수 있는 영광을 얻는 그것마저도 그 원심으로 돌아가지 못하도록 하는 것이 너희라는 것을 아는가?
22 원래의 마음으로 너희가 돌아가지 아니한다면 나에게 돌아올 수 없기 때문이니라.
23 그리하여 너희가 인간의 그 원심으로

돌아갈 수 있도록 너희를 다스리고 깨
우치는 것이 지금 가르치는 종교 지도
자가 해야 할 일이며,
24 또한 나의 피조물 만백성은 믿음이라
는 그 성전이라는 지금 죄의 온상에
가든 말든 나의 원심으로 돌아오는 데
최선을 다하는 것이 너희가 해야 할
일이니라.
25 구약과 신약 위에 내가 먼저 내린 것
이 선악과라 말하지 아니하였더냐?
26 그 선악과의 의미가 무엇이더냐?
27 너희가 잘못하면 악을 저지를 수 있으
며 잘하면 선을 행할 수 있음이니, 선
을 행하고 악을 행하지 말라 하여 선
악과를 내가 너희 세상에 내려 이를
지키도록 하였으니, 그때부터 너희가
나의 뜻을 거역했으며 내 뜻을 듣지
아니하였음이니라.
28 너희가 그러면 여기서 하나 깊이 깨우
치고 가야 할 것이 있느니라.
29 선악과를 따먹는 것은 무엇이더냐?
30 따먹는 행위가 아니던가?
31 선악과를 따먹는 행위를 하고서 너희
가 오늘의 이와 같은 세상에 죽고 살
고 어렵고 힘든 삶을 살아가지 아니하
는가?
32 그 행동에 의하여 너희가 죄를 짓고
안 짓는 것이 바로 선악과를 따먹고
안 따먹는 것이니,
33 너희가 선악과를 따먹었을 때 오늘같
이 죽고 사는, 너희가 영원히 살 수 있
는, 그리고 너희가 생명의 끝이 없이
살 수 있는 그와 같은 역사의 그 모두
를 저버렸으며 포기한 것이니, 그것도
너희 행동에 의해서 이루어졌음이니
라.
34 이제 행동이 얼마나 중요한가를 원초
적인 그 처음에서 다시 돌이켜 보라.
35 그를 따먹은 것이 무엇이더냐?
36 바로 행함이니라.
37 행함으로써 죄를 지었으며 행함으로
써 너희가 모두를 다 잃어 버렸으니,
38 그리하여 지금도 너희가 행함으로써
그 모든 죄의 대가를 치른다는 걸, 아
담과 이브라는 최초에 내가 만든 백성
도 그들의 행함에 따라서 나로부터 벌
을 받고 벌을 받지 않는 그 역사가 이
루어졌거늘,
39 그들만도 못한 너희가 어찌하여 행함
으로써 벌을 받지 아니하며, 행함으로
써 너희가 구원을 받지 않고 받는 것
을 구분하지 못하고 있는 것인가?
40 너희가 얼마나 잘못 가고 오만한 행동
을 하고 있는가?
41 그들이 행함을 잘못했기 때문에 그 죄
를 짓지 아니하였던가?
42 행함으로 하여 그 죄를 지음이니,
43 너희는 돌이켜 가슴에 손을 얹고 너희
스스로 생각해 보라.
44 행함으로써 죄를 짓는다면 행함으로
써 축복을 받는다는 답은 여기에 있음
이니,
45 아담과 이브의 선악과라는 그 의미를
너희가 깊이 깨우쳐 한번 들여다보는
그와 같은 깨달음을 얻도록 하라, 사
랑하는 나의 아들딸들아!
46 내가 하늘의 뜻이요, 내가 가르치는
하늘의 천기를 다 기록하여 너희에게
전하니, 이는 뭐라 말했느냐?
47 나의 가슴에 있는 성령의 모두를 태워

서 내려보낸다 그리하였음이니, 하늘
의 모두를 다 내려보내는 것을 너희
는 알아야 할 것이니라.
48 너희는 또한 그 죄를 지음으로 어찌하
려 하는가?
49 너희는 죄를 지음으로써 죽음으로 가
는 것이며 지옥으로 가는 것이니라.
50 너희가 죄를 짓지 아니하고 원심으로
산다면 너희가 죽지 않는 세상이 될
것이니라.
51 그러나 아담과 이브도 그 행위로 죄를
지었듯이, 너희가 죄를 짓고 죄를 짓
기 때문에 너희는 죽음으로 가는 것이
며,
52 그 죽음이 하늘에 오르는 영의 구원이
아니요, 지옥 불로 모두가 가는 것이
며,
53 그들을 그리 이끌어 가는 것이 지금
의 종교 집단이니, 그를 내가 용서할
수 없어 용서치 못한다는 것을 너희
에게 전하여 깨닫도록 하고자 하는
것이니라.
54 너희가 나의 가르침을 역행하며 죄를
짓게 하니, 너희 생명을 단축하며 지
옥 불 속으로 나의 피조물 만백성을
이끄는 것은 물론이요, 영원히 종교
지도자 너희는 지옥 불에서 나올 수
없다는 그 무서움을 알라.
55 오늘의 너희 향락이요, 오늘의 사기극
이 얼마나 큰 죄인지를, 행위가 죄의
대가라는 걸 이제 깨닫는다면,
56 너희가 손발 하나 움직이는 그 자체도
알아야 할 것이며,
57 내가 나의 아들에게 깨우침을 말하기
를, 무생물이요, 생명이 없는 모두도
나와 대화를 하며 그들과 대화를 하고
사는 이 무서운 세상의 변화를 알지도
못하는 자들이기에,
58 너희가 많은 것을 배웠다는 사람이 죽
을 때 그 말 한마디 한 것을 다시 한
번 기억해 보도록 하라.
59 아무것도 깨달을 수 없다 했듯이, 너
희가 아무것도 깨닫는 것이 아니요,
60 깨달을 수 없는 그 모두를 다 깨달으
며 갈 수 있는 것이 나로부터 선택된
백성이요,
61 아무것도 알지 못하고 죽어 가는 그
삶이 아니라, 모두를 다 들여다보고
아는 것은 진리의 그 길 하나를 보면
다 들여다보고 다 볼 수 있음이니,
62 '물은 물이요, 산은 산이라' 말한 그도
진리를 못 찾았다는 증거이니 그리 알
라.

5,510 번째 하나님 말씀

2003년 3월 14일 13시 57분

1 사랑하는 나의 아들아!
2 "네, 아버님! 말씀하옵소서."
3 지금의 믿음의 길을 가는 모든 종교
집단들이 그들이 믿고 그들의 근본이
요, 기본이 되는 것은 무엇인가?
4 인간이 행하여 지은 죄를 용서받을 수
있다는 것이 그들이 가지고 있는 생각
이니라.
5 나의 성경에 기록되기는 인간이 지은
죄는 절대 피할 수 없다 그리 말하였
건만, 지금의 모든 모체는, 그리고 재
물을 바치며 울고불고 찬송하며 모두
를 다 갖추며 수천수만 가지 헌금을

평생 바쳐 가면서 너희가 끌려가는 그 것은 무엇인지 알겠는가?

6 인간이 죄를 짓고 그 죄를 용서받을 수 있으며 빌고 회개할 때 용서를 받을 수 있다는 그 믿음이니, 이것이 너희의 모든 믿음의 실체요, 너희의 믿음이 지금 가고 있는 그 근원의 뿌리가 되는 것이니라.

7 그러나 너희는 알아 둬야 할 것이니라.

8 너희는 나의 아들 예수가 십자가에 못 박혀 죽음으로써 너희의 죄를 다 용서해 주었다 그리 말하며 그것으로써 대속받았다 그리 말함이니,

9 그리하여 너희는 나 여호와에게 올 수 있는 백성이기 때문에 죄를 짓고 용서를 빌며 또 눈물로써 회개하면 너희는 무사히 하늘에 오른다 그리 말하고 있음이니,

10 지금 나의 아들이 2천 년 전에 태어나 너희의 그 죄를 용서해 주었다 하나, 지금에 태어난 백성 너희는 이 세상에 태어나지도 아니하였음이니,

11 너희가 어떠한 죄를 지으며 어떠한 죄를 짓고 사는지 어찌하여 보지도 듣지도 못한 너희의 죄까지도 다 그저 무조건 용서해 준다 그리 말하는가?

12 너희는 이 이치를 한번 깊이 깨우쳐 보라.

13 나의 아들이 너희의 모든 죄를 용서를 해 주며 너희 죄를 대속해 거둬들였다 그와 같이 생각하지 말라.

14 너희가 죄를 대속하여 거둬들이고자 하는 그 뜻은 바로 어디에 있느냐?

15 물론 그리 가르치며 그리 말함이 맞느니라.

16 그러나 그 죄를 용서해 준 것이 아니라, 너희가 용서를 받을 수 있도록 아름다운 삶으로 살라는, 그리고 사랑을 실천하며 사랑을 행하며 사는 그와 같은 삶을 깨우쳐 준 것이요,

17 그리하여 용서를 다 해 주었다는 것은 너희를 용서해 주었다는 것이 아니라 너희가 용서받을 수 있는 방법과 그 길을 가르쳐 준 위대함의 그 죽음이 거기 있는 것을 어찌 모르는가?

18 너희는 말하지 않느냐?

19 생선의 가시를 발라 먹여 주는 것을 원하는 것이 아니요, 물고기를 잡아서 제가 자립하고 살아갈 수 있는 길을 가르치는 것이 위대한 것이라 하였음이니,

20 나의 아들 예수가 생선을 발라서 먹이는 그와 같은 이치로 그가 죽어 가며 너희에게 그것을 가르쳤겠는가?

21 인간 너희가 말하는 자식을 사랑하는 것은, 생선을 잡는 방법을 가르쳐 주는 것이 그가 자립할 수 있으며 살아갈 수 있는 길이라 말하였음이니,

22 나의 아들 예수가 너희에게 모든 죄를 다 용서해 주며 그 피로써 대속받았다 그리 말하고 죽어 갔겠는가?

23 그가 너희에게 그 모든 죄를 다 대속한다는 말은, 너희가 다 용서받을 수 있는 그 길을 깨우쳐 가라는 것이며 그 방법을 가르쳐 준 것임을 너희는 알아야 할 것이니라.

24 물고기를 잡는 기술을 가르친 그 부모가 '너에게 고기를 먹는 것을 내가 가르쳤다' 그리 말한다면, 너희는 잡아야 먹는 것이니 그를 잡은 자는 먹는

것을 스스로 알고 있지 않은가?
25 잡는 방법을 가르쳐 주며 너희에게 먹
는 방법을 가르치며 '나는 내 자식에
게 고기를 먹여 줬다' 그리 말함이니,
그와 같은 이치이니라.
26 나의 아들 예수가 너희에게 죄를 용서
받고 사하는 것을 가르쳐 주었지, 너
희의 죄를 대속받은 건 아니니라.
27 너희 죄를 다 용서함이라 하는 것은,
너희가 내가 내린 것을 지키고 사는
물고기를 잡는 방법을 터득했으니 너
희에게 모두를 다 가르쳐 주었다 말했
으며,
28 예수가 죽을 때 '나는 모든 임무를 다
완성했다'는 여기 피맺힌 그 뜻이 있
거늘,
29 이를 바라보지 아니하며 이를 너희가
들여다보지 아니하며 이를 모르고 지
금 2천 년이라는 세월이 흘렀으니,
30 내가 오늘 나의 아들을 통하여 하늘의
뜻을 너희에게 전하거늘, 이 참진리를
너희가 들으려 하지 아니하며 배우지
않으려 하니,
31 너희는 귀를 씻고 이것을 너희 것으로
만들어야 할 것이며,
32 기를 써서 너희가 바로 들어 만백성을
구하는 역사를 이루어야 할 것이니라.
33 전지전능한 하나님이요, 만물을 창조
한 나 여호와가 너희에게 생선을 발라
먹이는 그와 같은 역할을 하겠는가,
너희가 스스로 잡아 역사하는 것을 내
가 가르쳐 주어 영원히 스스로 살 수
있는 길을 가르쳐 주겠는가?
34 생선을 발라 먹는 것은 발라 주지 아
니하면 그가 죽음이며 그를 죽게 만든
것이요,
35 잡는 방법으로 사는 것은 제가 투쟁하
며 역사해서 영원히 제가 사는 길을
감이니,
36 나 여호와요, 내가 아들을 통하여 가
르치는 것은, 그를 위해 피를 흘렸으
며 죽음의 대가의 역사가 이루어진 것
을 너희는 이리도 모르며 나를 욕되게
하며,
37 너희가 꿈속에서 헤매는, 나와는 아무
런 관계도 없는 백성이라 하였으니,
38 이제 고기를 잡는 방법을 가르친 나의
아들 예수의 그 피 흘린 뜻을 안다면
너희는 이를 보고 그리 행하도록 하
라, 사랑하는 나의 백성들아!
39 죄를 깨닫고 회개하며 죄의 습관을 버
리라는 것이 나 여호와의 뜻이며 나의
아들이 죽어 간 그 뜻이라는 것을 어
찌 모르는가?
40 눈과 같이 하얀 마음이 되어야 구원의
길을 보며 구원을 받게 되는 것이니라.
41 내 아들이 죽어 간 것은 너희의 죄를
용서해 주며 너희의 죄를 대속해 주는
것이 아니요, 너희가 죄의 습관을 버
리고 사는 방법을 가르쳐 준 것이니라.
42 태어나지도 않은 자식이요, 수천 년
동안 앞으로 계속 태어날 백성이 살인
할지 강도질을 할지 강간을 할지 어떠
한 흉악한 죄를 지을지도 모르는데,
그 죄를 내가 나의 아들의 죽음으로
모두 다 용서해 주었다 하니,
43 용서해 준 것이 아니라 너희가 깨우쳐
죄를 짓지 않고 사는 방법을 가르쳐
주었으니, 그것을 너희 것으로 만들면
대대손손 천국이 이루어지는 것을 잊

지 말라, 어리석은 나의 백성들아!

5,511 번째 하나님 말씀

2003년 3월 14일 14시 06분

1 사랑하는 나의 아들아!
2 "네, 아버님! 말씀하옵소서."
3 지금의 믿음의 길을 가고 있는 너희
에게 가장 큰 문제점이요, 너희가 지
금 시정하며 바로 서야 할 가장 위험
한 것이 무엇이던가?
4 죄를 짓고 나에게 기도하며 믿기만
하면 구원을 받는다 그리 말하는 것이
니라.
5 나의 백성이 행함이 아니요, 그저 말
로써 믿음의 길을 가는 것이 구원의
길이라 그리 말하니,
6 오직 나의 아들 예수를 믿음으로써,
예수를 믿는 그 믿음으로써 구원은 이
루어지는 것이다 그리 가르치며 그와
같이 가고 있는 것이 잘못되었다 내가
말함이니라.
7 그리하여 너희는 고행의 길이요, 그
깨달음을 위하여 어렵고 힘든 길을 가
면서 무엇인가 진리를 찾고자 하는 것,
8 그리하여 그들이 깨닫는 것이 선행하
는 것만이 구원의 길이라 말하는, 그
와 같이 진리의 길을 가는 다른 종교
집단들까지도 그와 같은 것은 나로부
터 구원을 받을 수 없는 것이라 그리
말함이니, 그러면서 너희는 무어라 말
하느냐?
9 나의 아들 예수를 믿으며 너희가 그
믿음으로만 구원을 받는 것이요,
10 어떠한 고통과 시련 속에서 진리를 깨
우쳐 가는 그와 같은 것은 아무리 너
희가 선을 베풀고 아름다움을 행한다
해도 나 여호와의 마음을 만족시키지
못하는 것이요,
11 너희가 그와 같은 선행을 하는 것이
요, 고통과 시련 속에서 깨달음의 길
을 가는 것은 아무런 가치가 없는 것
이다 그리 말하느니라.
12 그는 곧 나 여호와의 마음을 충족시킬
수 없으며 나를 기쁘게 하지 못하는
것이라 너희가 그와 같은 말을 하고
살아가는 것이니라.
13 그러나 모든 백성은 나의 아들딸이라
는 것을 너희는 먼저 알아야 할 것이
니라.
14 나의 아들딸이 고행과 고통 속에서 나
의 진리를 깨달으며 선행을 베푸는 것
이 어찌하여 잘못됐다 말하는가?
15 그리 살아가는 것까지도 핍박하고 잘
못했다는 것이 기독교라는 그 종파 속
에 속한 백성이며, 그리고 너희는 넉
살 좋게 말하느니라.
16 나 여호와의 마음을 충족시키지 못하
는 행위며 나를 기쁘게 하지 못하는
행위가 그와 같은 것이며,
17 그저 말로써 예수를 믿으며 예수를 믿
는 믿음만 가면 구원을 받는다 그리하
며 행함을 너희가 무시함이니,
18 예수에 대한 믿음만 믿는 그 모두도
행함이 중요함을 너희는 알아야 할 것
이니라.
19 나의 아들에 대한 믿음만으로써 구원
한다 하며 다른 종교는 무조건 사탄이
라 너희가 그리 말함이니, 그와 같이
깨달아서는 아니 되는 것이니라.

20 나의 아들을 통하여 그 믿음의 길을
가는 것이 아니라, 이제는 나 여호와
가 존재함을 먼저 믿어야 한다는 것을
너희가 깨달을 때가 되었음을 알아야
할 것이니라.
21 나의 아들을 믿는 것만으로 구원을 받
는 것이 아니라, 창조주 나 여호와가
존재함을 믿으며 나를 찾고 나에게 기
도하고 경배하는, 그와 같이 너희가
그를 먼저 행하고 그 이치를 먼저 깨
달아야 함을 알라.
22 너희는 나의 아들 예수의 믿음이요,
그 믿음만으로 구원받는다 하며, 나
여호와의 존재요, 창조주 나를 잊어버
리며 나를 믿는 것을 잊어버리고 사는
오늘의 너희가 믿음이라는 것을 믿음
으로만 너희가 존재하는 것이라 그리
생각함이니,
23 너희는 믿음에는 반드시 동행자가 있
으며 행함의 동반자가 있는다는 것을
잊어서는 아니 될 것이니라.
24 믿음이요, 그 믿음만으로 가는 것이
아니요,
25 그 믿음 속에는 행함이라는 동반자가
반드시 있어야만 모두가 이루어지는
것이며, 믿음보다도 그 행함의 동반자
가 더 중요하다는 것을 알라.
26 배고픈 자에게 너희가 한 끼 밥을 대
접해야 그가 배가 부르지 않겠는가?
27 배가 불러야 너희가 그를 느끼지 아니
하겠는가?
28 너희는 의사로부터 진단의 처방을 받
아 치료하며 약을 먹으라 했으나 약을
먹지 않고 치료를 받지 않는다면 그
상처 부위요, 아픈 곳이 치료가 과연
될 수 있는가?
29 이 간단한 이치의 원리도 모르고 살아
가는 것이 너희며, 최면술에 걸려 살
아가는 것이 지금의 종교 집단 속에서
이루어지는 형국임을 너희는 알아야
할 것이니라.
30 내가 나의 아들을 통하여 말하였느니
라.
31 아담과 이브가 선악과를 따먹은 그것
도 행함이니, 악을 행하고 선을 행하
는 그 구분의 행함이 거기에 있다는
것을 너희는 거기서 깨달으라 내가 했
으니,
32 이를 명심하여 너희 것으로 만들어 하
늘에 오르는 참진리의 길을 보도록 하
며 깨닫도록 그리하라.

5,512 번째 하나님 말씀

2003년 3월 14일 14시 17분

1 사랑하는 나의 아들아!
2 "네, 아버님! 말씀하옵소서."
3 너희는 나로부터 생명을 받아 가지고
나갔으니 모두를 나 여호와가 주관한
다 너희가 그리 말하나, 너희는 그 육
체의 주인이 너희 자신임을 알아야 할
것이니라.
4 나 여호와가 모두 내 품에서 관장하고
모두가 다 이루어지고 모두가 다 역사
하느니라.
5 그러나 너희 육체의 다스림은 너희 자
신의 것이며, 너희 자신이 주관자가
된다는 것을 잊지 말라.
6 주인은 너이니라.
7 그러나 지금의 믿음의 길을 가는 종교

집단의 그 사악한 자들이 주객을 바꿔
놓는 그와 같은 속에서 어물어물 그저
나의 피조물 만백성을 속이고 갈취해
가며 살아가는 것이니라.
8 너희가 가지고 있는 믿음은 육체의 주
인이 네가 아니라 그리 말하고 있느니
라.
9 그저 모든 것은 나 여호와에 의하여
다스려진다 말하며 나를 바라보는 믿
음이요, 그 모두는 나에게 맡기는 그
와 같은 형국으로써 너희가 가고 있음
이니라.
10 너희가 스스로 변화되어 고통의 역사
속에서 육을 다스려 나가는 그와 같은
믿음의 길을 가는 것이 아니요,
11 그 모두는 다 나의 것이라 하며, 너희
가 잘되든 못 되든 다 그 모두를 나에
게 미루니,
12 너희의 육체는 너희가 주인이요, 너희
가 주관하여 이루어지는 것이니, 너희
는 주객이 전도된 그와 같은 믿음의
길을 가지 말라.
13 행함은 곧 아담과 이브도 저희가 선악
과를 따먹어서 벌을 받았듯이,
14 너희의 행동 여하에 따라서 너희가 그
죄의 대가를 치른다는 것을 여기서
깨우쳐야 할 것이니라.
15 종교 지도자 너희가 얼마나 사악한
자인가?
16 행함은 별거 아니다 그리하여 너희가
나의 피조물 만백성을 지옥으로 이끌
어 가고 있으며 믿음만이 구원을 받는
다 그리 말하니, 거기서 얼마나 무서
운 그 간격이 생기며 너희가 나로부터
멀어지는가?
17 육의 행함이 소중하며 육의 행함을 너
희가 어찌 살았느냐에 따라서 거기에
대해 너희가 그 죄의 대가를 받는다는
것을 잊지 말라.
18 그러니 주인은 너요, 주객이 전도된
그와 같은 것으로써 나의 백성을 혼란
하게 그리하지 말라.
19 주인이 너희라면 나의 백성은 얼마나
아름답고 착하게 살아가며 노력하겠
는가?
20 너희는 주인이 아니요, 육은 그저 던
져 놓고 살며 어찌하든 간에 믿음만
가며 나의 아들 예수를 믿는 그 믿음
으로써 구원을 받으며 육은 주인이 아
니라 그리 말하기에,
21 너희가 거기에 현혹되어 지금 저 자신
이 주객이 전도되어 제 몸을 나에게
맡기며 정신을 나에게 맡기며,
22 그저 저는 '주여, 주여!' 하며 나의 이
름을 부르는 그와 같은 허황된 믿음
속에 감이니, 주객이 전도된 것을 바
꿔 놓으라.
23 너희가 주인이라는 것을 잊지 말라.
24 나를 바라보며 나에게 소리 지르며 나
에게 소원하면 다 이루어지는 것처럼
하나, 육의 행함이 중요하니라.
25 육체가 존재하는 그 속에서 너희가 육
의 세상에서 생각하는 것이 또 한계가
있다 내가 하늘의 천기를 가르쳐 주었
음이니라.
26 하늘에 너희가 영원히 다스릴 영이 있
으며,
27 너희 육에서 생각하고 연구하는 것은
너희가 육의 세상에 있음이니, 그 모
두는 주인이 너희이니라.

28 너희가 육의 생각을 잘못하며 판단을
잘못하여 죄를 지었을 때, 너희가 그
모두의 대가를 받는다는 그 모두를 내
가 덮어 주며 그를 다 용서하며,
29 나의 이름을 부르며 나의 아들 예수의
이름을 부름으로써 모든 게 다 덮어지
니, 너희 육의 행함은 너희 자신이 아
니요, 그 육의 행함까지도 내가 관장
하고 다스린다 그리 생각하고 나에게
밀어붙이며 나에게 미는 그와 같은 사
악한 방법으로써 나의 피조물 만백성
을 현혹하지 말라.
30 이제 내 법전에 기록한 이 이치를 너
희는 알아야 할 것이니라.
31 너희가 나의 뜻을 거역하지 아니하고
살 때 나의 자식이요, 나의 아들딸로
서 직분을 다하여 나에게 오를 수 있
거늘,
32 그것은 너희의 육체요, 너희가 주관하
는 주인을 너희가 어찌 다스리느냐에
따라 나에게 올 수 있음을 알아야 할
것이니라.
33 나 여호와의 눈치만을 보며 나 여호와
의 눈치만을 살피며 나 여호와의 비위
를 맞추는 그와 같은 형식적인 사악한
방법으로 너희의 믿음을 이끌어 가지
말며 그리 끌어가지 말라.
34 나와의 관계는 그와 같이 이루어지는
것이 아니니라.
35 나 여호와의 눈치를 보며 나의 비위를
맞추려 하는 것으로써 너희가 구원을
받을 수 있다면 오죽이나 좋겠는가?
36 너희가 추하게 떠는 그 아양의 모습을
보고 나 여호와가 기쁨을 얻을지 모르
나, 이것으로써 구원을 받을 수 없으
며 나에게 오를 수 없느니라.
37 선행과 나의 계명을 지키는 행함의 그
믿음만이 곧 너희가 주인이요, 죽음으
로써 너희가 죽고 살고 지옥과 천국의
그 모든 역사를 이루기 때문에 너희의
주관하에 이루어진다는 것과 너희가
주인이라는 의식을 절대로 잊지 말라.
38 모든 주체는 나 여호와이니라.
39 모든 것을 관장하며 통제하는 것은
나 여호와가 주체이나,
40 주관하여 너희가 행하고 움직이는 것
은 바로 너희이니, 주관하여 움직이는
것은 주인인 너희이니라.
41 모두를 나 여호와의 뜻이라 그리 믿으
며 나에게 밀어붙이며 나에게 던져 붙
이며,
42 너희 육이 어렵고 힘든 그 노력을 하
지 못하게 하며 변화되는 걸 막으며
변화되지 못하도록 하는 지금의 너희
의 그 죄의 대가를 과연 너희가 어찌
치르겠는가?
43 너희 육의 행함에 달렸으며 그 주인이
너희이니, 너희가 어찌 육을 온전하게
다스리느냐에 따라서 너희는 나에게
와 벌을 받고 상을 받으며 내가 너희
에게 그 육의 삶에 대해서 벌과 상을
내리느니라.
44 너희의 육이요, 육의 생각까지도 나
여호와가 관장하며 내가 다스리며,
45 너희처럼 나에게 집어던지고 밀어붙
인다 해서 내가 그를 관장한다면 내가
관장한 너희 육의 삶을 내가 어찌 심
판을 한단 말이던가?
46 내가 너희 육을 주관하지 아니하는 그
육이기에 너희가 나에게 와 심판을 받

는 것이요,
47 너희 육의 삶까지도 나 여호와가 주관한다고 나에게 밀어붙인다면, 내가 어찌 내가 주관한 너희 육의 삶을 심판하겠는가?
48 그는 나보고 심판을 받으라는 것밖에 더 되는가?
49 나는 심판하는 자요, 너희는 그 심판을 위해 준비하여 삶을 사는 것이지, 내가 너희 삶을 대신 살아 주며 내가 너희를 심판하는 것이 아니니,
50 그 결과 같은 것을 가지고 나에게 밀어붙이고 나를 욕되게 하는 것이 너희이니라.
51 육의 삶이 결과의 그 과정에 따라서 너희가 가고 못 가며 나에게 오르고 지옥으로 가는 것은 너희의 책임이요, 너희가 주관하여 이루어짐이니라.
52 모든 주체는 나 여호와가 되나, 너희가 주관하는 모든 것은 각자 너희에게 달렸음이니라.
53 그리하여 말로만 믿으며 행하지 않는 너희는 바로 지옥으로 간다는 것이니,
54 육의 삶의 행함이 중요하며 육의 삶에 따라서 심판을 받는다는 것, 죽고 사는 것은 너희 손에 달렸으며 너희 노력에 달렸으며,
55 나는 심판자요, 너희가 사는 삶을 내가 관장하고 통제하며 다스리는 것이 아니요,
56 너희가 나에게 밀어붙이고 던진다고 해서 내가 그를 받아 너희를 다스린다는 그 착각에서 벗어나도록 하라, 사랑하는 나의 아들딸들아!
57 그리하여 내가 하늘의 비밀이요, 하늘의 천기 그 모두를 나의 아들을 통하여 너희에게 내려보내니, 이 은혜요, 이 영광을 너희가 갚을 길이 없거늘,
58 어찌하여 너희가 사는 그 삶의 책임을 나에게 다 지라는 말이냐?
59 너희가 추한 짓, 너희가 도둑질하는 것, 너희가 살인하는 것, 그와 같은 모든 죄를 내가 다 뒤집어쓰라는 말이더냐?
60 사악한 너희의 그 가르침에 속지 말라, 사랑하는 나의 아들딸들아!

5,513 번째 하나님 말씀

2003년 3월 14일 14시 25분

1 사랑하는 나의 아들아!
2 "네, 아버님! 말씀하옵소서."
3 믿음이란 무엇이던가?
4 진정한 진리요, 그 진리는 무한한 것이니라.
5 그리하여 미래를 위하여 준비하고 역사하는 것이 진리요, 진리는 끝이 없이 변화되는 것이니라.
6 그 끝이 없는 길을 위하여 자신과 싸우면서 승자가 되어 갈 때 나 여호와로부터 사랑을 받는 것이니라.
7 그러나 지금의 종교 집단과 지도자, 그리고 신도 너희는 무엇을 위해서 가고 있는가?
8 너희는 가장 위험한 믿음의 길을 가고 있으며 나 여호와가 용서하지 못할 믿음의 길을 가고 있는 것이니라.
9 그것이 무엇인 줄 아는가?
10 진정한 노력과 그 고통과 너희가 변하고자 하며 끝이 없는 진리를 연구하며

깨우치며 선행을 베풀기 시작하면 끝
이 없이 선행을 할 수 있듯이,
11 진리의 길을 한번 잡으면 그 진리의
아름다움이 끝이 없음이니,
12 그에 따라 너희가 고통과 시련이 있다
해도 그 길을 버리지 않고 가는 것이
진정한 믿음이요, 진정한 나에게 오르
는 믿음이라는 것이니라.
13 그러나 지금의 종교 집단이 가장 위험
하고 잘못된 것이 무엇인 줄 아는가?
14 기분에 치우치며 기분에 좌우되는 믿
음을 믿고 가고 있는 것이 너희이니
라.
15 너희는 기분에 따라서 변화되며 주변
의 여건에 따라서 너희가 가는 믿음이
수시로 변화되는 그와 같은 믿음의 길
을 가고 있기 때문에, 그와 같은 믿음
에는 뿌리가 없는 것이며, 참진리의
연고가 없으며,
16 힘들고 어려울 때 진정한 진리를 버려
두고 돌아설 수 있는 것이 너희이니
라.
17 기분에 의한 믿음은 구원의 어렵고
험난한 길을 갈 수 없음이니라.
18 너희는 말로써 은혜를 받았다, 축복을
받았다, 죄 사함을 받았다, 찬송을 눈
물로써 부르며 은혜를 받았다 그와 같
이 할 때, 너희는 그에 따라 기분이 좌
우되며 기분에 따라 움직이는 그와 같
은 믿음의 길을 가고 있는 것이니라.
19 그리고 계산에 따라 너희가 수지타산
을 따져, 여건에 따라 너희가 그 마음
의 믿음이요, 그 길이 달라지는 것이
니라.
20 그리하여 같은 종교 집단 속에서도 너
희가 이해관계에 삿대질하며 싸움을
하며 서로 반목하는 그와 같은 말 못
할 추한 모습이 거기에 이루어지지 않
는가?
21 너희는 그리 가느니라.
22 기분에 따라서 믿음의 길을 가는 것이
너희이니라.
23 너희는 재물을 많이 바쳤을 때 우쭐한
기분을 내며, 건축 헌금을 많이 냈을
때 우쭐하며, 그것이 네 것인 양 그 기
분에 따라 가며,
24 그리고 각종 헌금을 많이 내며 우쭐한
기분으로써 너희가 가는 것이니,
25 너희가 기분에 대한 믿음이며 기분에
의한 믿음으로 가고 있음이니라.
26 기분에 따라 울고 웃는 그와 같은 믿
음을 갖는 너희의 그 믿음이 얼마나
위험하며 잘못된 믿음인가 이를 깨우
치라.
27 무슨 은혜를 받았다 하여 기뻐하며,
사탄을 물리쳤다 하여 기뻐하며, 무엇
을 얻고 주고받는 그때 그 환경이나
여건에 따라, 그 기분에 따라 너희가
울고 웃는 그 믿음의 길을 가는 것이
가장 위험한 것이며 가장 사악한 것이
며,
28 가장 잘못된 믿음이라는 것을 그들에
게 전하라, 사랑하는 나의 아들딸들아!

5,514 번째 하나님 말씀

2003년 3월 14일 18시 28분

1 사랑하는 나의 아들아!
2 "네, 아버님! 말씀하옵소서."
3 너희가 물고기라는 그 고기를 물에서

낚아 오는 그것도 고기들이 모이는 장
소를 선택함이 우선 첫째 중요함이니
라.
4 고기들이 다니는 그 길을 선택하며 그
를 볼 줄 알아야 할 것이며,
5 그리고 그 고기들이 무는 낚싯밥이라
는 것을 잘 준비해야 할 것이며,
6 그 고기를 낚는 자, 인간의 능력과 그
의 기술과 노력이 필요한 것이니라.
7 이 모두를 다 맞췄을 때 정답이 나오
게 됨이니,
8 이제 나의 5달란트 사업을 하며 역사
를 하든, 어떠한 역사를 이루든 이제
너희가 그와 같은 것을 항상 기억하여
모두를 준비하도록 그리하라.
9 그리 세 가지가 다 맞지 아니하였을
때는 어떠한 것도 이룰 수가 없음이니
라.
10 이제 나의 법전을 가지고 만백성에게
전하는 것 또한 너희가 그 이치를 깊
이 깨우쳐야 할 것이니라.
11 모든 것은 물고기가 많이 모여드는 곳
에 잘 물 수 있는 미끼를 이용하여 물
수 있도록 낚싯대를 운영하는 그 사람
의 기술이 필요한 것이니라.
12 그러니 그와 같은 방법으로써 나의 법
전을 전하며 모두를 역사하는 데 너희
가 신경을 써야 할 것이며,
13 그와 같은 세 가지의 삼위일체의 방법
에 맞는 그 기술로 너희가 하도록 그
리하라.
14 그렇지 않으면 아무것도 이루어지는
것이 없음이니,
15 셋 중의 하나가 잘못돼도 그를 엮지
못함이니라.
16 아무리 고기가 많은 장소가 있다 해도
그 고기들이 물 수 있는, 먹고자 하는
먹이가 맞지 않을 때 물지 않을 것이
며,
17 또한 그를 낚는 기술이 잘못되었을 때
그 또한 그것이 되지 아니하는 것을
너희는 알아야 할 것이니라.
18 그저 그와 같은 이치를 갖고 너희가
달란트 사업이요, 내가 이루는 역사의
사업을 할 때 그 세 가지를 반드시 고
려해서 하라.
19 지금까지는 내가 너에게 그것을 깨우
쳐 주지 아니하였음이니라.
20 내가 너희에게 그것을 훈련하지 않았
으며, 너희가 깨달음을 얻게 하기 위
해 그리했음이니,
21 이제 나의 법전을 가지고 세상의 만백
성에게 전하게 됨이니 곧 무엇이던가?
22 많은 사람이 다니는 곳을 고려하여 나
의 법전의 서점을 만들며, 또한 그곳
에 관리하는 사람, 그리고 거기에 너
희가 준비하는 그 모두를 다 삼위일체
로 맞춰서 성전의 문을 열며 서점의
문을 열도록 그리하라.
23 그리했을 때 너희에게 모두를 이루어
줄 것이니,
24 내가 너희에게 역사하는 것이 아니라
너희가 그와 같은 여건이요, 조건을
다 맞추고 고려해서 했을 때, 그 모두
는 성공적으로 임무가 끝날 것이니라.
25 그와 같은 것을 너희가 역사하지 아니
하며, 그저 아무 곳에나 너희가 서점
을 만들어 놓고 준비한 다음에 만백성
을 구하는 그와 같은 역사를 한다면,
거기에는 답이 없음이니라.

26 그러니 많은 백성이 모이는 곳, 그리
고 그들이 다 즐길 수 있는 분위기요,
그들이 들어갈 수 있는 분위기를 만들
어야 할 것이며,
27 관리하는 자는 사람이 왔을 때, 그들
과 대화할 능력이 있는 자로서 모든
것을 완벽히 선별하여 그 역사를 이루
도록 하라.
28 그리하면 반드시 답이 이루어질 것이
니,
29 이 세 가지를 지켜 가도록 하기 위하
여 내가 너희에게 오늘 보여 준 것이
니, 이를 네가 잊지 말고 엄히 행하도
록 그리하라, 사랑하는 나의 아들아!

5,515 번째 하나님 말씀

2003년 3월 14일 18시 32분

1 사랑하는 나의 아들아!
2 "네, 아버님! 말씀하옵소서."
3 나 여호와가 존재함을 알며 내 품에
돌아오는 백성은 나 여호와의 성령을
듣고 저희가 원심의 심성을 알며 그
심성으로 돌아가고자 하는 그와 같은
백성이 되어야 함을 너희는 알아야 할
것이니라.
4 그리고 나에게 올 수 있는 백성은 죄
를 두려워하며 죄의 무서움을 아는 백
성으로서 변화되어야 하는 것이며,
5 죄를 두려워하며 죄를 무서워하지 아
니하는 백성은 내 품에 정녕 오를 수
없음을 너희는 알아야 할 것이니라.
6 나의 계명을 지키고 살며 계명에 의한
그와 같은 삶을 살아야 하는 것이며,
7 계명을 두려워하지 아니하며 계명을
지킬 수 없다 말하는 것은 나에게 올
수 있는 백성이 할 수 있는 행위가 아
님을 너희는 알아야 할 것이니라.
8 그와 같이 변하지 않는 삶을 사는 백
성은 나에게 오를 수 없는 자임을 너
희는 알아야 할 것이니라.
9 내가 너희에게 무어라 가르쳐 깨우쳤
던가?
10 하늘에 들어가는 천국의 문을 여는 것
은 나 여호와만이 할 수 있는 것이라
내가 너희에게 그리 가르쳤음이니라.
11 그러나 그 문을 열쇠로 여는 것은 너
희가 선행하는 것과 계명과 나의 법전
에 따라 사는 그 길밖에 없다는 것을
너희는 이제 알아야 할 것이니라.
12 너희는 예수를 믿으며 예수를 믿는 믿
음만으로 이루어진다 가르치며, 나를
찾으며 나를 믿는 그 모든 역사함으로
너희는 그 모두가 이루어진다 그리 말
하고 있으나 그리 생각하지 말라.
13 너희가 선함을 행하는 것이요, 너희가
사랑을 실천하며 사는 것이 더 우선임
을 알아야 할 것이니라.
14 말로써 나를 믿으며 나의 아들을 부르
짖는 것은 너희에게 얻어지는 것이 없
으며 역사함이 없는 것이니,
15 너희가 행하며 선함을 행하고 살아가
는 그 속에서 나를 찾으며 나의 아들
을 찾으며 믿음을 그리 가는 것이 너
희가 다 같이 이루어지는 것이니,
16 한쪽에만 치우쳐서 너희가 나에게 올
수 있는 것이 아니며 천국의 문을 내
가 열어 주는 것이 아님을 너희는 알
아야 할 것이니라.
17 병행하여 행하는 자가 구원을 받을 것

이니라.
18 나의 아들 예수를 믿으며 나를 믿으며
내가 존재함을 믿으며, 그리고 선하고
내가 원하는 사랑을 나누며 사는 그
길을 가는 자만이 천국의 문을 열 수
있는 것을 알아야 할 것이니라.
19 선악과를 따먹지 말라 했을 때 따먹지
않으면 되는 것을, 사탄인 뱀의 혀로
인하여 유혹되어 먹은 것이라 너희가
그리 말하니,
20 그것은 이유뿐이며 이유의 결과이니
라.
21 나에 대한 믿음과 행함이 같지 못하였
기 때문이니라.
22 그리고 내가 존재하며 내가 명한 것이
무서움을 너희가 모르고 그리 행하였
기 때문에,
23 그 잘못된 행함으로 인하여 그 무서운
결과가 오늘의 나의 만백성에게 고통
으로 이어지듯이, 어떠한 이유가 필요
없는 것이니라.
24 나를 경배하며 따르는 백성은 선행함
을 근본으로 하며 우선으로 하여 너희
가 나를 찾고 나를 볼 수 있음이니라.
25 나를 믿고 나를 따르는 것은 너희가
그를 병행하는 것이 역사함을 너희가
알며 소중함을 알아야 할 것이니라.
26 죄를 짓는 행위를 하면서 구원을 받는
다는 그러한 백성은 나와 관계없음이
니라.
27 너희가 그와 같이 아름다운 삶이요,
고통의 삶을 살면서 스스로 아름답게
변해 가는 그 훌륭한 삶과 그러면서
나를 찾고 나를 믿는 그 두 가지가 병
행해 같이 이루어짐이니 너희는 그리
알라.
28 말로만 나를 부르짖으며 나를 믿는다
면서 너희가 죄악을 짓는 것을 무서워
하지 아니한다면, 너희는 선악과를 따
먹고, 뱀의 혓바닥에 의하여 뱀의 꼬
임에 의해 따먹었다 변명하는 그들과
똑같음이니, 너희는 이 무서움을 알도
록 그리하라.

5,516 번째 하나님 말씀

2003년 3월 14일 18시 38분

1 사랑하는 나의 아들아!
2 "네, 아버님! 말씀하옵소서."
3 말세의 지금, 내가 뭐라 말하였느냐?
4 다시 내가 너희에게 기억시키고자 함
이니, 이를 깊이 깨우쳐 행하도록 하
라.
5 나 여호와의 뜻을 가장 많이 거역하는
행위를 하는 자는 이러한 종교 집단이
니라.
6 자기를 사랑하는 것을 잊지 않으려
하는 자, 그리고 이기심을 함양시키며
저만 최고며, 저희가 가는 길만이 최
고요, 형제와 이웃을 돌아보지 못하는
그와 같은 어리석은 집단 속에 있는
백성,
7 재물을 사람의 생명보다, 인간의 인격
형성보다 더 먼저 사랑하는 자,
8 금전이요, 현금의 액수를 보고 사람을
평가하는 그와 같은 종교 집단,
9 얼마나 많은 헌금을 하며 얼마나 많
은 것을 봉사하는가를 보면서 그들을
평가하는 그와 같은 종교 집단은 나의
뜻을 거역하는 가장 근본적인 종교 집

단의 행위임을 알아야 할 것이니라.
10 교만하며 형제와 이웃을 사랑함을 정
녕 모르는 자,
11 그리고 모두를 다 너희와 같은 길을
가는 자가 아니면 경원시하는 자,
12 그리고 사랑이 무엇이며 사랑이 어찌
이루어지는지 그 자체도 모르는 자,
13 저희 집단이 우선이며 인간의 삶을 말
살시키며, 개인의 삶이 아니라 오로지
저희 집단이 우선이라 그리 가르치며,
14 그리고 재물을 쌓아 두기에 연연하는
그와 같은 종교 집단,
15 그리고 재물을 쌓은 집단을 대물림하
고자 하는 그와 같은 것을 하는 자,
16 저희가 불법적이요, 범죄행위를 하면
서도, 나 여호와의 뜻을 거역하는 성
령의 죄를 지으면서도 자신이 짓고 있
는지를 모르는 그와 같은 집단,
17 그리고 예수의 재림으로써 심판하며
그 대가가 꼭 이루어지며, 죽은 자와
산 자를 예수가 재림하여 심판하며 그
와 같은 말을 하면서 그때를 기다리고
있는 자들을 내가 뭐라 하였느냐?
18 예수의 재림이요, 그와 같은 역사는
없다 내가 그리 말하였음이니라.
19 지금 바로 내가 성령이요, 나의 뜻으
로써 너희를 심판하기 시작하며,
20 사탄이요, 너희 인간 모두를 다 내가
성령으로 심판하기 시작하였음을 너
희는 알아야 할 것이니라.
21 나의 뜻이요, 나의 성령으로 내려간
책이 전해지기 시작하였으며 ,사탄이
나 인간을 똑같이 내가 지금 심판하고
있다는 걸 알라.
22 천 년의 왕국을 건설하기 시작하였으
며, 천 년 왕국의 역사함을 위하여 하
늘에서 이루어진 것같이 지상의 역사
를 위해 지금 시작되었다는 것을 너희
는 알라.
23 언제 또 예수가 재림하며 그와 같은
역사의 형국으로써 천군이 나팔을 불
며 요란히 오는 그와 같은 역사는 없
을 것이니 그 꿈을 깨도록 그리하며,
24 나의 법전을 읽고 깨우치며 내가 지키
고 살라는 십계명, 그리고 율법대로
사는 것만이 구원을 받으며 지금 시작
되고 있음을 알라.
25 심판은 지금 물 흐르듯이 진행되며 흘
러가고 있음이니라.

5,517 번째 하나님 말씀

2003년 3월 14일 22시 06분

1 사랑하는 나의 아들아!
2 "네, 아버님! 말씀하옵소서."
3 너희가 살아가는 그 모두에 내 사랑이
너희를 감싸고 있으며 내 품에서 너희
가 살아간다 그리 말하였음이니라.
4 너희는 나로부터 생명을 받아 나가 세
상에 인간으로서 살아가는 것과 너희
가 구원의 길을 올 수 있는 기회를 한
번 더 내가 너희에게 준 것에 감사하
며 그 은혜의 마음을 나에게 갚을 수
없는 것이니라.
5 그러나 너희는 살아가면서 네 주변에
서 수없이 일어나는 내가 역사하는 것
을 모르고 있음이니라.
6 하늘에서 무엇이 떨어지는 것만이 기
적이요, 그저 병든 자 일어서는 것만
이 기적이 아니라,

7 너희 주변에 잠시도 쉬지 않고 수많은
기적과 역사가 일어나고 있음을 너희
는 알아야 할 것이니라.
8 너희가 잠깐 눈을 붙여 뜨는 그 순간
에 거기서 깨달음을 얻는 것이 있는가
하면,
9 죽음 직전에 내가 너희에게 보이게 하
는 그와 같은 기적의 역사를 너희는
알지 못하며,
10 너희는 보지 못하기 때문에 너희 주변
에 일어나고 있는, 내가 너희를 사랑
하고 지키는 것을 모르고 있음이니라.
11 수없이 내가 역사하며 너희 주변에서
기적을 이루어 주지 아니한다면, 너희
는 잠시도 사탄으로부터 견딜 그와 같
은 능력이 없음을 알아야 할 것이니라.
12 너희가 지금 나의 법전을 접하며 나의
강론을 들으며 나를 향하여 올 수 있
는 이 길을 선택받는 것도,
13 너희가 사탄이요, 사악한 길로 가지
아니하는 것도 나로부터 얼마나 큰 기
적인지, 그 기적의 역사한 것을 너희
는 모르는 것이니라.
14 말로써 너희가 놀랐다 생각하며 말로
써 너희가 선택받은 자라 하면서도,
그 모두는 나 여호와에 의한 기적이라
는 것을 너희는 모르고 있는 것이니라.
15 나의 아들이 지금 살아오면서 내가 그
를 통하여 많은 역사의 기적을 이루었
거늘,
16 그가 지금에야 그 기적이요, 역사하는
것이며 내가 저를 주관하여 다스렸다
는 것을 깨닫고 있음이니, 바로 너희
또한 그를 모름이니라.
17 매사에 너희가 넘어지지 아니하고 쓰
러지지 아니하고 견디는 것도 나 여호
와가 너희에게 기적의 역사를 행하지
아니하면 너희가 존재하며 견딜 수 없
다는 것을 알아야 할 것이니라.
18 크나큰 것을 이루어 주는 것만이 역사
함이 아니니라.
19 작은 죄도 너희에게 죄요, 작은 선행
도 선행이라 했듯이,
20 작은 기적의 역사를 내가 너희에게 이
루며 너희를 보살피고 다스리지 아니
한다면 너희는 무너지고 쓰러진다는
것을 너희는 모르고 있음이니라.
21 너희 주변에 수없이 나의 기적이 역사
함이니 너희는 그 기적으로써 나에게
감사해도 다 못 하거늘,
22 어찌하여 너희의 눈에 보이는 그와 같
은 기적의 역사만을 너희가 기적이라
말하는가?
23 오늘 이후부터 너희는 하루하루를 살
아가면서 순간적인 큰 사고가 돌발하
기 직전에 작은 것으로써 맞춰지는
것, 그 모두가 나 여호와의 기적이라
그리 생각하고 깨달아야 할 것이니라.
24 너희가 넘어지기 직전에 바로 설 수
있는 그 모든 것까지도 다 너희는 기
적이라 생각하며, 내가 너희에게 기적
으로써 역사하지 아니하면 너희는 넘
어지고 쓰러진다는 걸 잊어서는 아니
될 것이니라.
25 모든 생활을 하면서 너희는 나의 기적
이 어떤 것이며 내가 너희에게 역사하
는 것이 무엇이며 내가 너희를 얼마나
사랑하기에 너희가 오늘 지탱하고 있
는가 그것을 알아야 할 것이니라.
26 수천수만 가지의 병마에 시달리며 거

기에 고통받는 자들이 있음이니라.
27 그 모든 병마에서 너희가 견디고 지탱
할 수 있는 것은 누구의 뜻이라 하는
가?
28 나 여호와가 너희에게 내리는 기적이
요, 그 역사에 의해서 너희가 그리 쓰
러지지 아니함을 알아야 할 것이니라.
29 병들어 죽어 가는 자, 병든 자의 그 고
통 앞에서 나의 기적이라는 것을 너희
는 이제 깨달아야 할 것이며,
30 너희가 병들지 아니한 것만 나에게 기
도할 것이 아니라, 그 기도하기 전에
나 여호와가 너희에게 기적으로 역사
하여 너희가 기도할 수 있으며 너희가
쓰러지지 아니한다는 그 이치를 너희
는 깨달아야 할 것이니,
31 하루에도 수백 가지의 기적이 나로부
터 너희에게 역사하는 그 감사함을 너
희만이라도 알고 가야 할 것이니라.
32 너희는 기도로써 이루어졌다, 무엇을
역사했다 하지 말라.
33 나 여호와가 불어오는 바람이 스쳐 가
듯이 그 모두를 다 하루에도 수백, 수
천 가지 기적을 너희에게 내리며 역사
한다는 것을 너희는 그리 알라.
34 그리 아는 자만이 나의 은혜요, 나의
감사함을 알 것이며,
35 오늘에 너희가 죽지 아니하고 죽을 병
에 걸리지 아니하며 쓰러지지 아니하
고 존재하는 것, 너희가 완전한 몸의
형태로 세상에 나오며 너희가 정신을
잃지 않고 생각하며 살아갈 수 있는
것,
36 사람을 볼 줄 아는 것, 사랑하는 사람
을 볼 줄 아는 것, 과정을 분별할 수
있는 것,
37 그 하나에서 만 가지가 다 나의 기적
의 역사에 의해 너희가 존재하는 것
이요,
38 내가 손을 놓았을 때 너희는 쓰러지게
되며 하나도 제대로 설 수 있는 것이
없음을 알아야 할 것이니라.
39 모든 불행을 초래하지 아니하고 너희
가 존재할 수 있는 것은 내가 너희에
게 기적으로써 역사하며 기적으로써
너희를 보호하고 다스리며 살아가는
마음 때문이니라.
40 그 끈을 놓았을 때 얼마나 불행한 것
이 너희에게 닥치는가?
41 그것이 곧 이 세상의 멸망이요, 너희
의 재앙이니라.
42 그 모두를 지탱하는 것도 내가 너희를
사랑함이요, 그 모두는 나의 기적으로
써 견딤이니라.
43 내가 너희에게 기적을 이루지 아니한
다면 사탄으로부터 너희가 지탱할 수
없으며, 사탄의 유혹에, 사탄이 너희
를 무너트리고자 하는 그 힘에 너희가
지탱하고 버틸 수 없음을 알아야 할
것이니라.
44 너희가 계단이라는 것을 내려갈 때 넘
어지지 않고 바로 걸어서 내려갈 수
있는 것은 너희의 노력이요, 건강이라
하나, 그 넘어지지 않는 것 또한 나의
기적이니,
45 내가 너희에게 기적으로 역사하지 아
니할 때 너희는 그저 주저앉을 수밖에
없다는 것을 알아야 할 것이니라.
46 모두가 다 너희에게 이루어지는 것이
기적이요, 역사며,

47 너희가 함께 식사하는 것도 작은 기적
이요, 기적의 역사라는 것을 너희는
어찌 모르고 그리 함부로 살아가는가?
48 이것이 하늘의 뜻이요, 천기를 공부하
며 하늘의 나의 성령을 공부하는 백성
이 알아야 할 것이라는 것을 잊지 말
라, 사랑하는 나의 아들딸들아!

부 록

【하나님께서 가르쳐 주신 운동】

천재지변이 일어날 때, 동물이나 미물들은 미리 알고 대피하지만, 인간은 알지 못하고 큰 화를 당합니다. 하나님께서 인간에게 가장 높은 지혜를 주시고 완벽하게 창조해 주셨기에 동물들보다 더 잘 알 수 있지만, 욕심으로 마음이 혼탁해져서 한 치 앞을 보지 못하는 것입니다.

마찬가지로, 인간은 누구나 스스로 필요한 운동을 해서 건강을 지킬 수 있도록 하나님께서 만들어 주셨습니다. 우리의 머리에서 우리 몸에 필요한 동작을 해 달라고 끊임없이 신호를 보내지만, 인간이 혼탁하게 살아서 그 신호를 알아채지 못합니다. 그러니 자연스럽게 자기 몸이 원하는 그 신호를 따라서 운동하는 것이 하나님께서 가르쳐 주신 운동 방법입니다. 바로, 우리의 영이 육을 이끄는 운동입니다.

▶ 하나님 운동법

1. 눈을 감고, 발을 어깨너비로 벌리고 바르게 선다.
2. 몸에 힘을 풀고, 허리를 숙이면서 손과 머리를 아래로 내린다.
3. 허리를 펴고 싶을 때, 천천히 펴면서 하고 싶은 동작을 하면 운동이 시작된다. (사람마다 다르다.)
4. 멈추지 말고, 어떤 동작이든지 자기 몸의 느낌대로 계속 이어서 한다.

▶ 참고 사항

① 눈을 감은 상태로 아무 생각 하지 않고, 자기 몸의 느낌대로 움직입니다.

② 마음을 비우고, 욕심을 버리고, 지난날의 잘못을 반성하면서 몇 차례 시도하다 보면, 자기도 모르게 하고 싶은 동작이 끊임없이 생깁니다.

③ 운동 장소는 방 안이든 운동장이든 관계없으며, 걷거나 달리고 싶을 때는 눈을 떠도 됩니다.

④ 매일 40분 이상, 주 4회 이상, 3개월 이상 하면 음식 조절에 들어갑니다.
- 음식으로 생긴 병은 음식으로 치료하게 되며, 어떤 음식을 먹어야 하는지 스스로 알게 됩니다.
(자기 몸에 필요한 음식만 먹고 싶어집니다.)

⑤ 사랑하는 사람과 함께 운동하면 서로 치료해 주기도 합니다.

⑥ 운동을 하다가 몸의 어느 한 부분을 계속 손으로 자극한다면 그쪽에 이상이 있는 것이니, 의사에게 상담을 받고 적절한 치료를 받으면 됩니다.

⑦ 다이어트 및 기타 건강관리에 효과적입니다.

⑧ 꾸준히 운동하여 영이 맑아지면, 자신의 과거와 미래를 스스로 보게 됩니다.

누구나 스스로 하실 수 있습니다.

간 행 사

《새로운 성경》은:

· 새로운 성경은, 하나님께서 선량하고 선한 자를 선택하여 십계명을 암송하도록 하시고, 십계명을 암송한 다음에 음성으로써 들려주시는 말씀을 듣고 그대로 카세트테이프에 녹음해서 받아쓴 책입니다.

· 90분짜리 녹음테이프 700여 개에 달하는 말씀으로, 1999년 8월부터 2004년 7월까지 총 160권(권당 288쪽)을 완성하였으며, 그 이후에도 현재까지 계속 말씀을 내려 주고 계십니다.

· 새로운 성경은 "하늘을 두루마리 삼고 바닷물을 먹물 삼아 쓰고 써도 다 못 쓴다"는, 끝없이 방대한 하나님의 말씀이 두루마리로 직접 내려오는 것입니다. 이러한 새로운 성경은 구약과 신약을 폐하려는 것이 아니라 "인봉된 성서의 비유의 뜻"을 상세히 설명하여 완성하고자 하나님께서 직접 내려 주신 말씀입니다.

《새로운 성경》의 구성:

· 제 목: 2013년, 160권 모음집을 발간하면서, 본 도서의 제목을 "하나님! 말씀하옵소서"에서 《새로운 성경》 으로 명해 주셨습니다.

· 단행본: 각 권당 288쪽(신국판) 책이 160권까지 시리즈로 출판됩니다.
(모음집은 단행본을 16권씩 묶어서, 총 10부로 구성됩니다.)

《새로운 성경》의 성경적 근거:

· 신약 성경 [요한복음] 16장 13절에 "진리의 성령이 오시면 그가 너희를 모든 진리 가운데로 인도하시리니 그가 자의로 말하지 않고, 오직 듣는 것만을 말하며" 하신 말씀처럼 하나님의 음성을 들은 것만 기록하였으며,

· "장래 일을 너희에게 알리시리라" 하신 말씀과 같이 개인, 나라, 인류의 "장래"일을 하나님께서 알려 주시는 것만 기록하여 책으로 만들었습니다.

《새로운 성경》의 기록 방법:

· 1999년 8월부터 하나님께서 저에게 들려주시는 음성을 기록하였습니다. 처음에는 제가 들은 말씀을 불러 주면 저의 아내가 기록하여, 2000년 1월 29일에 1권 초판이 세상에 나왔습니다. 2000년 4월부터는 주시는 말씀을 받아 녹음기에 기록하여 시리즈로 출간하기 시작하였습니다.

· 녹음을 시작하면서 하나님의 말씀을 받는 데 가속도가 붙었고, 2001년 5월 3일에 1부(1~16권까지)를 인쇄하여 출판하였으며, 2004년 7월까지 총160권 분량의 말씀을 받아 기록하였습니다.

하나님께서 저에게 주신 것은:

· 첫째, 만백성을 상대로 내려 주시는 "기도", 둘째, 수시로 내려 주시는 "묵상", 셋째, 개인의 과거, 현재, 미래를 알려 주시는 "개인 기도", 넷째, 개인의 건강을 위해서 내려 주시는 "음식 처방", 다섯째, 하나님께서 가르쳐 주신 "운동"등이 있습니다. 이 중에 첫 번째, "기도"를 책으로 편찬하였습니다. 사람의 생사, 개인의 미래에 관한 천기는 수록하지 말라 하셨습니다.

강론 안내:

· 하나님께서는 지금도 매일 저에게 새로운 하늘의 비밀의 말씀을 내려 주고 계십니다. 수시로 내려 주시는 말씀을 정리해서 제자를 육성하라는 말씀에 따라 매주 강론을 하고 있습니다. 누구나 무료로 들으실 수 있습니다. (book160.com)

《새로운 성경》을 읽는 분들에게 드리는 선물:

· 개인 기도: 개인의 과거, 현재, 미래에 관하여 말씀을 내려 주십니다.

· 음식 처방: 사람은 음식을 먹고살다가 건강을 잃으니, 음식과 운동으로 건강을 되찾는 방법을 알려 드립니다. 단, 하나님이 계심을 믿고, 십계명을 지키겠다고 진실로 서약하는 분들께 알려드립니다.

《새로운 성경》의 은혜와 기적:

· 새로운 성경 전160권은 16권씩 묶어서 총 10부의 모음집으로 구성됩니다. 모음집 한 부를 읽고 깨우치는 자에게 하나님께서 다음과 같은 기적이 있다고 하셨습니다.

· "첫째, 그가 죽어 하늘에 갔을 때 그의 죄를 묻지 아니하며, 구원을 받는 위대한 은혜가 있으며, 둘째, 그의 소원과 소망이 이루어지고, 셋째, 죽은 자(부모, 형제, 자식, 사랑하고 은혜 입은 분)의 이름으로 구입한 책을 읽고 누군가 한 사람이 깨우칠 때, 그 죽은 자가 지옥에서 천국으로 구원을 받게 되며, 넷째, 유산, 중절 수술 등으로 태어나지 못한 아이를 위하여 구입한 책을 보고 한 명이 깨우쳤을 때, 그 아이가 사람으로 다시 한 번 태어나는 은혜를 받는다."

· "새로운 성경"을 3회 이상 정성을 다해 정독하는 자, 성서의 비밀을 알게 되고, 세상의 이치를 알게 되며, 세상을 지배하고 통제할 수 있는 지혜를 다 얻게 된다고 하셨습니다. 이 책은 만백성이 정독하고 이웃에게 전하여, 평생 가슴에 묻은 슬픔과 고통의 짐을 벗고 미래를 위한 힘찬 삶을 살아가도록 하는 책입니다.

끝으로

· 하나님께서는 흰 눈이 세상을 덮듯이 새로운 성경을 온 세상에 전하라고 하셨습니다. 《새로운 성경》을 각국어로 번역해서 온 인류에게 구원의 길을 깨우쳐 주고, 그 수익으로 가난하고 어려운 백성을 구제하여, 만백성의 영과 육을 함께 구원하는 선지자의 임무를 수행하라고 저에게 명하셨습니다.

· 하늘에서 내려 주신 말씀의 보화를 만백성에게 나누어 주는 것이 선지자의 임무라고 하셨습니다. 새로운 성경을 통해서 얻는 재물을 사용할 곳도 하나님께서 일일이 명해 주십니다. 모든 재물은 저의 자의로 쓸 수 없고, 하나님께서 명하시는 대로만 쓰여집니다.

· 어떤 명분으로든 십일조나 각종 헌금을 거두어들이지 말라 하셨으며, 국내뿐 아니라 각국에 성전과 단독 서점을 운영하며, 한국의 많은 젊은이들을 전 세계에 지도자로 내보내라고 하셨습니다.

· 우리는 세계적으로 새로운 성경을 보급하며 어려운 이들을 돕는 역사를 해 나갈 것입니다. 지금까지 비록 몇 명 안 되는 제자들과 함께 이러한 일을 역사했지만, 앞으로도 계속 하나님께서 기뻐하시는 일들을 해 나갈 것입니다. 부족한 저희에게 여러분들의 지혜와 성원을 보내 주시기를 바랍니다. 많은 분들의 참여와 도움을 간절히 기다립니다. 감사합니다.

한국어로 내려온 《새로운 성경》 단행본을 출간하며
2016년 4월 10일

발행인 **김 용 철**

한국어로 내려온

새로운 **성 경** · 5부 · 제74권

지은이 하나님 말씀
대역자 김용철

초판인쇄 1쇄 2017년 4월 3일

펴낸 곳 도서출판 하얀마음
등록번호 제 10-2107호 (2001년 2월 14일)
주소 서울시 노원구 덕릉로86길5, 2층
전화번호 02) 313-1114
팩스 02) 393-5554
전자우편 book160@hanmail.net
편집위원 조나영 김미향 이석교
제작지원 김창현 김지영

도서상담 1600-7527
ISBN 978-89-5875-174-8 (04230)
978-89-5875-100-7 (세 트)

값 10,000원
잘못된 책은 구입하신 곳에서 바꾸어 드립니다.

※이 책은 10부로 제작되며, 각 부 16권씩 총160권으로 구성됩니다.※

1부	2부	3부	4부	**5부**	6부	7부	8부	9부	10부
1권	17권	33권	49권	65권	81권	97권	113권	129권	145권
2권	18권	34권	50권	66권	82권	98권	114권	130권	146권
3권	19권	35권	51권	67권	83권	99권	115권	131권	147권
4권	20권	36권	52권	68권	84권	100권	116권	132권	148권
5권	21권	37권	53권	69권	85권	101권	117권	133권	149권
6권	22권	38권	54권	70권	86권	102권	118권	134권	150권
7권	23권	39권	55권	71권	87권	103권	119권	135권	151권
8권	24권	40권	56권	72권	88권	104권	120권	136권	152권
9권	25권	41권	57권	73권	89권	105권	121권	137권	153권
10권	26권	42권	58권	74권	90권	106권	122권	138권	154권
11권	27권	43권	59권	75권	91권	107권	123권	139권	155권
12권	28권	44권	60권	76권	92권	108권	124권	140권	156권
13권	29권	45권	61권	77권	93권	109권	125권	141권	157권
14권	30권	46권	62권	78권	94권	110권	126권	142권	158권
15권	31권	47권	63권	79권	95권	111권	127권	143권	159권
16권	32권	48권	64권	80권	96권	112권	128권	144권	160권